Gerhard Wehr
Philosophie · Auf der Suche nach der Wahrheit

Gerhard Wehr

Philosophie

Auf der Suche nach der Wahrheit

Pattloch Verlag

Pattloch Verlag, Augsburg
© Weltbild Verlag GmbH, 1990
Satz: 10/12 Aldus von Fotosatz Völkl, Germering
Gesamtherstellung: Wiener Verlag, Himberg bei Wien
Printed in Austria
ISBN 3-629-00570-5

Inhalt

Annäherung

Nach dem Sinn suchen, nach der Wahrheit fragen – beides ist ein Bedürfnis, das zutiefst in unserem Menschsein begründet ist. Wer nach der Wahrheit sucht, der ist nicht allein. Er stellt sich in einen Kreis von leidenschaftlichen Suchern. Er macht sich auf den Weg zu einem spannungsreichen Abenteuer, zumal die Schicksale ungezählter Menschen aus Geschichte und Gegenwart daran teilhaben. Und weil jeder an seinem Ort und auf die ihm gemäße Weise zu fragen und zu suchen beginnt, zeigt jeder Wahrheitssucher in Leben und Denken sein eigenes Profil. Das macht die Unternehmung stets von neuem aufregend: Da ist Johann Georg Hamann, der eigengeprägte »Magus in Norden«, Zeitgenosse Kants und Lessings, der eine tiefe innere Erschütterung durchleben mußte, ehe er den Schlüssel der Sprache handhaben lernte, die ihn zum Sprachdenker werden ließ. – Ein Menschenalter nach ihm der Däne Sören Kierkegaard, eine sokratische Gestalt, die uns gezeigt hat, daß Wahrheit und Leben sich decken müssen. Er wurde damit zum Vater der Existenzphilosophie und -theologie des 20. Jahrhunderts. – Kaum einer der Denker des 19. Jahrhunderts, dessen weitere Wirkungsgeschichte noch nicht abzusehen ist, war umstrittener als Friedrich Nietzsche. Verstanden hat er sich als »Seelenerrater«, d. h. als einer, der in intuitiver Weise zu den Gründen der menschlichen Seele vorstieß und damit ein Pionier der modernen Tiefenpsychologie wurde.

Der jüdische Anteil am deutschen Geistesleben ist nicht zu unterschätzen, wenn man insbesondere an zwei Männer denkt: Martin Buber und Franz Rosenzweig. Beide verband in den ersten Jahrzehnten des Jahrhunderts die Arbeitsgemeinschaft an der Neuverdeutschung des Alten Testaments. Als Vertreter eines »neuen Denkens«, das den Dialog zwischen Juden und Christen impulsiert hat, erlangte Buber weltweite Würdigung, während der früh vollendete Rosenzweig immer noch als eine Art Geheimtip angesehen werden kann.

Rudolf Steiner begann mit der philosophischen Grundlegung seiner »anthroposophisch orientierten Geisteswissenschaft«; er hinterließ aber ein Werk, von dem insbesondere heute auf vielen Gebieten eine kulturerneuernde Kraft ausgeht, wie sehr er auch angefeindet werden mag. – Vom Bewußtseinswandel reden viele, ebenso vom Anbruch eines neuen Zeitalters. In einer zumindest untergründigen geistigen Nachbarschaft zu C. G. Jung und Rudolf Steiner legte der schweizerische Kulturphilosoph Jean Gebser die Fundamente für ein Verständnis dieses Wandlungsgeschehens. – Daß dieser Vorgang der meditativen wie der praktischen Übung bedürfe, daß westliches Denken und östliche Spiritualität aufeinander zu beziehen seien, das war für Karlfried Graf Dürckheim eine Forderung, der er in Wort und Schrift und Tat zu entsprechen suchte.

So eröffnen sich der Suche nach der Wahrheit und Wirklichkeit sehr verschiedene Perspektiven. Eine neue Sehfähigkeit ist auszubilden. Ein disziplinierter Erkenntnisweg ist zu gehen, etwa im Sinne von Steiners Leitwort: »Erkenne dich im Strome der Welt ...«

Schwarzenbruck bei Nürnberg,
am 27. Februar 1990   Gerhard Wehr

Johann Georg Hamann

Der »Magus in Norden«

Ich bin den 27. August 1730 zu Königsberg in Preußen geboren; und den folgenden Tag, soviel ich weiß, durch die christliche Vorsorge meiner frommen und ehrlichen Eltern zum Bad der heiligen Taufe gebracht worden. Gott hat mir die Ehre und Vorteile der Erstgeburt genießen lassen, und ich bin meiner Mutter wie Jabes ein Sohn der Sorgen und Schmerzen gewesen.«

Mit diesen Worten leitet Johann Georg Hamann seine Gedanken über seinen Lebenslauf ein. Er ist der Zeitgenosse Immanuel Kants und Gotthold Ephraim Lessings; er ist der Lehrer und Freund Herders, und Goethe hat den Königsberger den »Äldervater der Deutschen« genannt, was soviel heißt wie einen geistig-geistlichen Ahnen, dessen Zuspruch man sich dankbar vergewissert. Der Freund von Matthias Claudius hat auf die Romantiker gewirkt, auf den Dänen Sören Kierkegaard, auf Grillparzer, ja selbst auf Friedrich Nietzsche und in unserem Jahrhundert auf die Sprachdenker, etwa Martin Buber oder Eugen Rosenstock-Huessy. Hamann ist als der große Gegenspieler der Aufklärung des 18. Jahrhunderts in Literatur und Geistesgeschichte eingegangen. Die Männer und Frauen der Erweckungsbewegung haben ihn geliebt, auch wenn sie ihn nicht immer verstanden. Denn Hamann spricht eine sibyllinisch-rätselhafte Sprache, die sich der klaren Ausdeutung weithin widersetzt.

»Hamanns Prosa« – so schreibt in unseren Tagen Gerhard Nebel – »ist kein weites, freies Gelände, keine lichte Grassteppe, sondern ein Urwald, den man nur als Rätsellöser und mit dem Haumesser der Entzifferung betreten kann. Aber der Pfad, den man sich auf diese Weise schafft, endet fast immer in einem Fruchtgarten, in dem der pneumatische Durst gestillt wird.«

Hamann ist ein Christ eigener Prägung. Die Masken, die er sich umhängt, sind aus Sprüchen der alten Autoren, vor allem aus den Worten biblischer Offenbarung gefügt. Weshalb diese Rätselhaftigkeit? Was hat Hamann im Sinn? Nennen wir's vorweg: Hinführung zur Wirklichkeit, zum Leibhaftigen, Geschöpflichen, kurz: alles, was die Spuren der Wirksamkeit Gottes trägt, was gehört, gesehen, geschmeckt, gefühlt, ergriffen und genossen werden kann. Bestimmen oder in abstrakter Weise begrifflich festlegen läßt sich das Weltkonkretum nicht. Das ist Hamanns ureigenste Erfahrung. Denn ehe der Kopf zu denken beginnt, schlägt das widersprüchliche, an Tiefen und Dunkelheiten rührende Menschenherz. Deshalb lautet ein Wahlspruch Hamanns:

»Ich predige nicht in Gesellschaften, weder Katheder noch Kanzel würden meiner Länge etwas hinzufügen. Eine Lilie im Tal und den Geruch des Erkenntnisses verborgen auszuduften, wird immer der Stolz sein, der im Grunde des Herzens und in dem inneren Menschen am meisten glühen soll.«

Wer ist er also, der die Aufklärer seiner und jeder Zeit in die Schranken ruft, der es mit Kant wie mit Lessing aufnimmt und für den es keine Aufspaltung der Wirklichkeit in Denken und Glauben, in Denken und Leben gibt?

Eines seiner Selbstzeugnisse lautet: »Ich bin nichts als der Magus in Norden, und als der will und muß ich sterben, ebenso unschuldig, wie ich geworden bin.«

Diesen Titel »Magus in Norden« hat sich Hamann nicht selbst zugelegt. Er stammt von dem Stuttgarter Diplomaten Karl Friedrich Moser, einem aufmerksamen, von Hamann geschätzten Hamann-Leser. Aber ist er denn jener dunkle Wahrsager, wie manche meinen? Die von Geheimnissen durchsetzte Sprache des Magus legt diese Vermutung wohl nahe. Es bedarf schon einer außerordentlichen Kenntnis der biblischen Gleichnissprache und der antiken Literatur, um den Stellenwert der Zitate und den der ungezählten Anspielungen zu erfassen. Und was die Bezeichnung »Magus« anlangt, so ist eben kein Schwarzkünstler oder Hermetiker gemeint. Vielmehr deutet das Wort auf die »Magie«, das heißt auf die Magier aus dem Morgenland, von denen das zweite Kapitel des Matthäus-Evangeliums berichtet. Es sind jene Weisen aus dem Osten, die dem Stern gefolgt sind und die schließlich den Weg zur Krippe des Christuskindes gefunden haben. Nicht anders versteht sich Hamann, nämlich als einer, der sich auf den Weg macht und dem das zum Ziel hinführende Licht aufgegangen ist; auch als einer, der gewillt ist, anderen ein solcher Sternzeiger zu werden. Doch wie findet dieser Magus seinen Weg? – Sehen wir uns einige Stationen seines innerlich wie äußerlich bewegten Lebens an:

Der gebürtige Königsberger Johann Georg Hamann ist der Sohn von Johann Christoph Hamann, der als Bader und Wundarzt in der ostpreußischen Hafenstadt tätig ist. Er läßt seinem Ältesten eine gründliche Ausbildung angedeihen. Im Frühjahr 1746 – Johann Georg ist also noch keine sechzehn Jahre alt – wird er in die Matrikel der Königsberger Albertus-Universität eingetragen. Er studiert Theologie, wechselt aber bald zu anderen Disziplinen über, zu Jura und Philosophie, zur Altertumskunde und vor allem zu den Sprachen.

Lebenslang ist Hamann ein wahrer »Philolog«, das heißt wörtlich: ein Liebhaber des Wortes. Er ist es als Mensch, als Christ, als Autor. Was das Studium anlangt, so findet sich von strenger Systematik keine Spur. An einen Brotberuf scheint er nicht zu denken. Ihn faszinieren die Philosophen und die Dichter. Vorerst genügt das auch. Rückblickend gesteht Hamann:

»Meine Torheit ließ mich immer eine Art von Großmut und Erhabenheit sehen, nicht für Brot zu studieren, sondern nach Neigung, zum Zeitvertreib und aus Liebe zu den Wissenschaften selbst, daß es besser wäre, ein Märtyrer denn ein Taglöhner und Mietling der Musen zu sein.«

So bleibt dem Studenten und Musensohn genug Zeit zu ausgedehnter Geselligkeit, zum Lautenspiel sowie zur Herausgabe einer kleinen Wochenzeitschrift, die er mit einigen Freunden zusammen-

stellt. Sie trägt den Titel »Daphne« und wendet sich an Frauen und
junge Mädchen. Nach sechsjähriger Studienzeit verläßt Hamann
die hohe Schule, ohne einen Abschluß gemacht zu haben.

Den jungen Mann drängt es in die Weite. Er will die Welt kennenler-
nen. Dabei kann man nicht sagen, daß die besorgten Eltern ihren
Sohn in besonderer Weise darauf vorbereitet hätten. Eher unbehol-
fen muß man den jungen Hamann nennen, denkt man daran, wie er
sich zum Beruf oder zum Umgang mit Geld verhält. Um sein Glück
zu machen, nimmt der Zweiundzwanzigjährige Abschied vom Elternhaus. In Livland und Kurland arbeitet er in einigen Familien als
sogenannter Hofmeister; er ist Hauslehrer, mit wechselndem Erfolg übrigens. Johann Christoph Berens, ein Freund aus den Königsberger Studientagen, vermittelt ihm eine Stelle in dem ansehnli-
chen Handelshaus Berens in Riga. Aber ist denn ein Liebhaber der
Sprachen, der eher zum Schulmeister taugt, auch fürs Kaufmänni-
sche geeignet?

Das Merkwürdige geschieht: Den mit wirtschaftlichen Angelegenheiten kaum Vertrauten, im Umgang mit Kaufleuten gänzlich Uner-
fahrenen betraut sein Rigaer Dienstherr mit einer offenbar wichtigen handelspolitischen Mission. Über Königsberg, Berlin, Lübeck
und Rotterdam reist Hamann im Frühjahr 1757 nach London. Die
dortigen Geschäftspartner erkennen rasch, daß sie es mit einem An-
fänger zu tun haben, der seiner Aufgabe nicht im entferntesten gewachsen ist. Man wundert sich; man verlacht ihn, und – was noch
schlimmer ist – Hamann gerät in ein zwielichtiges Milieu. Die statt-
liche Barschaft des glücklosen Handelsreisenden ist rasch aufge-
braucht.
London wird für den jungen Hamann zur Hölle, zum Sinnbild der
Gottesferne. Die Höllenfahrt der Selbsterkenntnis hat begonnen.
Nahezu mittellos und ohne Verbindung mit der Heimat, findet er
eine Bleibe bei einem Mister Collins in der Londoner Marlborough
Street. Letzte Station des »Verlorenen Sohnes« vor der Umkehr. Hamann greift zum Buch. Nicht zu irgendeinem von den vielen, die
der Bücherliebhaber sich in den ersten Wochen seines Englandauf-
enthaltes zusammengekauft hat. Es ist die Bibel. Er berichtet:

»Unter dem Getümmel aller meiner Leidenschaften, die mich überschütteten, daß ich öfters nicht Odem schöpfen konnte, bat ich immer Gott um einen Freund, um einen weisen und redlichen Freund ... Ich fand diesen Freund in meinem Herzen ... Ich fand die Einheit des göttlichen Willens in der Erlösung Jesu Christi, daß alle Geschichte, alle Wunder, alle Gebote und Werke Gottes auf diesem Mittelpunkt zusammenliefen.«
Aufgeschlagen ist das 5. Kapitel des 5. Buches Mose, wo es heißt: »Und Mose rief das ganze Israel und sprach zu ihm: Hier, Israel, die Gebote und Rechte, die ich heute vor euren Ohren rede!«

Mit einemmal wurden diese unscheinbaren, bisher unbeachteten Sätze für den jungen Mann bedeutungsvoll. Das Unvorhergesehene geschieht: »Israel«, das ist in diesem Augenblick der Betroffenheit keine ferne historische Größe. In der bescheidenen Kammer des Mister Collins in der Marlborough Street wird das einst ergangene Wort gegenwärtig wie nie zuvor. Und was die erwähnten »Gebote und Rechte« anlangt, von denen der beunruhigte Bibelleser vom Elternhaus her Bescheid zu wissen meint, jetzt erst bekommen sie Leben, forderndes, verpflichtendes Leben. Ein Mensch wird in der Tiefe seiner Existenz ergriffen. Von der Unmittelbarkeit des Erlebens schwingt noch etwas im Lebensbericht mit, wo es heißt:

»Ich fühlte mein Herz klopfen, ich hörte eine Stimme in der Tiefe desselben seufzen und jammern ... Der Geist Gottes fuhr fort, ungeachtet meiner großen Schwachheit, ungeachtet des langen Widerstandes, den ich bisher gegen sein Zeugnis und seine Rührung angewandt hatte, mir das Geheimnis der göttlichen Liebe ... immer mehr und mehr zu offenbaren.« Als gelte es, ein verborgenes Lebensgesetz zu umschreiben, notiert Hamann viele Jahre später: »Je mehr das Dunkel meines Lebens zunimmt, desto heller wird der Morgenstern in meinem Herzen.«

Ohne Zweifel bezeichnet die Londoner Krise und die religiöse Umkehr die Sternstunde im Leben des Königsberger Magus, das heißt dessen, dem der Stern, der zu Christus führt, aufgezogen ist. Als ein völlig Gewandelter kehrt Hamann nach Deutschland zurück, in

der Reisetasche einen Packen Manuskriptblätter, Niederschlag seiner Londoner Erfahrungen. Aus der weiteren Kaufmannstätigkeit
in Riga wird nicht mehr viel. Natürlich kommt der Gescheiterte
auch nicht bei der Familie Berens an, als ausgerechnet er um die
Hand der Tochter seines Dienstherrn anhält. Hauptgrund der Ablehnung ist offenbar, daß der junge Mann angeblich ein Pietist, ein
religiöser Schwärmer geworden sei. Der weltkluge, aufgeklärte Johann Christoph Berens ist über die Wandlung seines Freundes enttäuscht. Er will sie nicht gelten lassen, nach Möglichkeit sogar rückgängig machen.

Im Februar 1759 kehrt der inzwischen achtundzwanzigjährige Hamann in seine Vaterstadt Königsberg zurück, ohne Beruf und Anstellung. Wenig später trifft auch Berens dort ein, und zwar in der
Absicht, den seiner Meinung nach religiös verwirrten oder gar abergläubischen Freund zur Vernunft zu bringen, und das heißt: zur
herrschenden Modephilosophie mit ihren aufklärerischen Idealen.
Um seiner Sache ganz sicher zu sein, gewinnt der Kaufmann einen
für dieses Unternehmen bei weitem Kompetenteren. Es ist kein Ge-
ringerer als Magister Immanuel Kant, seines Zeichens Professor an
der Universität Königsberg. Tatsächlich tritt der berühmte Philosoph an die Seite von Berens, um ihm bei der Rückbekehrung Hamanns behilflich zu sein.

»Ich muß beinahe über die Wahl eines Philosophen zu dem Endzweck, eine Sinnesänderung in mir hervorzubringen, lachen«, so
notiert Hamann. Aber er ist gesprächsbereit. So sieht man an einigen Sommertagen des Jahres 1759 die drei Männer vor den Toren
der Stadt spazieren und, wie es scheint, in eine angeregte freund-
schaftliche Unterhaltung vertieft. Doch der Schein trügt. Für Hamann steht jedenfalls fest, daß sich mit philosophischen Erwägungen eine unter Furcht und Zittern getroffene Lebensentscheidung
keinesfalls rückgängig machen läßt. Kants Anregung, einige Artikel
aus der großen französischen Enzyklopädie ins Deutsche zu übertragen, schlägt Hamann aus. Und auch sonst gibt er mit aller Deutlichkeit zu verstehen, daß er seiner Innenerfahrung nicht untreu zu
werden gedenkt. Es kommt zum Bruch. Für Hamann ist die Sache
als solche noch nicht erledigt. Ihm ist klargeworden, daß es sich hier

nicht allein um einen persönlichen Streit handelt, sondern um den Widerstreit zweier Einstellungen zu Leben und Wirklichkeit. Das ist der Auftakt zu Hamanns Schriftstellerei.

Binnen weniger Wochen entsteht im Laufe des August 1759 ein Manuskript, in dem sich Johann Georg Hamann mit den Vertretern der Vernunftphilosophie seiner Zeit auseinandersetzt, und zwar als einer, der an sich erfahren hat, was höher ist als alle menschliche Vernunft. Und die Gesprächspartner behält der Autor im Blick. Deshalb lautet eine Überschrift »An die Zween« – gemeint sind Kant und Berens. Die ganze Schrift trägt den Titel »Sokratische Denkwürdigkeiten«. Es ist Hamanns erste und wohl auch berühmteste Veröffentlichung, wenngleich sie kaum mehr als dreißig Taschenbuchseiten umfaßt. Nicht die Gestalt, der Gehalt gibt den Ausschlag. Für das Bekanntwerden haben sich freilich auch namhafte Persönlichkeiten eingesetzt, zum Beispiel der neunzehn Jahre jüngere Johann Wolfgang Goethe. Im zwölften Buch seiner »Dichtung und Wahrheit« lesen wir darüber:

»(Hamanns) ›Sokratische Denkwürdigkeiten‹ erregten Aufsehen und waren solchen Personen besonders lieb, die sich mit dem blendenden Zeitgeist nicht vertragen konnten. Man ahnte hier einen tiefdenkenden gründlichen Mann, der, mit der offenbaren Welt und Literatur genau bekannt, doch auch noch etwas Geheimes, Unerforschliches gelten ließ und sich darüber auf eine ganz eigne Weise aussprach. Von denen, die damals die Literatur des Tages beherrschten, ward er freilich für einen abstrusen Schwärmer gehalten, eine aufstrebende Jugend aber ließ sich wohl von ihm anziehen. Sogar die Stillen im Lande, wie sie halb im Scherz, halb im Ernst genannt wurden, jene frommen Seelen, welche, ohne sich zu irgendeiner Gesellschaft zu bekennen, eine unsichtbare Kirche bildeten, wendeten ihm ihre Aufmerksamkeit zu.«

Soweit Goethe über Hamanns »Sokratische Denkwürdigkeiten«. Aber Sokrates im 18. Jahrhundert, was mag es damit auf sich haben? Nun, dieser Erzvater der abendländischen Philosophie gehört zu den Lieblingsgestalten der Aufklärung, und deren Kritikern, zum

Beispiel Kant, ist er geläufig. Sich auf Sokrates zu berufen, das heißt zu diesem Zeitpunkt, den Erzeuger nützlicher Wahrheit, den Garanten der »praktischen Vernunft« und den Streiter gegen eine sophistische Wortklauberei ins Feld zu führen. Sokrates, das ist ein Argument für sich. Und wie Hamann den großen Lehrmeister Platons sieht, das entnehmen wir am besten den »Sokratischen Denkwürdigkeiten« selbst. Dort heißt es:

»Sokrates lockte seine Mitbürger aus den Labyrinthen ihrer gelehrten Sophisten zu einer Wahrheit, die im Verborgenen liegt, zu einer heimlichen Weisheit, und von den Götzenaltären ihrer andächtigen und staatsklugen Priester zum Dienst eines unbekannten Gottes. Platon sagte es den Atheniensern ins Gesicht, daß Sokrates ihnen von den Göttern gegeben wäre, sie von ihren Torheiten zu überzeugen und zu seiner Nachfolge in der Tugend aufzumuntern. Wer den Sokrates unter den Propheten nicht leiden will, den muß man fragen: Wer der Propheten Vater sei, und ob sich unser Gott nicht einen Gott der Heiden genannt und erwiesen!«

Alles in allem ein kühnes Wort. Hamann tritt an die Seite der nicht minder kühn begründenden frühchristlichen Verteidiger der Überzeugung, daß Gott nicht nur in Israel oder in hebräischer Zunge spricht. Sokrates ist nicht geringer als die Propheten des Alten Testaments. Ist er etwa gar ein attisch redender Jesaja oder Jeremia?

Aber was heißt hier Sokrates? Dieser Rückgriff will nicht eine längst entrückte Philosophiegeschichte erhellen. Zudem schöpft Hamann nicht einmal aus den Quellen der Dialoge Platons. Die kennt er kaum, als er die »Sokratischen Denkwürdigkeiten« aufzeichnet. Zudem erlaubt er sich manche Freiheiten. Er ist so frei zu sagen: »Ich habe über den Sokrates auf sokratische Art geschrieben.« Ein solcher Satz aus der Feder Hamanns will ernst genommen sein. Vor allem, wenn der Autor in einem erläuternden Brief hinzufügt: »Das ganze Werk (der ›Sokratischen Denkwürdigkeiten‹) ist mimisch ...«

Das heißt: Es geht eben nicht um den historischen Sokrates. Es geht nicht um eine Gestalt der Vergangenheit, sondern hier setzt sich einer, nämlich Hamann selbst, eine Maske auf, eine sokratische Maske. Die Figuren, die er in seinem Büchlein auftreten läßt, weisen ganz bestimmte aktuelle Bezüge auf. So sind etwa die Sophisten Athens, die Sokrates einst ins Kreuzfeuer seiner Kritik stellte, die Rationalisten der Gegenwart. Das Daimonion, das den Sokrates einst inspirierte, deutet hin auf die Einsprache des Heiligen Geistes. Nichtwissen und Genialität des Sokrates verweisen auf den christlichen Glauben, der alle Menschenvernunft übersteigt. Um es mit Fritz Blanke zu sagen:

»(Diese Anspielungen) nehmen ihren Ausgang von Personen, Ereignissen und inneren Haltungen der Vergangenheit und weisen nach vorwärts auf Personen, Ereignisse und innere Haltungen der Gegenwart: Kriton auf Berens, der Tod des Sokrates auf den Tod Jesu Christi, die Denk- und Lehrart des Sokrates auf Hamanns Denk- und Lehrart ...«

Dergleichen nennt man eine typologische Auslegung. Hamann beherrscht sie meisterhaft. Hier agiert ein Meister der Analogien, der seine Leser, damals wie heute, auf die Probe stellt. Natürlich wird nicht etwa gymnasiales Wissen abgefragt, wiewohl derartige Kenntnisse bei der Hamann-Lektüre von Nutzen sind, und doch hat der Autor der »Sokratischen Denkwürdigkeiten« anderes im Sinn. Er nimmt, wenn er von Kant und Berens spricht, alle jene aufs Korn, die sich lediglich nach dem Publikumsgeschmack richten, indem sie einer Zeitmode, einem Trend nachlaufen.
Hamann will ermutigen, notfalls auch gegen den Strom zu schwimmen. Für ihn heißt das: dem Evangelium Gehör schenken. Wie steht es aber mit der sprichwörtlichen Dunkelheit des sokratisch schreibenden Königsbergers?

Um kein Mißverständnis aufkommen zu lassen, betont der Hamann-Herausgeber Josef Nadler: »Völlig falsch wäre es, Hamanns ›Dunkelheit‹ als Ringen mit dem Gedanken oder mit dem Wort aufzufassen. Hamann war der klarste und scharfsinnigste Denker, und er beherrschte die Treffsicherheit des richtigen Wortes in einer seltenen Meisterschaft.«

Der Nachweis für die Richtigkeit dieser Feststellung ist durchaus zu erbringen, freilich nur dann, wenn und insoweit es gelingt, den mimischen Schriftsteller wiederum zu demaskieren. Praktisch heißt das: Man muß einerseits die zahllosen Anspielungen auflösen, sodann die direkten wie indirekten Zitate bestimmen. Andererseits gilt es, so manchen bewußt ausgelassenen Redeteil zu ergänzen, um den gewünschten Klartext zu erhalten. Man sieht, der Leser ist auf den kundigen Interpreten angewiesen. Hamanns Schriften sind alles andere als eine leichte Kost. Schon seine unmittelbaren Zeitgenossen haben mit diesen Texten ihre Schwierigkeiten gehabt. Selbst gegen den großen Kant hatte Hamann seine sokratischen Kunstgriffe zu rechtfertigen. In einem Brief vom 27. Juli 1759 an den Philosophen heißt es:

»In meinem mimischen Stil herrscht eine strengere Logik und eine geleimtere Verbindung als in den Begriffen lebhafter Köpfe.« Dennoch vermochte die seit Hegel arbeitende Hamann-Forschung keineswegs alle Verschlüsselungen und kunstreichen Verknüpfungen aufzulösen. Halten wir's daher mit dem in mancher Hinsicht geistesverwandten Jean Paul, der in seiner »Vorschule zur Ästhetik« anmerkt: »So ist der große Hamann ein tiefer Himmel voller teleskopischer Sterne, und manche Nebelflecken löset kein Auge auf.«

Aber lohnt sich denn eine derartige Mühe der Auflösung? Was bringt die Hamann-Lektüre, setzt man den ebenso geduldigen wie anspruchsvollen Leser voraus?
Der gemütvolle Wandsbeker Bote, Matthias Claudius, deutet die Richtung an, wenn er von seinem Freund sagt: »Übrigens hat er sich in ein mitternächtliches Gewand gewickelt, aber die goldnen Sternlein hin und her im Gewande verraten ihn und reizen, daß man sich keine Mühe verdrießen läßt.«

Anders ausgedrückt heißt das: Johann Georg Hamann ist in das Konkrete, in das Schöpfungsnahe verliebt. Jegliche rationalistische Verflüchtigung im Denken, im Glauben, im Leben ist ihm verhaßt. Aber wo ist das Konkrete, wo ist Wirklichkeit gleichsam dingfest zu machen? – Hamanns Antwort lautet: Sie ist nirgends anders als in der Sprache, sie ist nirgends sonst als im Wort. Sie ist überall dort, wo Gott redet. Sie ist überall dort, wo der Mensch antwortet, verantwortend in diesem großen Sprachgeschehen teilhat. Deshalb umkreist Hamann immer wieder das Thema Sprache und die Frage nach dem Ursprung der Sprache. Einmal heißt es lapidar:

»Das ganze Vermögen zu denken beruht auf Sprache.« Und an anderer Stelle: »Alles, was der Mensch am Anfange hörte, mit Augen sah, beschaute und seine Hände betasteten, war ein lebendiges Wort; denn Gott war das Wort. Mit diesem Worte im Mund und im Herzen war der Ursprung der Sprache so natürlich, so nahe und leicht wie ein Kinderspiel.« Sprache ist demnach sehr viel mehr als ein Mittel der Kommunikation, mehr als nur ein Träger von Sachmitteilungen, die wir Daten oder Informationen nennen. Sprache, wie sie hier verstanden wird, liegt im Menschsein des Menschen selbst begründet.

Die gesamte Schöpfung hat Logos-Struktur: Im Anfang war das Wort. Aber bleiben wir zunächst beim Menschen: Der Mensch findet sich bereits als Angeredeter vor. Er ist, ob er es wahrhaben will oder nicht, Empfänger und Träger des Wortes. Er ist in unverwechselbarer Weise bei seinem Namen gerufen. Hamann, der Sprachdenker und der Sprachtheologe, ist sich stets der trinitarischen Anrede Gottes bewußt, nämlich des Schöpfers, des Erlösers und des im Heiligen Geist Wirkenden. Deshalb die hohe Einschätzung des biblischen Wortes seit seinem Londoner Wandlungserlebnis: Damals ließ sich das Wort in den Wörtern der Menschensprache von ihm vernehmen. In den Dienst dieses Wortes ist er eingetreten; er wurde zum Autor. Und Autorschaft ist für ihn zeugender Vollzug des anvertrauten Wortes.

Und wie steht es mit der Vernunft, die in der Kontroverse der Freunde wie Gegner Hamanns eine so große Rolle spielt? Sie ist gleichsam hineingenommen in den großen Wirklichkeitszusammenhang, von dem Hamann Zeugnis ablegt, wenn er sagt: »Vernunft ist Sprache, Logos. An diesem Markknochen nage ich und werde zu Tode drüber nagen. Noch bleibt es immer finster über dieser Tiefe für mich; ich warte noch immer auf einen apokalyptischen

Engel mit einem Schlüssel zu diesem Abgrund.« Und wie sieht sein Gottesbild aus, wenn er vom Schöpfer spricht? Seine Antwort lautet: »Kein bloßer Töpfer plastischer Formen, sondern ein Vater feuriger Geister und atmender Kräfte zeigt sich im ganzen Werk.«

Nein, das ist nicht der Philosophen, aber auch nicht der Theologen Gott. Der Magus muß nicht erst schlußfolgern, um zu Gott zu kommen. Dieser Gott ist ja da, eben als der »Vater feuriger Geister«. Die Brücke der Vernunft allein trägt nicht. Die Gottunmittelbarkeit durchzieht den Alltag, und das heißt: die Dürftigkeit seiner Lebensverhältnisse.

Auch von ihnen muß der Hamann-Leser wissen: Den Autor der zahlreichen philologisch-theologisch-philosophischen Schriften nährt und dekoriert kein offizielles Lehramt. Nach Jahren der Berufslosigkeit hat ihm Kant eine Übersetzertätigkeit beim preußischen Zoll verschafft. Hamann ist siebenunddreißig Jahre alt. In diesem Jahr 1767 fängt auch seine »Gewissensehe« mit der Magd Anna Regina an. Sie wird die Mutter seiner vier Kinder. Aber auf die kirchliche Einsegnung dieser Verbindung verzichtet Hamann konsequent. Doch wir wissen, wie ernst er als Gatte und Familienvater diese Gewissensehe genommen hat. So manchen Gast führt er in seine bescheidene Königsberger Wohnung und bedeutet ihm: Auch hier, am heimischen Herde, sind die Götter!

In seinem sibyllinischen Text über die Ehe findet sich der Satz: »Wundervoll, wie die Liebe, und geheimnisreich, wie die Ehe, sei mein Unterricht.«

Der Unterrichtende, bei dem bis heute Unzählige in die Schule gegangen sind, ist von seinem siebenundvierzigsten Lebensjahr an ein schlechtbesoldeter Packhofverwalter am Zoll. Was er schuf, das ist der Mühsal und der Armut abgerungen. Als der etwa Siebenundfünfzigjährige um Urlaub nachsucht, um eine wiederholt aufgeschobene Reise nach Westfalen zu machen, da gibt man ihm gleich den Laufpaß, er wird pensioniert. Nur noch ein knappes Jahr hat der von Krankheiten Geplagte zu leben. Als Gast der Fürstin Gallitzin ist er am 21. Juni 1778 in Münster gestorben.

Auf Hamann trifft zu, was er selbst einmal im Blick auf Luther ge-schrieben hat: »Was für eine Gewalt der Beredsamkeit, was für ein Geist der Auslegung, was für ein Prophet! Was für eine Schande für unsere Zeit, daß der Geist dieses Mannes so unter der Asche liegt!«

Sören Kierkegaard

Der prophetische Denker des Protestantismus

Die einen nennen ihn den »Augustinus des Nordens« oder, weiter zurückgreifend, den »dänischen Sokrates«, und zwar paradoxerweise einen solchen, der auf den Spuren Don Juans einhergeht. Die anderen warnen vor ihm und bezeichnen ihn als »Enfant terrible des Protestantismus«, das sich nicht gescheut hat, das Nest der Kirche zu beschmutzen und die Christlichkeit der Christen gründlich in Frage zu stellen. Als »kirchenfeindlich, kulturfeindlich, ungeheuer einseitig und leidenschaftlich« empfand ihn bereits Ernst Troeltsch zu Beginn dieses Jahrhunderts. Derselbe Kierkegaard muß es sich gefallen lassen, posthum als »Sankt Sören« tituliert, ja gepriesen zu werden. Eine Art protestantischer Heiliger also, während wieder andere behaupten, eben dieser Sören Kierkegaard habe sich im Labyrinth des Nein verirrt. Sein Verhältnis zur guten Schöpfung Gottes sei in einer verhängnisvollen Weise gestört. Seine eigene Christlichkeit sei von dämonischer Natur.

Und wie steht es mit seiner Wirkung? –
Ohne Kierkegaard ist weder die dialektische Theologie Karl Barths[1] zu denken noch die Existentialphilosophie der Jahrhundertmitte. Er hat Fragen aufgeworfen, geistig-seelische, religiös-moralische Tatbestände bewußt gemacht, wie es nur einem prophetischen, einem hellsichtigen Denker gegeben ist. Weder Franz Kafka noch T. S. Eliot sind ohne die Wirkung des Dänen vorstellbar. Sieht man von periodisch auftretenden Renaissancen ab, so hält seine Einflußnahme an. Sein umfangreiches Werk, in einem Zeitraum von kaum mehr als zehn Jahren entstanden, ist in viele Kultursprachen über-

---

[1] Vgl. Gerhard Wehr: Karl Barth. Theologe und Gottes fröhlicher Partisan. Gütersloh 1979.

setzt. Die Edition und die Interpretation seiner Bücher schreitet
fort, ohne daß eine Konfession oder Schulrichtung ihn ausschließlich für sich beanspruchen dürfte als Lehrmeister oder Kirchenva-
ter.

Den dänischen Protestanten beachten daher katholische Theologen
und Philosophen nicht weniger aufmerksam als seine evangelischen
Glaubensbrüder. Indes besteht in mehrfacher Hinsicht Grund zur
Verwunderung. Da notiert etwa Romano Guardini im Jahre 1927:

»Wer zu seinen Schriften greift, um diesen großen Impuls an der
Quelle zu fassen, findet keine leichte Aufgabe. Wohl selten ist eine
Persönlichkeit komplizierter gewesen als die seine. Die seelischen
Situationen sind verwickelt, die Motive vielfach hinterbaut, zahlrei-
che und schroffe Gegensätze zusammengespannt, und das Ganze
steht unter einem ungeheuren inneren Druck.«

Karl Jaspers hat im Blick auf Kierkegaard wie auf dessen jüngeren
Zeitgenossen Friedrich Nietzsche von einer verwirrenden Polarität
gesprochen, weil diese beiden radikalen Denker eine schier unüber-
brückbare Kluft zwischen Forderung und Verwirklichung aufgeris-
sen haben. Ein Wort Bert Brechts variierend, könnte man sagen:
Die beide den Boden für Wirklichkeit bereiten wollten, konnten
selbst nicht wirklich sein; das heißt: Sie konnten beide nicht den
hohen Forderungen entsprechen, die sie an ihre Mit- und Nachwelt
stellten. Und doch, vielleicht gerade deshalb haben beide ihre Leser
zu verzaubern vermocht. Und dieser Zauber dauert an, bei Nietzsche wie bei Kierkegaard.
Wer war, wer ist Sören Kierkegaard? – Zunächst ein Urteil aus der
Feder des schweizerischen Kirchenhistorikers Walter Nigg:

»Kierkegaard war einer der geheimnisvollsten Menschen, die je gelebt haben. ... Echt nordische Gequältheit war ihm eigen, welche
alle Heiterkeit des Lebens mit düsterem Ernst überschattete; ein
Mensch, der sich nur schwer aus seinen Bindungen befreite und
auch die glücklichsten Gaben durch schwermütige Religiosität zer-
störte.«

Es ist wahr, von Sören Kierkegaard kann man nicht sprechen, ohne die schicksalhaften Bedingungen seines Lebens und Schaffens zu berücksichtigen. Der mit einem außerordentlichen Maß an Verstand Begabte hat sich oft genug zum Gegenstand kritischer Selbstreflexion gemacht. So findet sich in seinem Tagebuch die Stelle, wo es heißt:

»Zart, dünn und schwächlich, beinahe in jeder Beziehung ohne die körperlichen Bedingungen, die nötig sind, um für einen ganzen Menschen gelten zu können so wie die anderen; schwermütig, seelenkrank, auf mancherlei Weise tief innerlich verunglückt, war mir doch eines beschieden: nämlich ein außerordentlicher Verstand, damit ich doch nicht ganz wehrlos sein sollte.«

Wir hören von körperlichen Schwächezuständen, die ihn lebenslang begleiteten, von der frühen Kindheit – die nach seinem eigenen Zeugnis so wenig kindlich war – bis zum frühen Tod. Der dänische Kierkegaard-Forscher Hayo Gerdes weist darauf hin, daß die schwächliche Konstitution bis in die letzte Tiefe seiner Persönlichkeit reiche.

Der so Gezeichnete spricht von einem Mißverständnis zwischen Seele und Leib. Er hat mit diesem Mißverständnis gelebt und gelitten, und zwar bis an die Grenzen des Wahnsinns. Der Biograph kommentiert:

»Es wird so gewesen sein, daß jede heftigere seelische Erschütterung oder Bewegung einen leiblichen Niederschlag fand – unerträgliche Kopfschmerzen, Angst- und Schwindelzustände, Lähmungserscheinungen –, der Kierkegaard immer wieder bis an den Rand der Selbstaufgabe, bis hart an Geisteskrankheit oder Selbstmord herantrieb.«

Ein rätselhaftes Menschenschicksal! Es beginnt am 5. Mai des Jahres 1813, als im Hause des wohlhabenden Kopenhagener Wollhändlers Michael Pedersen Kierkegaard ein Sohn geboren wird. Er ist das jüngste von sieben Kindern. Der Vater ist siebenundfünfzig, die Mutter bereits fünfundvierzig Jahre alt. Sören Kierkegaard ist ein

Kind des Alters, eine grüblerische Natur, in sich gekehrt und schwermütig. Vater und Sohn scheinen wie durch ein dunkles Geheimnis aneinander gekettet. In seinen späteren Schriften, die so viele autobiographische Elemente enthalten, wird dieses Geheimnis immer wieder umkreist. Und auf einem Tagebuch-Blatt aus dem Jahre 1844 heißt es einmal:

»Ein Verhältnis zwischen Vater und Sohn, wobei der Sohn im Verborgenen alles entdeckt und es doch nicht zu wissen wagt. Der Vater ist ein angesehener Mann, gottesfürchtig und streng. Nur gelegentlich einmal, im betrunkenen Zustand, läßt er ein paar Worte fallen, die das Furchtbare ahnen lassen. Anders erfährt der Sohn es nicht und getraut sich nie, den Vater oder irgend einen anderen Menschen zu fragen.«

Worin besteht aber das Furchtbare? – Michael Pedersen Kierkegaard hatte einst eine überaus kärgliche Kindheit verbracht. An einem kalten, regnerischen Herbsttag war der Hütejunge in der Heide von Jütland auf einen kleinen Hügel gestiegen, hatte die Faust zum Himmel emporgereckt und diesem Gott geflucht, der den Menschen einem so elenden, freudlosen Dasein ausliefert. Eine Kindheitsbegebenheit, die den Mann lebenslang begleiten sollte. Die Wendung des äußeren Schicksals, Wohlstand und Reichtum vermochten diesen Fluch nicht zu verdecken, geschweige denn aufzulösen. In der Schwermut des jüngsten Sohnes scheint sich das Jugendtrauma des Vaters verewigt zu haben. Sören Kierkegaard notiert:

»Ich war nie Mensch. Das war von Geburt mein Unglück. Und dieses Unglück wurde durch meine Erziehung erst recht mein Unglück. ... Ich habe keine Unmittelbarkeit gehabt und darum, einfach menschlich verstanden, nicht gelebt.«

Der Hochbegabte beginnt 1830 sein Studium an der Universität seiner Vaterstadt Kopenhagen. Seine Prüfungen besteht er mit Auszeichnung. Doch als der Vater acht Jahre später stirbt, hat Sören seine Studien immer noch nicht abgeschlossen. Erst im zehnten

Studienjahr legt er seine theologischen Examina ab. 1841 promoviert er mit einer Arbeit »Über den Begriff der Ironie mit beständiger Hinsicht auf Sokrates«. Am 8. September desselben Jahres verlobt er sich mit Regine Olsen. Es ist die siebzehnjährige Tochter eines Kopenhagener Kommerzienrats. Doch diese Beziehung scheitert. Schon ein Jahr später löst Kierkegaard die Verlobung. Einen ersichtlichen Grund dafür gibt es nicht. Ist nicht er selbst, ist nicht die Eigentümlichkeit seiner Existenz Grund genug?

Rasch ist ein ganzer Strauß von Vorurteilen gebunden: Ein ewiger Student, lebensuntüchtig und zu keiner lebensvollen Beziehung fähig – einer, der vom Vermögen seines Vaters lebt, statt sich von seiner Hände Arbeit zu ernähren und eine Familie zu gründen. Offensichtlich hat es Kierkegaard seinen Zeitgenossen nicht gerade leicht gemacht, ihn richtig einzuschätzen. Denn nachdem er von einem längeren Auslandsaufenthalt nach Dänemark zurückgekehrt ist, erweckt er den Eindruck, er sei ein Lebemann, ein oberflächlicher Mensch.

Seine Kopenhagener Mitbürger sehen ihn durch die Straßen der Hauptstadt promenieren. Er versäumt keine Theateraufführung. Er verkehrt in Kaffeehäusern und kleinen Zirkeln der »besseren« Gesellschaft. Kurzum: Magister Kierkegaard tut alles, um vor seiner Mitwelt zu verbergen, wer er tatsächlich ist, was in ihm vorgeht und wie hart er arbeitet, daß er ein überaus fleißiger Schriftsteller ist. Denn als vom Jahr 1843 an seine zum Teil recht umfangreichen Bücher erscheinen, da tragen sie nicht den Namen ihres Verfassers. Der Autor verbirgt sich vielmehr hinter einer ganzen Kette von Pseudonymen.

Und Sören Kierkegaard ist der geborene Schriftsteller. Schreiben wird ihm geradezu zur zweiten Natur – hat er etwa keine erste? Ist ihm etwa sein Leben selbst zur Literatur geraten, um nicht zu sagen: mißraten?

In einem Zeitraum von knapp dreizehn Jahren entsteht ein literarisches Werk von einer faszinierenden Leuchtkraft, voll Dialektik und Hintersinn, ein Opus von über dreißig Bänden. Den Anfang macht das rund tausendseitige Buch »Entweder – Oder«, ein Lebensfragment, das der Autor von einem gewissen Viktor Eremita geschrieben sein läßt. Die Titelgebung trifft sogleich die Sache selbst, denn Kierkegaard stellt zwei Lebensauffassungen einander gegenüber: die Lebenshaltung des Ästhetikers, das heißt eines Menschen, der ein dem Schönheitsrausch und dem sinnlichen Genuß hingegebenes Leben führt; auf der anderen Seite das Leben eines Ethikers, also eines Menschen, der sich der Verantwortung für all sein Tun und Lassen voll bewußt ist. »Entweder – Oder« besagt: Man kann nur eine von beiden Lebensarten wählen, und zwar kompromißlos. Jede Vermengung ist untersagt. Es gilt daher, eine klare Entscheidung zu treffen.

Kierkegaard will nicht für die eine oder für die andere Position werben oder gar überreden. Viel wichtiger ist ihm, daß sich der Leser der Unumgänglichkeit einer klaren Entscheidung in seinem Leben bewußt wird. Er, der einzelne, ist gemeint. Kierkegaard ist bei seinem Thema.

Weitere Bücher folgen in kurzen Abständen: der »Begriff der Angst«, »Philosophische Brocken«, »Stadien auf dem Lebensweg«, »Die Krankheit zum Tode«, »Einübung im Christentum«. Da sind weitere Zeitungsaufsätze eines streitbaren Journalisten, aber auch erbauliche Reden eines Predigers, der von der Lilie auf dem Feld und von dem Vogel unter dem Himmel in farbiger Bildhaftigkeit zu erzählen weiß; ein Prediger, der von der Sünderliebe Gottes als des liebenden Vaters Zeugnis ablegt! Und da sind die Traktate des Denkers und des Kritikers an der Kirche seiner Zeit. Ist es nicht die Kritik, die er an sich selbst, an seinem Unvermögen zu üben hat? Er muß bekennen:

»Hätte ich Glauben gehabt, so wäre ich bei Regine geblieben. Gott sei Lob und Dank, das habe ich nun eingesehen. Ich war nahe daran, meinen Verstand zu verlieren in diesen Tagen.«

Das Eingeständnis dieses Unvermögens öffnet ihm eine Tür zu tieferer Erkenntnis, nämlich zur Einsicht in die Situation des Menschen im Angesicht Gottes. So kann Kierkegaard, was die Sache der aufgehobenen Verlobung betrifft, sagen: »Durch diesen Schritt bin ich erst geworden, was ich geworden bin!«

Er hat seiner ehemaligen Braut sein ganzes Werk gewidmet. So sind es zwei Menschen, die Kierkegaards Lebens- und Schaffensgeheimnis konstellieren: der schwermütige Vater und die jugendliche Regine Olsen. Ihr gegenüber spielt er die Rolle eines Liebhabers, der ihrer nicht wert war und der treulos geworden ist. Und immer ist der Glaube im Spiel:

»Meine Sünde ist, daß ich nicht Glauben hatte, Glauben daran, daß für Gott alles möglich ist. Aber wo ist die Grenze zwischen dem und Gott versuchen?«

Sätze wie diese schreibt ein Mann nieder, der einen inneren Kampf zu bestehen hat, den Kampf mit der Angst, einen Kampf im Bewußtsein der Todesnähe, mit dem bereits der Vierunddreißigjährige rechnet. Es ist nicht etwa nur der Kampf dessen, der mit der besonderen Hypothek seines Vaters oder mit der Last seines eigenen Lebens fertig zu werden versucht. Es ist vielmehr der Kampf dessen, der sich der ungeheuren Herausforderung bewußt wird, die das Christentum und die Christus selbst darstellt. Was kann ein Schriftsteller mit den Gaben eines Sören Kierkegaard tun, um diese Herausforderung sichtbar, um die Betroffenen betroffen zu machen?

Gefragt ist hier der Dialektiker und der Ironiker, der Analytiker und der Ankläger Kierkegaard, der immer auch von sich selbst spricht, wenn er zur Feder greift und Sätze wie die folgenden niederschreibt:

»Nicht ein einziger von uns vertritt das neutestamentliche Christentum in vollem persönlichem Ernst, so wenig wie ich das tue. … Ich bin kein Christ, und unglücklicherweise kann ich es offenbar machen, daß die anderen das auch nicht sind, ja noch weniger als ich. … Es gibt nur eine These: Das Christentum des Neuen Testaments ist gar nicht da. «

In seinen Schriften fehlt es nicht an Passagen mit beißender Ironie, etwa wenn er von jenem Kandidaten der Theologie Ludwig Fromm berichtet:

»Er sucht. Und wenn man hört, daß ein ›theologischer‹ Kandidat sucht, bedarf es keiner großen Phantasie, um zu wissen, was er sucht: natürlich das Reich Gottes, das man ja zuerst suchen soll. Nein, das ist es nicht; was er sucht, ist: eine königliche Anstellung als Pfarrer mit gutem Einkommen. ... Endlich schlägt die Stunde seiner ›Erlösung‹, so daß er mit der ganzen Macht seiner Überzeugung aus eigener Erfahrung vor der Gemeinde ›Zeugnis‹ ablegen kann, daß im Christentum Heil und Erlösung ist: er bekommt ein Amt. ... Der junge Mann besteigt nun die Kanzel – und das Evangelium des Tages ist – wie sonderbar –: ›Trachtet zuerst nach dem Reich Gottes.‹«

Ein anderer Text, anekdotisch geformt:

»In dem prachtvollen Dom erscheint der hochwohlgeborene, hochehrwürdige Geheime General-Oberhofprediger, der erwählte Liebling der vornehmen Welt; er erscheint vor einem erwählten Kreise von Auserwählten und predigt gerührt über den von ihm selbst ausgewählten Text: ›Gott hat das in der Welt Geringe und Verachtete auserwählt‹ – – – und niemand lacht.«

Was also will Kierkegaard, der als der dänische Sokrates einhergeht und der Christenheit einen Spiegel vorhält? – In einem der Flugblätter, die er herausgibt, findet sich seine Antwort:

»Ganz einfach, ich will Redlichkeit. Wie mich Verbitterung und Raserei und Ohnmacht und Geschwätz auffassen, darauf kann ich überhaupt keine Rücksicht nehmen. Ich vertrete auch nicht christliche Strenge gegenüber einer christlichen Milde. Durchaus nicht. Ich vertrete weder Milde noch Strenge. Ich vertrete menschliche Redlichkeit. Die Abschwächung, worin das hierzulande herrschende Christentum besteht, will ich neben das Neue Testament gestellt haben, damit man zu sehen bekomme, wie sich diese beiden zueinander verhalten.«

Kierkegaard bleibt nicht bei der Analyse stehen. Er zieht nicht nur eine Bilanz, um dann wieder zur Tagesordnung überzugehen. Vielmehr erblickt er seine Lebensaufgabe darin, das Christentum aufs neue in die Christenheit einzuführen. Aber wie ist das möglich? Etwa durch Reformen oder durch neue Interpretationen? Kierkegaard will nicht unter die Reformer eingereiht werden, noch weniger unter die Schar jener Erweckten oder Bekehrten, die abseits des Weltgetriebes fromme Innerlichkeit pflegen wollen. Es geht ihm auch um anderes als um neue Lehren oder Interpretationen. Ihm ist klar – und hier stößt er zum Lebensnerv christlichen Existierens vor –:

»Das Christentum ist keine Lehre. Aus dieser Voraussetzung entstand das ganze Unwesen der Orthodoxie. ... Das Christentum ist Existenz-Mitteilung und kann nur durch die Existenz dargestellt werden.«

Man sieht, Sören Kierkegaard dringt auf das, woran er an sich selbst leidet, nämlich auf Verwirklichung. Nicht darauf kommt es an, theologisch Richtiges zu sagen, sich hinter den großen Worten und Begriffen zu verschanzen. Christus hat eben nicht Dozenten angestellt, sondern er hat Menschen in seine Nachfolge gerufen. Deshalb muß mit jeder Generation von neuem begonnen werden. »Gleichzeitig« gilt es zu werden mit ihm, der in seinem Leben, Sterben und Auferstehen seine Existenz mitgeteilt hat. Nein, das ist nicht lehrbares Katechismus-Wissen, das sich einprägen, abfragen und benoten läßt. Deshalb fährt der nordische Prediger fort:

»Das, worüber in der Christenheit gestritten werden soll, ist: der Lehre die ethische Macht über das Leben zu geben, die das Christentum verlangt.«

Der Lehre ethische Macht über das Leben zu geben – ist das nicht Geist vom Geist der Bergpredigt mit ihrem hohen Anspruch? – Der Zusammenstoß mit dem geschichtlich gewordenen Kirchentum kann deshalb nicht ausbleiben. In den letzten Jahren seines kurzen Lebens setzt sich der leidenschaftliche Advokat des Christentums mit Repräsentanten der Kirchenleitung auseinander. In ihm tritt einer auf den Plan, der – ein Jahrhundert vor Bonhoeffer und Martin Luther King – proklamiert: Kirche ist nur Kirche, wenn sie sich nicht dieser Welt gleichstellt – wenn sie nicht jene Kompromisse eingeht, die letztlich der Pflege ihrer Eigeninteressen dienen, kurz: wenn sie für andere da ist. In seinen »Christlichen Reden« findet sich die Stelle:

»Wenn ein Mensch den Glauben hat, dann arbeitet er gleichsam für alle mit. Das ganze Geschlecht und jeder einzelne in ihm hat gleichsam daran teil. Der Glaubende bringt das zum Ausdruck, was jedes Menschen wesentliche Möglichkeit ist. Und je stärker sein Glaube, um so nachdrücklicher tritt er dafür ein.«

Und dieses Glauben wie dieses Eintreten ist kein einmaliger Akt, sondern ein je und je nötiger Prozeß. Das unterscheidet die Kirche, die diese Bezeichnung verdient, vom Staat, wie Kierkegaard ihn kennengelernt hat, denn – so lesen wir im Tagebuch im Jahr nach der Revolution von 1848:

»Kirche soll das Werdende repräsentieren, der Staat das Bestehende. Darum ist es so gefährlich, wenn Staat und Kirche zusammenwachsen. ... Werden ist geistlicher als Bestehen.«

Heinz-Horst Schrey hat einmal darauf hingewiesen, daß sich in der Begegnung mit dem geschichtlich gewordenen Christentum die Größe, aber auch die Grenze Kierkegaards zu erkennen gebe. Seine Größe liegt unbestreitbar darin, daß er das »ganz andere«, das Nonkonformistische und die Alltäglichkeit übersteigende Wesen des Christentums entdeckt, wiederentdeckt hat. So kompromißlos und so radikal, das heißt zu den Wurzeln des Christseins vorstoßend, waren in der Geschichte der Christenheit die Märtyrer und die Heiligen. Ein Heiliger aber wollte Kierkegaard nie sein, schon eher ein Märtyrer, und das heißt: ein Wahrheitszeuge. Eben darum hatte er »Redlichkeit« auf sein Panier geschrieben.
Und wo liegen Kierkegaards Grenzen? – Sie sind nicht weniger offenkundig, denkt man an die von Lebensangst, Gewissenspein und Schwermut überschatteten Lebenslinien dieses Mannes. Schon sein älterer Landsmann Frederik Severin Grundtvig hat vor der Gefahr

gewarnt, daß bei Kierkegaard das Christliche mit selbstquälerischer Askese, mit Unmenschlichkeit, ja mit Unmöglichkeit verwechselt wird. Andere erinnern an die Lebensfeindlichkeit der frühchristlichen Gnostiker, die die gute Schöpfung Gottes zum Machwerk eines bösen Weltenschöpfers und zum Tummelplatz geistfeindlicher Weltmächte degradiert haben. Und Heinz-Horst Schrey fragt in seiner Kierkegaard-Studie:

»Schließt das Christliche das Menschliche schon darum aus, weil sich schlichte Lebensfreude und christliches Bekennen ebensowenig vermitteln lassen wie der alte Adam und die Wiedergeburt aus Wasser und Geist?«

Auf welche Seite sich Kierkegaard geschlagen hat, steht außer Frage. Hier waltet ein abgründiger Dualismus. Manche machen diesem nordischen Eiferer den Vorwurf, sein Christentums-Verständnis basiere auf Unmenschlichkeit und auf Menschenverachtung. Wird sein rigoroses Ethos etwa dadurch gerechtfertigt, daß es um des Himmelreiches willen gefordert wird?
Hier gehen die Urteile auseinander. Sie divergieren, seitdem uns sein Werk in authentischen Übersetzungen zugänglich ist. Noch steht Kierkegaard im Kreuzfeuer von Pro und Contra. Hierfür nur zwei Stimmen aus dem theologischen Lager:

Da ist vorweg der ehemals Göttinger Theologe Emanuel Hirsch, der als einer der gründlichsten Kenner Kierkegaards im deutschen Sprachraum gelten kann. Ihren Höhepunkt hat seine lebenslang anhaltende Beschäftigung mit dem großen Dänen in der Übersetzung und Bearbeitung der großen deutschen Gesamtausgabe gefunden. In seinem Dank an »Sankt Sören«, wie er ihn liebevoll tituliert, bringt er zum Ausdruck, daß er in ihm gerade nicht den Kritiker der Kirche erblicke, sondern sehr viel mehr den Tröster und den väterlichen Freund.
Er habe ihm einst, um die Zeit des Ersten Weltkrieges, Mut gemacht, im Amt des Theologen seiner Kirche zu dienen. Wörtlich heißt es in dieser Huldigung an Kierkegaard:

»In Kierkegaards Schrift ›Zur Selbstprüfung‹ lernte ich, auf welche
Weise die Evangelien als ein mit innerlicher Gegenwart zum Herzen sprechendes Buch gelesen werden konnten. Mir erstand so die
Aufgabe, welche dann für meine ganze theologische Arbeit bis auf
den heutigen Tag wesentlich geblieben ist, die kritische Schärfe und
Sachlichkeit und die meditative Vergegenwärtigung im Umgang mit
den Evangelien zur Einheit zusammenzuschmelzen. Wenn ich Kierkegaard für etwas Dank schulde, so für meine frühzeitige Erkenntnis dieser Zweiseitigkeit des theologischen Umgangs mit den Urkunden der Religion.«

Soweit Emanuel Hirsch. Sein Argument wiegt schwer. Es wiegt vieles auf, bedenkt man, wie viele junge Theologen gerade über der
wissenschaftlichen Beschäftigung mit dem überlieferten Urtext der
Bibel scheitern. Der traditionelle Bibelglaube gerät in die Krise.
Über der kritischen Analyse der Wörter gerät das »Wort in den Wörtern«, gerät die Unmittelbarkeit der göttlichen Anrede in Vergessen-
heit. Da kann Kierkegaard, nicht am wenigsten der Autor der
»Christlichen Reden«, zum seelsorgerlichen Helfer und Geleiter
werden. Hat nicht gerade ihn, den zutiefst Angefochtenen, Abra-
ham als Herold des Glaubens auf seinem eigenen Weg bestärkt? Und
war es nicht die Schmerzensgestalt des Hiob, zu dem der Geängstete
Vertrauen gewinnen konnte? Aus tiefer persönlicher Betroffenheit
bezeugt und rät derselbe Sören Kierkegaard:

»Jedes Wort Hiobs ist Nahrung und Kleidung und Arznei für das
Elend meiner Seele. Bald erweckt mich ein Wort von ihm aus meiner Lethargie, so daß ich zu neuer Unruhe wach werde, bald stillt er
das fruchtlose Toben in meinem Innern, macht dem Grauenhaften
im stummen Röcheln der Leidenschaft ein Ende. Sie haben doch
Hiob gelesen? Lesen Sie ihn, lesen Sie ihn wieder und immer wieder.«

Wer wollte sich einem solchen Geständnis, einer solchen Beschwörung entziehen? Und doch verdient auch die Stimme des Skeptikers
und des Warners unser Gehör. Es ist die Stimme von Paul Schütz,
den Walter Nigg einmal den »geistigen Widerstandskämpfern der

gegenwärtigen Zeit« zugeordnet hat. In seinem heute weithin vergessenen Hauptwerk »Parusia«, in dem der langjährige Hamburger Hauptprediger »die Gegenwärtigkeit des Zukünftigen« bezeugt, ist Kierkegaards Schlüsselposition ausführlich gewürdigt. Darin heißt es:

»Keiner der Denker des 19. Jahrhunderts hat, wenn man auf den Westen sieht, das intellektuelle Bewußtsein des 20. mit einer Tiefenwirkung bestimmt wie er. Man wird kaum eine neue Richtung finden, aus deren Tiefe nicht das Rätselantlitz des Dänen schaute.«

Auch Paul Schütz verkennt nicht die Größe des »Entweder – Oder«-Autors. Darin sind sich die Pro- und die Contra-Beurteiler ohnehin einig. Alle wissen sie, daß Kierkegaard ernst zu nehmen ist. Freilich, über die Qualität dieses Ernstes gehen die Meinungen weit auseinander. Es setzen die kritischen Rückfragen ein, die schwerwiegenden Bedenken. Bei Paul Schütz hört sich das so an:

»Ist der christliche Glaube dort recht verstanden, wo er nur zustande kommt aufgrund der Katastrophe im Geschöpflichen? … Ist die christliche Theologie grundsätzlich eine Theologie der verbrannten Erde? – Ist der Begriff des Glaubens, der sich in der neureformatorischen Theologie unserer Zeit ausgebildet hat, noch verknüpft mit der Anwesenheit dessen, den er glaubt?«

Die Kette dieser und anderer Bedenken ist lang und gewichtig. Man sieht, daß es Schütz gleichzeitig mit Kierkegaards theologischen Nachfahren aufnimmt. Dem Dänen wird ein fragwürdiger Radikalismus zur Last gelegt. Hier versuche einer, Gott groß zu machen auf Kosten des Menschen, Gott zu sichern, indem der Mensch entsichert werde. Schütz fährt fort:

»Dieser Begriff von Gott ist dem Gott, der im Auferstandenen sein Reich auf die Erde kommen läßt, fremd. … Das Maß des Menschen ist nicht mehr in dieser Theologie, das Gott ihm gegeben hat. Diese Theologie der Weltentmächtigung ist eine Theologie nicht nur der verbrannten Erde, sondern auch des verbrannten Menschen.«

Genug des Lobs, genug des Tadels. Kierkegaard dürfte mit beidem
gerechnet haben, ohne sich von da oder von dort beeindrucken zu
lassen. Er wäre nicht der erste, der ein Zeichen gesetzt hat, dem widersprochen wird, dem wohl auch widersprochen werden soll. Seinem Tagebuch vertraute er das Wort an:

»Wenn ich … den Beifall aller Menschen gewönne, so daß sie alle
auf meine Seite übergingen: ach, grade dann habe ich meine Idee
verfehlt, alles ist verspielt. Wenn ich dagegen unbedingt allein gestanden habe, mit fortwährender Aufopferung alle von mir gestoßen habe und dann sterbe, dann ist alles in Ordnung. Je mehr die
Bogensehne gespannt wird, um so größeren Schwung bekommt der
Pfeil. … Deshalb soll mein ganzes Leben einzig und allein dazu dienen, der Idee Schwung in die Zukunft zu geben.«

Friedrich Nietzsche

Der »Seelenerrater« als Pionier der Tiefenpsychologie

Eigentlich hat alles, was meine Generation diskutierte, innerlich sich auseinanderdachte, man kann sagen: erlitt, man kann sagen: breittrat – alles das hatte sich bereits bei Nietzsche ausgesprochen und erschöpft, definitive Formulierung gefunden, alles Weitere war Exegese. Seine gefährliche stürmische blitzende Art, seine ruhelose Diktion, sein Sichversagen jeden Idylls und jeden allgemeinen Grundes, seine Aufstellung der Triebpsychologie, des Konstitutionellen als Motiv, der Physiologie als Dialektik – ›Erkenntnis als Affekt‹, die ganze Psychoanalyse, der ganze Existentialismus, alles dies ist seine Tat.«

So Gottfried Benn über Friedrich Nietzsche. Aber inwiefern trifft denn zu, daß »die ganze Psychoanalyse« seine, Nietzsches, Tat sei? – Soviel dürfte klar sein – und hier gilt es einzusetzen: Der »Philosoph mit dem Hammer« gehört in die unmittelbare Vorgeschichte der modernen Tiefenpsychologie hinein. Ihr hat er Anstöße und Leitmotive vermittelt. Der Schweizer Kirchenhistoriker Walter Nigg, der Nietzsche den prophetischen Denkern des 19. Jahrhunderts zurechnet und Gestalten wie Dostojewski, Kierkegaard oder Newman an die Seite stellt, sagt von ihm:

»Die psychologische Betrachtungsweise war wie ein neues Licht, das ihm aufging, ihn entzündete und blendete, so daß er sich ihm vorbehaltlos hingab.«

In dieser Hingabe entwickelte Nietzsche seine Sympathie für das Dionysische, Untergründige, Schreckliche, überhaupt für die Dimension der Tiefe anthropologischer Wirklichkeit. Das geschah zu einem Zeitpunkt, als die Vertreter der Schulpsychologie noch kaum etwas von jener »Ausspürung und Entdeckung der Seele« ahnten,

die den Erforschern des Unbewußten aufgetragen war und die er
selbst die »Psychologie des Um-die-Ecke-Sehens« zu benennen be-
liebte. Wenn Leopold Zahn im Blick auf diese spezifische Sichtweise
die Vermutung aussprach, »daß das Labyrinth bei Nietzsche die
Stelle einnimmt, die bei Pascal der Abgrund innehat«, dann ist
damit bereits das Feld tiefenpsychologischer Betrachtung markiert.
Und es wird nun zu zeigen sein, auf welche Weise Nietzsche dieses
Terrain betreten hat. Zweifellos sind Labyrinth und Abgrund über-
psychologische Realitäten, die nach metaphysischer Deutung verlangen.

So wurde Nietzsche einerseits zum Überwinder einer im Begrifflichen steckenbleibenden Schulpsychologie, andererseits zu einem
intuitiv arbeitenden Wegbereiter der entlarvenden Tiefenpsychologie. In Übereinstimmung mit Leibniz und Schopenhauer, mit
Goethe und Carl Gustav Carus – um nur diese zu nennen – leugnete
er, »daß irgend etwas vollkommen gemacht werde, solange es noch
mit dem Bewußtsein gemacht wird«. Und nicht genug damit: Nietzsche hält es nicht aus, nur »Seelen-Errater« zu sein. Die Psychologie,
die er meint, erkennt er als tief im Somatischen, im Leibhaften verankert. So ist es kein Zufall, wenn er einen seiner Aphorismen überschreibt »Am Leitfaden des Leibes« und wenn er dort ausführt:

»Gesetzt, daß die ›Seele‹ ein anziehender und geheimnisvoller Gedanke war, von dem sich die Philosophen mit Recht nur widerstre-
bend getrennt haben – vielleicht ist das, was sie nunmehr dagegen
einzutauschen lernen, noch anziehender, noch geheimnisvoller ...«

Und für ihn trifft es zu, daß der Leib »ein erstaunlicherer Gedanke
als die alte ›Seele‹« ist. Nietzsches Seelenbegriff wird dadurch weniger begrenzt als vielmehr begründet. Und wenn eben erst begonnen
wird, das Werk Nietzsches am Leitfaden des Leibes prüfend zu entdecken, so darf die psychologische Fragestellung damit rechnen, daß
auch sie dabei profitieren wird. Sehen wir in einigen seiner Schriften, wie der »Seelen-Errater« gleichsam um die Ecke blickend zu
Werke geht. Da heißt es in der frühen Schrift »Die Geburt der Tragödie«, die der etwa siebenundzwanzigjährige Ordinarius für klassische Philologie an der Universität Basel veröffentlicht:

»Wir werden viel für die ästhetische Wissenschaft gewonnen haben, wenn wir nicht nur zur logischen Einsicht, sondern zur unmittelbaren Sicherheit der Anschauung gekommen sind, daß die Fortentwicklung der Kunst an die Duplizität des Apollinischen und des Dionysischen gebunden ist: in ähnlicher Weise, wie die Generation von der Zweiheit der Geschlechter, bei fortwährendem Kampfe und nur periodisch eintretender Versöhnung abhängt ... Um uns jene beiden Triebe näherzubringen, denken wir sie uns zunächst als die getrennten Kunstwelten des Traumes und des Rausches; zwischen welchen physiologischen Erscheinungen ein entsprechender Gegensatz wie zwischen dem Apollinischen und dem Dionysischen zu bemerken ist.«

Es ist gewiß kein Zufall, daß das große Thema des Gegenübers von Dionysos und Apollo wie eine gewaltige Schau, einem Initialtraum vergleichbar, am Anfang des Erstlingswerks von Friedrich Nietzsche steht. Es ist – mit Friedrich Seifert zu sprechen – das gleiche ungeheure Thema, von dem Nietzsche ergriffen wurde, mit dem er geistig gerungen hatte und das beim Zerbrechen der Trennungswand, beim Ausbruch des Wahnsinns erschütternd auf den Schriftstücken und Zetteln zum Ausdruck kam, die er an seine Freunde verschickte und die er mit ›Dionysos‹ oder ›Der Gekreuzigte‹ unterzeichnete.

Offensichtlich zieht diese erste und vielleicht größte Vision des Doppelmotivs ihre urtümliche Kraft aus der Polarität des lunaren und des solaren Wesens. So ist mit Recht darauf hingewiesen worden, daß der Autor der »Geburt der Tragödie« das Widerspiel beider Kräfte und die daraus resultierende Fruchtbarkeit mit der Zweiheit der Geschlechter in ihrem fortwährenden, durch Distanz und Beziehung gekennzeichneten Leben vergleicht. Von tiefenpsychologischem Interesse ist diese aufgerufene »Duplizität des Apollinischen und des Dionysischen« vor allem deshalb, weil »Apollo nicht ohne Dionysos leben konnte«. Sie korrespondieren miteinander.

Auch wenn nicht der Anspruch erhoben werden soll, daß eine psychologisch-anthropologische Deutung den Gesamtumfang des mythischen Bildes zu erfassen oder seine Tiefen auszuloten vermag, so ist die darin enthaltene psychologisch relevante Dimension doch

nicht zu leugnen. Gemeint ist vor allem die allem Menschlichen in-
newohnende Gegensatzstruktur des Psychischen; die Psyche – laut
Jung – »ein System mit Selbstregulierung«. Gleichgewicht setzt
Gegensätzlichkeit voraus.

Vom Traum und von der künstlerischen Erzeugung von Traumwel-
ten ist an vielen Stellen des Nietzsche-Werkes die Rede, auch in »Geburt der Tragödie«. Er schreibt:

»So gewiß von den beiden Hälften des Lebens, der wachen und der
träumenden Hälfte, uns die erste als die ungleich bevorzugtere,
wichtigere, würdigere, lebenswertere, ja allein gelebte dünkt: so
möchte ich doch, bei allem Anscheine einer Paradoxie, für jenen geheimnisvollen Grund unseres Wesens, dessen Erscheinung wir
sind, gerade die entgegengesetzte Wertschätzung des Traumes behaupten. Je mehr ich nämlich der Natur jene allgewaltigen Kunsttriebe und in ihnen eine inbrünstige Sehnsucht zum Schein, zum
Erlöstwerden durch den Schein gewahr werde, um so mehr fühle ich
mich zu der metaphysischen Annahme gedrängt, daß das Wahrhaft-
Seiende und Ur-Eine, als das Ewigleidende und Widerspruchsvolle,
zugleich die entzückende Vision, den lustvollen Schein zu seiner
steten Erlösung braucht: welchen Schein wir, völlig in ihm gefangen und aus ihm bestehend, als das Wahrhaft-Nicht-Seiende, das
heißt als ein fortwährendes Werden in Zeit, Raum und Kausalität,
mit anderen Worten, als empirische Realität zu empfinden genötigt
sind. Sehen wir also einmal von unserer eignen ›Realität‹ für einen
Augenblick ab, fassen wir unser empirisches Dasein, wie das der
Welt überhaupt, als eine in jedem Moment erzeugte Vorstellung des
Ur-Einen, so muß uns jetzt der Traum als der Schein des Scheins,
somit als eine noch höhere Befriedigung der Urbegierde nach dem
Schein hin gelten.«

Soweit Nietzsche. Er bedurfte nicht des wissenschaftlichen Nach-
weises des Unbewußten durch Sigmund Freud. Ihn leitete eine Empirie, die auf der vom Autor ausdrücklich in Anspruch genommenen eigenen Erfahrung gründet. Und nach ihr existiert »unter dieser Wirklichkeit, in der wir leben und sind, eine zweite ganz andre«.
Diese Andersartigkeit hat keinen alternativen oder ausschließenden

Charakter. Sie ist von der Art einer psychischen Korrespondenz zwischen der Wirklichkeit des Alltagsbewußtseins und der Wirklichkeit des Traums. Diese ergänzen sich wechselseitig, wie dies Nietzsche an der erwähnten Duplizität des Apollinischen und des Dionysischen zu veranschaulichen versuchte.

So ist der Traum, bei dessen Erzeugung sich jeder als ein kreativ-künstlerisch Schaffender erfahren kann, ein Mittel, das Leben zu deuten. Daher spricht Nietzsche im Kontext treffend von der »freudigen Notwendigkeit der Traumerfahrung«.

Nach dem eben Gesagten wird es nicht verwundern, wenn der Philosoph konsequenterweise von den »beiden Hälften des Lebens« spricht, wobei er der »träumenden Hälfte« die bedeutendere Rolle zuweist, weil sie den Wesensgrund des Menschen repräsentiert. Sie birgt ein Mysterium, das offenbar das Geheimnis des Menschen so lange verhüllt, bis es sich – selten genug – entbirgt, indem es sich spontan mitteilt. Auch davon weiß Nietzsche, wenn er etwa in den »Unzeitgemäßen Betrachtungen«, andere Gedankenlinien ziehend, notiert:

»Es gibt Augenblicke, wo wir dies begreifen: dann zerreißen die Wolken, und wir sehen, wie wir samt aller Natur uns zum Menschen hindrängen, als zu einem Etwas, das hoch über uns steht. Schaudernd blicken wir, in jener plötzlichen Helle, um uns und rückwärts: ... Dies alles begreifen wir, wie gesagt, dann und wann einmal und wundern uns sehr über alle die schwindelnde Angst und Hast und über den ganzen traumartigen Zustand unseres Lebens, dem vor dem Erwachen zu grauen scheint und das um so lebhafter und unruhiger träumt, je näher es diesem Erwachen ist. Aber wir fühlen zugleich, wie wir zu schwach sind, jene Augenblicke der tiefsten Einkehr lange zu ertragen, und wie nicht wir die Menschen sind, nach denen die gesamte Natur sich zu ihrer Erlösung hindrängt: viel schon, daß wir überhaupt einmal ein wenig mit dem Kopfe heraustauchen und es merken, in welchem Strom wir tief versenkt sind. Und auch dies gelingt uns nicht mit eigner Kraft, dieses Auftauchen und Wachwerden für einen verschwindenden Augenblick, wir müssen gehoben werden – und wer sind die, welche uns heben?«

Doch bleiben wir noch einen Augenblick beim Thema des Traums
und der Traum-Erfahrung: Seit Freuds im Jahre 1900 veröffentlich-
ter »Traumdeutung« sind von den einzelnen tiefenpsychologischen
Schulrichtungen verschiedene Traumtheorien entwickelt und erprobt worden.

Wenn nun Nietzsche dazu neigt, dem Traum eine dem rationalen
Bewußtsein »entgegengesetzte Wertschätzung« einzuräumen, und
wenn er zu der angeblich »metaphysischen Annahme« tendiert, im
Traum dem »Wahrhaft-Seienden und Ur-Einen« nahe zu sein, dann
nimmt er zweifellos eine wichtige tiefenpsychologische Einsicht
vorweg.

Das Unbewußte stellt eine Gegenposition zum Bewußtsein dar. Es
ergibt sich dadurch ein Gefälle, das sich vom Unbewußten zum Bewußtsein neigt. Besonders eindrücklich wird dies, wenn etwa große
Träume archetypische Motive an die Bewußtseinsschwelle herantra-
gen. Bereits als Autor der »Geburt der Tragödie« muß Nietzsche mit
derartigem Material aus den Tiefen seines eigenen Unbewußten
konfrontiert worden sein. Für das Spätwerk ist die Übermacht archetypischer Bilder charakteristisch und – wie bekannt – von schicksalhafter, zerstörerischer Wirkung.

Jung hat das Unbewußte als komplementär oder kompensatorisch
zur jeweiligen Bewußtseinslage betrachtet, was einer Bestätigung
jener Wechselwirkung entspricht, die Nietzsche im Text durchblik-
ken läßt. In seiner Studie »Über psychische Energetik« drückt das
der Schweizer Psychologe folgendermaßen aus:

»Je einseitiger und je weiter wegführend vom Optimum der Lebens-
möglichkeit die bewußte Einstellung ist, desto eher ist die Möglichkeit vorhanden, daß lebhafte Träume von stark kontrastierendem,
aber zweckmäßig kompensierendem Aspekt auftreten als Ausdruck
der psychologischen Selbststeuerung des Individuums.«

Oder an anderer Stelle in der Schrift »Spezielle Probleme der Psychotherapie:

»Es besteht zwischen dem Bewußtsein und dem Traum ein aufs fein-
ste abgewogenes Beziehungsverhältnis … In diesem Sinne kann

man die Kompensationslehre als eine Grundregel für das psychische Verhalten überhaupt erklären.«

Indem Nietzsche auf die – wie er es nennt – »unanfechtbare Überlieferung« aufmerksam macht, wonach die griechische Tragödie in ihrer ältesten Gestalt nur die Leiden des Dionysos zum Gegenstand gehabt habe, wird das von dem Gott gezeichnete Bild transparent für das Los des Menschen schlechthin. Und in Anlehnung an den von Schopenhauer in »Die Welt als Wille und Vorstellung« gebrauchten Terminus »principium individuationis« bezieht Nietzsche diesen Begriff in seine Überlegungen ein.

Zwar meint er mit Individuation im besonderen einen »Zustand« und den »Quell und Urgrund alles Leidens«.

Der Hinweis auf den Prozeß, den der – wie er sich ausdrückt – »leidende Dionysos der Mysterien« zu durchlaufen hat, enthüllt jedoch gleichzeitig etwas von dem prozessualen Charakter des menschlichen Individuationsweges, wie er von der Analytischen Psychologie beschrieben und durch sie gefördert wird. Von da ist der Schritt nicht mehr weit zu der Bedeutung, die C. G. Jung dem Individuationsprozeß als einem Vorgang der Selbstverwirklichung beigemessen hat, indem er ihn ins Zentrum seiner Theoriebildung sowie seiner therapeutischen Praxis rückte. Diese Erwägungen knüpfen an folgende Stelle bei Nietzsche an:

»Der eine wahrhaft reale Dionysos erscheint in einer Vielheit der Gestalten, in der Maske eines kämpfenden Helden und gleichsam in das Netz des Einzelwillens verstrickt. So wie jetzt der erscheinende Gott redet und handelt, ähnelt er einem irrenden strebenden leidenden Individuum: und daß er überhaupt mit dieser epischen Bestimmtheit und Deutlichkeit erscheint, ist die Wirkung des Traumdeuters Apollo, der dem Chore seinen dionysischen Zustand durch jene gleichnisartige Erscheinung deutet.

In Wahrheit aber ist jener Held der leidende Dionysos der Mysterien, jener die Leiden der Individuation an sich erfahrende Gott, von dem wundervolle Mythen erzählen, wie er als Knabe von den Titanen zerstückelt worden sei und nun in diesem Zustand als Zagreus verehrt werde ... In jeder Existenz als zerstückelter Gott hat Dionysos die Doppelnatur eines grausamen verwilderten Dämons und eines milden sanftmütigen Herrschers. Die Hoffnung der Epopten ging aber auf eine Wiedergeburt des Dionysos, die wir jetzt als das Ende der Individuation ahnungsvoll zu begreifen haben; diesem kommenden dritten Dionysos erscholl der brausende Jubelgesang der Epopten.«

Richtete sich einst im antiken Griechenland die Hoffnung der Epopten, das heißt der in den Mysterien Erleuchteten und damit Eingeweihten, auf die Wiedergeburt des zerstückelten Gottes Dionysos, so ist der Individuierende im psychologischen Zusammenhang beides in einem: Er ist derjenige, der einen Prozeß seelischer Reifung zu durchlaufen hat, und er soll selbst der Wiedergeborene, der Verwandelte werden. Was der auf dem Weg Befindliche – nach Nietzsche – »ahnungsvoll zu begreifen« hat, das entspricht jenem erkennenden Innewerden und Erleben, das das Herzstück psychosynthetischer Erfahrung überhaupt ausmacht. Und wenn der Philosoph hier und an vielen anderen Stellen seiner Schriften mit so erstaunlicher Treffsicherheit von Tatbeständen und Prozessen der Innenerfahrung schreibt, so verraten seine Aufzeichnungen etwas von den Stadien der Annäherung, die er frühzeitig selbst durchlaufen haben muß.

Aber wer ist und was soll der Mensch? – In dem dritten Stück seiner »Unzeitgemäßen Betrachtungen«, betitelt »Schopenhauer als Erzieher«, lesen wir:

»Der Mensch, welcher nicht zur Masse gehören will, braucht nur aufzuhören, gegen sich bequem zu sein; er folge seinem Gewissen, welches ihm zuruft: ›Sei du selbst; das bist du alles nicht, was du jetzt tust, meinst, begehrst!‹ – Jede junge Seele hört diesen Zuruf bei Tag und bei Nacht und erzittert dabei; denn sie ahnt ihr seit Ewigkeiten bestimmtes Maß von Glück, wenn sie an ihre wirkliche Befreiung denkt: zu welchem Glücke ihr, solange sie in Ketten der Meinungen und der Furcht gelegt ist, auf keine Weise verholfen werden kann. Und wie trost- und sinnlos kann ohne diese Befreiung das Leben werden! Es gibt kein öderes und widrigeres Geschöpf in der Natur als den Menschen, welcher seinem Genius ausgewichen

ist und nun nach rechts und nach links, nach rückwärts und überall-
hin schielt. Man darf einen solchen Menschen zuletzt gar nicht
mehr angreifen, denn er ist ganz Außenseite ohne Kern, ein anbrü-
chiges, gemaltes, aufgebauschtes Gewand, ein verbrämtes Ge-
spenst, das nicht einmal Furcht und gewiß auch kein Mitleiden erre-
gen kann.«

Damit ist die Frage nach menschlicher, nach psychischer Identität
gestellt. Wer »ganz Außenseite ohne Kern« ist, der täuscht sich über
sich selbst. Er verwechselt seine »Rolle«, seinen gesellschaftlichen
oder beruflichen Status mit seinem eigentlichen Selbst. Dabei ist
die für die Kontaktaufnahme mit der Außenwelt unerläßliche Rolle
oder Maske – »Persona« nennt es die Analytische Psychologie –
deutlich von der Personmitte zu unterscheiden.
Einerseits ist diese maskenhafte Persona ein notwendiger Schutz-
wall der Umwelt gegenüber; andererseits wird sie als ein unzugäng-
liches Ghetto mißbraucht, wenn sich der individuelle Mensch darin
verbirgt, indem er sich mit seiner Rolle oder mit seinem gesellschaftlichen Status identifiziert. Denn, so sagt C. G. Jung:

»Die Identifikation mit Amt und Titel hat etwas Verführerisches,
weshalb viele Männer nichts anderes sind, als ihre von der Gesellschaft ihnen zugebilligte Würde. Es wäre vergeblich, hinter dieser
Schale eine Persönlichkeit zu suchen, man fände bloß ein erbärmli-
ches Menschlein. Darum eben ist das Amt – oder was diese äußere
Schale auch sei – so verführerisch.«

Zweifellos hat Friedrich Nietzsche wichtige Aspekte der maskenhaf-
ten Persona am Einzelmenschen und an der Gegenwartskultur seiner Zeit buchstäblich »entlarvt«. Warum tat er das? – Die Antwort
könnte lauten: Er tat es, um die in seinen psychologischen Texten
wiederholt apostrophierte »junge Seele« vor dem Schicksal gestalt-
loser Vermassung der bloßen Rollen- und Funktionsträger zu bewahren, damit sie »selbst« sein könne.
Damit schlägt Nietzsche ein großes existentielles und aktuelles
Thema an. Er wendet sich damit an den Menschen, »welcher nicht
zur Masse gehören will«, wiewohl und gerade weil diese Masse

Schicksal und Bedrohung des heutigen Menschen ist. Und zwar droht der der Vermassung zu erliegen, der, wie er sagt, »gegen sich bequem« ist und somit seinem Genius ausweicht; man könnte weiterführend sagen: wer sich seiner Mitwelt und Gesellschaft vorenthält, wer sein wahres Selbst verleugnet.

»Aber wie finden wir uns selbst wieder? Wie kann sich der Mensch kennen?«

So fragt der Autor der »Unzeitgemäßen Betrachtungen«. Das Thema der Identitäts- und der Reifungsproblematik weiterverfolgend, lesen wir in derselben Schrift:

»Es ist eine dunkle und verhüllte Sache; und wenn der Hase sieben Häute hat, so kann der Mensch sich siebenmal siebzig abziehn und wird doch nicht sagen können: ›Das bist du wirklich, das ist nicht mehr Schale.‹ Zudem ist es ein quälerisches, gefährliches Beginnen, sich selbst derartig anzugraben und in dem Schacht seines Wesens auf dem nächsten Weg gewaltsam hinabzusteigen. Wie leicht beschädigt er sich dabei so, daß kein Arzt ihn heilen kann.«

Diese ernste Mahnung verbindet Nietzsche mit dem Rat:

»Die junge Seele sehe auf das Leben zurück mit der Frage: Was hast du bis jetzt wahrhaft geliebt, was hat deine Seele hinangezogen, was hat sie beherrscht und zugleich beglückt?
Stelle dir die Reihe dieser verehrten Gegenstände vor dir auf, und vielleicht ergeben sie dir, durch ihr Wesen und ihre Folge, ein Gesetz, das Grundgesetz deines eigentlichen Selbst. Vergleiche diese Gegenstände, sieh, wie einer den andern ergänzt, erweitert, überbietet, verklärt, wie sie eine Stufenleiter bilden, auf welcher du bis jetzt zu dir selbst hingeklettert bist; denn dein wahres Wesen liegt nicht tief verborgen in dir, sondern unermäßlich hoch über dir, oder wenigstens über dem, was du gewöhnlich als dein Ich nimmst. Deine wahren Erzieher und Bildner verraten dir, was der wahre Ursinn und Grundstoff deines Wesens ist, etwa durchaus Unerziehbares und Unbildbares, aber jedenfalls schwer Zugängliches, Gebun-

denes, Gelähmtes: deine Erzieher vermögen nichts zu sein als deine Befreier. Und das ist das Geheimnis aller Bildung ... Befreiung ist sie.«

Das heißt doch: Zur Lösung der Identitäts- und Reifungsproblematik gehört in erster Linie derjenige, den Nietzsche den »einzigen Weg« nennt, »auf welchem niemand gehen kann, außer dir«. Und das ist der jeweils Betroffene, der zur Selbstbegegnung Aufgerufene. Der Appell an die »junge Seele« in dem Stück »Schopenhauer als Erzieher« zeigt deutlich, daß sich Nietzsche selbst als der Erzieher und als der Menschenführer betätigt, den er in Schopenhauer zu sehen vermeint hat. Dieser Erzieher hat nicht eine Doktrin zu vermitteln, und er hat vor allem kein bloßes Wissenspensum, auch kein psychologisches, weiterzugeben, nicht einmal in Gestalt guter Ratschläge.

Ihm ist es vielmehr darum zu tun, daß der Weg gegangen und der »Ursinn und Grundstoff deines Wesens« gefunden wird.

Dabei ist sich Nietzsche bewußt, daß dieser Wesenskern des Menschen, sein wahres, das Alltagsich überragende und seine Personganzheit umgreifende Selbst, letztlich nicht »erzogen« werden kann. Er ragt in den Raum des Unverfügbaren und des Nicht-beliebig-Machbaren hinein. Immerhin, als »Befreier« könne und solle sich der Erzieher erweisen. Dabei gilt es allerlei Unrat zu beseitigen, das, was sich als das Uneigentliche vor das Eigentliche schiebt. Und – als wäre eine psychotherapeutische Arbeit ins Auge gefaßt – in dem »wichtigsten Verhör«, etwa in dem Dialog von Analytiker und Analysand, ist »das Grundgesetz deines eigentlichen Selbst« zu ermitteln.

Es ist erstaunlich, mit welcher Präzision und mit welcher inneren Folgerichtigkeit der »Seelen-Errater« psychologisch-menschenkundliche Tatbestände bestimmt und welche therapeutischen Maßnahmen er trifft. Wenn Nietzsche sodann die Metapher der Tiefe durch die der Höhe ersetzt, dann wohl nicht etwa, weil er »Tiefe« im seelischen Bereich nicht für angemessen hielte. Die Metapher der Höhe dient ihm vielmehr dazu, das Verhältnis des »eigentlichen Selbst« dem »gewöhnlichen Ich« gegenüber festzulegen. Und danach ist das Selbst dem Ich übergeordnet.

Bevor wir uns der Frage nach der Bedeutung Nietzsches für die moderne Tiefenpsychologie zuwenden, wollen wir noch auf einen kurzen Text eingehen, in dem Nietzsches Zielbild – wir können auch sagen: die Bestimmung des Selbst – an Profil gewinnt. Ebenfalls in den »Unzeitgemäßen Betrachtungen« lesen wir:

»Es ist dies der Grundgedanke der Kultur, insofern diese jedem einzelnen von uns nur eine Aufgabe zu stellen weiß: die Erzeugung des Philosophen, des Künstlers und des Heiligen in uns und außer uns zu fördern und dadurch an der Vollendung der Natur zu arbeiten. Denn wie die Natur des Philosophen bedarf, so bedarf sie des Künstlers, zu einem metaphysischen Zwecke, nämlich zu ihrer eignen Aufklärung über sich selbst, damit ihr endlich einmal als reines und fertiges Gebilde entgegengestellt werde, was sie in der Unruhe ihres Werdens nie deutlich zu sehen bekommt – also zu ihrer Selbsterkenntnis ... Und so bedarf die Natur zuletzt des Heiligen, an dem das Ich ganz zusammengeschmolzen ist und dessen leidendes Leben nicht oder fast nicht mehr individuell empfunden wird, sondern als tiefstes Gleich-, Mit- und Eins-Gefühl in allem Lebendigen: des Heiligen, an dem jenes Wunder der Verwandlung eintritt, auf welches das Spiel des Werdens nie verfällt, jene endliche und höchste Menschwerdung, nach welcher alle Natur hindrängt und -treibt, zu ihrer Erlösung von sich selbst. Es ist kein Zweifel, wir alle sind mit ihm verwandt und verbunden, wie wir mit dem Philosophen und dem Künstler verwandt sind; es gibt Augenblicke und gleichsam Funken des hellsten liebevollsten Feuers, in deren Lichte wir nicht mehr das Wort ›ich‹ verstehen, es liegt jenseits unseres Wesens etwas, das in jenen Augenblicken zu einem Diesseits wird, und deshalb begehren wir aus tiefstem Herzen nach den Brücken zwischen hier und dort.«

Es liegt auf der Hand: Das Zielbild Nietzsches ist dreigegliedert. Es ist das Bild des Philosophen, des Künstlers und des Heiligen. Doch damit soll nicht etwa auf Ausnahmeexistenzen abgelenkt werden. Wir werden vielmehr auf eine umfassende Neuorientierung des Denkens, Fühlens und Wollens verwiesen. Denn der Philosoph, der Künstler und der Heilige sollen ja – wie es ausdrücklich heißt – »erzeugt« werden. Hier liegt der Sinn des Menschseins überhaupt, soll sich dieses Menschsein nicht bereits in naturhaft-biologischen Fakten erschöpfen. Der Mensch ist nicht, er wird.

Der in jedem Menschen zu erzeugende Philosoph verkörpert demnach eine Intensivierung des Bewußtseins; der Künstler gestaltet und artikuliert das neue Sein; der Heilige schließlich vollbringt die aufgetragene Verwandlung, er ist diese Verwandlung, indem er das alltägliche Ich mit dem wesenhaften Selbst verbindet, mit jenem Selbst nämlich, von dem wir gehört haben, daß es dem Ich übergeordnet sei. Bei alledem meint Nietzsche offenbar eine Realisation, die sich inmitten des gelebten Lebens manifestiert. Welch eine Sehnsucht, denken wir nur an die existentielle Problematik dessen, der dieses Bild vor unser inneres Auge rückt!

Wenn Nietzsche (im Textzusammenhang) davon spricht, daß die Menschheit fortwährend daran arbeiten müsse, »einzelne große Menschen zu erzeugen«, weil »dies und nichts anderes sonst« ihre Aufgabe sei, dann beeinträchtigen schreckenerfüllte Geschichtserfahrungen, Erinnerungen an biologistische Mißdeutungen des Übermensch-Motivs das Verständnis solcher Sätze beim heutigen Leser. Immerhin ist die Aufgabe gestellt: Die Menschheit soll zum Bewußtsein ihrer selbst und zur Einsicht ihrer Sendung gelangen. So wie der Philosoph, der Künstler und der Heilige den dreigestaltigen Typus eines sich vollendenden Menschentums darstellen, so ist der Blick auf das Ziel des »einzelnen Lebens« gerichtet. Einer auf das Biologische reduzierten oder rassistischen Ausdeutung widersetzt sich die ursprüngliche Intention dessen, was mit »Übermensch« – übrigens seit den Tagen des frühen Christentums! – gemeint ist.

Nicht eine naturhafte Triebdynamik vollendet den Freigelassenen der Schöpfung, sondern die mit allen Kräften über sich hinausblikkende und nach dem »noch verborgenen Selbst« strebende Liebe. Ja, auch von ihr weiß Nietzsche. Sie bezeugt er, wenn er fortfährt:

»Ich sehe etwas Höheres, Menschlicheres über mir, als ich selber bin; helft mir alle, es zu erreichen, wie ich jedem helfen will, der Gleiches erkennt und am gleichen leidet, damit endlich wieder der Mensch entstehe, welcher sich voll und unendlich fühlt im Erken-

nen und Lieben, im Schauen und Können, und mit aller seiner
Ganzheit an und in der Natur hängt, als Richter und Wertmesser
der Dinge. –
Es ist schwer, jemanden in diesen Zustand einer unverzagten Selbsterkenntnis zu versetzen, weil es unmöglich ist, Liebe zu lehren; denn
in der Liebe allein gewinnt die Seele nicht nur den klaren, zerteilen-
den und verachtenden Blick für sich selbst, sondern auch jene Begierde, über sich hinauszuschauen und nach einem irgendwo noch
verborgenen höheren Selbst mit allen Kräften zu suchen.«

Aber ist diese Liebe, die sich als »Begierde nach dem höheren
Selbst« gebärdet, die Agape der christlichen Verkündigung? Sollte
der Verkünder des Übermenschen dem bärtigen Satyr, dem Wald-
gott des Mythos, Abschied geben wollen? Hält der dionysisch Be-
rauschte hier etwa nach den Möglichkeiten einer spirituellen Psychologie Ausschau? – Die Perspektiven, die sich von einem derartigen Ansatz her erheben, sind noch kaum erprobt.
Was nun die eingestandenen und uneingestandenen Beziehungen
oder Einflüsse des Philosophen Friedrich Nietzsche auf die Gründergestalten der modernen Tiefenpsychologie betrifft, so spricht
Sigmund Freud in seiner »Selbstdarstellung« von »weitgehenden
Übereinstimmungen der Psychoanalyse mit der Philosophie Schopenhauers«, dem er das Zeugnis ausstellt, daß er nicht nur den Pri-
mat der Affektivität und die »überragende Bedeutung der Sexuali-
tät« vertreten, sondern auch überraschende Einblicke in den »Me-
chanismus der Verdrängung« gewonnen habe.
Freud weist jedoch gleichzeitig darauf hin, daß von einer Beeinflussung Schopenhauers auf ihn und seine Theoriebildung nicht gesprochen werden könne, weil er sehr spät dessen Schriften gelesen
habe. Daß Nietzsche für Freud einen Sonderfall darstellt, geht aus
der Art und Weise hervor, wie er sich diesem seinem unmittelbaren
Zeitgenossen gegenüber verhält. Und einen Begriff von der zeitlichen Unmittelbarkeit kann man sich machen, wenn man bedenkt,
daß vergleichsweise C. G. Jung, Freuds ursprünglicher »Kron-
prinz«, immerhin neunzehn Jahre jünger war als Freud selbst. Zwischen dem Geburtsjahr (1844) Nietzsches und dem Geburtsjahr
Freuds (1856) liegen dagegen nur knappe zwölf Jahre.

Natürlich konnte dem literarisch versierten Autor der epochemachenden »Traumdeutung« und der zahlreichen Werke zur Psychoanalyse nicht verborgen bleiben, welche ebenso brisante wie für ihn als Psychologen relevante Denkleistung von Nietzsche vollbracht worden ist. So findet sich an der gleichen Stelle der Freudschen »Selbstdarstellung« die psychologisch aufschlußreiche Notiz:

»Nietzsche …, dessen Ahnungen und Einsichten sich oft in der erstaunlichsten Weise mit den mühsamen Ergebnissen der Psychoanalyse decken, habe ich gerade darum lange gemieden; an der Priorität lag mir ja weniger als an der Erhaltung meiner Unbefangenheit.«

Es ist die Frage zu stellen: Gibt einer, der an seiner diesbezüglichen Unbefangenheit so sehr interessiert ist wie Freud, nicht etwa zu, daß er im Blick auf Nietzsche eben doch einigermaßen befangen ist? – An einer bedeutsamen indirekten Beziehung persönlicher Art fehlte es übrigens keineswegs, denn als im September 1911 in Weimar der dritte psychoanalytische Kongreß abgehalten wurde, da fand sich jene Lou Andreas-Salomé unter den Teilnehmern, die einst mit Nietzsche in Verbindung gestanden, die er – vergebens freilich – umworben hatte.

Ihr Tagebuch, betitelt »Aus der Schule Freuds«, zeigt, wie Frau Lou psychoanalytisches Gedankengut mit Formulierungen Nietzsches in Zusammenhang zu bringen suchte.

Schließlich ist auf den späten Briefwechsel zu verweisen, den Freud mit Arnold Zweig in den Jahren 1927 bis 1939 geführt hat. Darin berichtet 1930 der in Berlin lebende Schriftsteller nach Wien, er, Arnold Zweig, sehe die Sache so, daß Freud als Psychologe alles das getan habe, was Friedrich Nietzsche »intuitiv als Aufgabe empfand, ohne doch imstande zu sein, es mit seinem von genialen Inspirationen durchleuchteten Dichter-Idealismus wirklich zu erreichen«.

Und dann umreißt Arnold Zweig die tatsächlichen psychologischen Errungenschaften Freuds, die Nietzsche dichterisch-visionär geschaut, um nicht zu sagen: vorweggenommen und als Forderungen formuliert hat, nämlich:

»Er versuchte, die ›Geburt der Tragödie‹ zu gestalten. Sie (Freud) haben es in ›Totem und Tabu‹ getan; er ersehnte ein ›Jenseits von Gut und Böse‹, Sie haben durch die Analyse ein Reich aufgedeckt, auf das zunächst einmal dieser Satz paßt. Die Analyse hat sich alle Werte umgewertet, sie hat das Christentum überwunden, sie hat den wahren ›Antichrist‹ gestaltet und den Genius des aufsteigenden Lebens vom asketischen Ideal befreit.«

Arnold Zweig, der zu diesem Zeitpunkt einen Nietzsche-Roman zu schreiben beabsichtigt und zu diesem Zweck von Frau Lou und von Freud selbst entsprechende Aufschlüsse erhofft, fährt in seiner vergleichenden und würdigenden Interpretation – zu Freud gewandt – fort:

»Den logizistischen Geist, den Nietzsche als den sokratischen ablehnte, haben Sie in seiner Bedingtheit, seiner Beschränktheit auf die bewußten Reiche viel schärfer eingekreist und, dank der Tatsache, daß Sie ein Naturforscher sind und ein Schritt für Schritt vorwärtsgehender Psychologe dazu, das erreicht, was Nietzsche gern vollbracht hätte: die wissenschaftliche Beschreibung und Verständlichmachung der menschlichen Seele … Ich glaube auch, daß eine Fülle von einzelnen Beobachtungen, die zum Beispiel den Schriftsteller Freud betreffen, Brücken zu Nietzsche hinüber zeigen und daß die Unerschrockenheit des ›mit dem Hammer philosophierenden‹ Nietzsche weit übertroffen wird von derjenigen, die das Orphische und Dionysische Nietzsches in schlicht sachlich wirkender Richtung suchte und aufdeckte, in der es heute in jedem von uns wirksam ist.«

Soweit Arnold Zweig. – Mußte eine solche engagierte Würdigung durch den als Nietzsche-Freund ausgewiesenen Briefpartner die bekannten Bedenken Freuds nicht beseitigen oder doch verringern? – Die Reaktion ist eine andere, eine lapidare, endgültige. Dem von seinem Nietzsche-Projekt faszinierten Autor, dem der Wiener Seelenarzt die gewünschten Informationen vorenthält, schreibt Freud am 7. Dezember 1930 in vielsagender Kürze:

»Schreiben Sie, wenn ich nicht mehr da bin …«

Damit distanziert sich Sigmund Freud wohl weniger von der Person und von dem Werk Nietzsches als solchem; eher scheint Nietzsche – der Beteuerung Freuds zum Trotz – eben doch als einer empfunden worden zu sein, der eine gewisse Priorität beanspruchen kann. Dabei bleibe dahingestellt, inwieweit dies objektiv zutrifft.

Gehen wir weiter zu Alfred Adler: Was ihn und seine Individualpsychologie betrifft, so kommt durch sie ein Thema zur Geltung, das – oberflächlich betrachtet – der Nietzscheschen Frage- und Zielvorstellung in mannigfacher Hinsicht angenähert erscheint.
Man wird sich jedoch davor hüten müssen, vorschnell Übereinstimmungen oder Parallelen feststellen zu wollen.
Adler, der das Minderwertigkeitsgefühl den Grundtatsachen des menschlichen Seelenlebens zurechnet und der für die individuelle Charakterbestimmung wie für das soziale Miteinander daraus entsprechende Folgerungen zieht, geht so weit zu sagen, daß der Mensch dank des Minderwertigkeitsgefühls das Wesen sei, das »ununterbrochen« nach Vervollkommnung seiner Persönlichkeit strebe. Wird das latente Sicherheits- und Geltungs- oder Machtstreben empfindlich gestört, dann treten neurotische Symptome auf.
So ist es zunächst verständlich, wenn die Adlersche Individualpsychologie bisweilen mit einer Psychologie des Machttriebs, ja mit einer Psychologie des »Willens zur Macht« gleichgesetzt wird.
Damit ist zumindest ein Gleichlaut mit einigen Formulierungen Nietzsches gegeben, wodurch eine enge Beziehung, wenn nicht eine Abhängigkeit nahegelegt wird.
Was liegt hier vor? – Nun ist es zweifellos richtig, daß Alfred Adler in einer gewissen, auch äußerlich vollzogenen Abkehr von der Triebpsychologie Freuds die »Erhöhung des Persönlichkeitsgefühls« als die leitende Kraft und als Endzweck der aus dem Minderwertigkeitsgefühl erwachsenen Neurose angesehen hat. Dabei kommt ein Machtpotential zur Auswirkung. In seinem Werk »Über den nervösen Charakter« aus dem Jahre 1912 akzeptiert Adler den »Willen zur Macht« als Ausdrucksform des von ihm untersuchten Strebens.

Und bereits in der Einleitung zum theoretischen Teil seines Buches
findet sich die aufschlußreiche Bemerkung:
»Diesem Leitgedanken ordnen sich auch Libido, Sexualtrieb und
Perversionsneigung, wo immer sie hergekommen sein mögen, ein.
Nietzsches, ›Wille zur Macht‹ und ›Wille zum Schein‹ umfassen vieles von unserer Auffassung, die sich wieder in manchen Punkten
mit Anschauungen … älterer Autoren berührt.«

So ist es nicht ganz unverständlich, wenn selbst der frühe Adler-
Schüler Manès Sperber von sich sagen kann:

»Als ich, ein leidenschaftlicher Nietzsche-Leser, Adler begegnete
und seine Lehre zu erfassen begann, daß sich mir immer deutlicher
das Bild vom Menschen darbot, wie er es sah, erkannte ich, daß
Adler ein Nachfahre des Entlarvungspsychologen Nietzsche war,
daß er aber weit über seinen Vorläufer hinausging, und überdies,
daß er sich fast in der genau entgegengesetzten Richtung bewegte.«

An Bekenntnissen zu Nietzsche fehlt es bei Alfred Adler nicht. Das
frühe Werk »Über den nervösen Charakter« wurde bereits genannt.
Es enthält unter anderem zahlreiche Hinweise und Anspielungen
auf Nietzsche. In seiner gemeinsam mit Carl Furtmüller herausgegebenen Schrift »Heilen und Bilden«, in der sich Adler für das intui-
tive Erfassen der pädagogisch-therapeutischen Aufgabe ausspricht,
heißt es einmal:

»Wenn ich den Namen Nietzsche nenne, so ist eine der ragenden
Säulen unserer Kunst enthüllt. Jeder Künstler, der uns seine Seele
schenkt, jeder Philosoph, der uns verstehen läßt, wie er sich geistig
des Lebens bemächtigt, jeder Lehrer und Erzieher, der uns fühlen
läßt, wie sich in ihm die Welt spiegelt, geben unserem Blick Richtung, unserem Wollen ein Ziel, sind uns die Führer im weiten Land
der Seele.«

Dabei darf nicht übersehen werden, daß Adlers philosophische
Grundposition nicht allein durch Nietzsche bestimmt sein kann,

sooft auch der Begründer der Individualpsychologie auf ihn Bezug nimmt. Der Individualpsychologe Josef Rattner gibt daher in seiner Adler-Monographie zu bedenken, daß ein Großteil der Adlerschen Gedankengänge mit jenen der sogenannten Lebensphilosophie parallel laufe, vielleicht auch teilweise aus ihr stamme.

Es handelt sich somit um die philosophische Richtung, die dem Leben den Vorrang gegenüber dem Bewußtsein einräumt und die – vor Bergson, Simmel und Klages – neben Schopenhauer eben auch durch Nietzsche selbst vertreten ist. Und was Ludwig Klages anlangt, so hat er 1926 »Die psychologischen Errungenschaften Nietzsches« in einem gleichnamigen Werk als einer der ersten in Erinnerung gerufen.

Soviel wird jetzt schon klar: Die Adlersche Position ist nicht einfach durch diejenige Nietzsches zu bestimmen. Erstere ist sicher vor einem breiteren und tieferen geistesgeschichtlichen Horizont zu sehen, obwohl Nietzsche darin für Adler eine dominierende Stellung einnimmt. Dies gilt, wenn man sich offenkundigen sachlichen Differenzen gegenüber nicht verschließt. Hierzu noch einmal Manès Sperber:

»Jedenfalls ist der Wille zur Macht, wie Nietzsche ihn auffaßte, durchaus verschieden von jenem Machtstreben, dem Adler besonders in seiner Neuroselehre einen großen Platz einräumt. Es besteht kein Zweifel, daß Nietzsche den Willen zur Macht als einen Ausdruck höheren Menschentums, als Mittel und Ziel der Überwindung der Menschlichkeit zugunsten des Übermenschen aufgefaßt hat.«

Entsprechendes zeigt sich bei einem Vergleich der Menschenbilder, wenn man sieht, wie Adler den Willen zur Macht nicht etwa als einen Ausfluß von Stärke und Selbstsicherheit betrachtet, sondern wenn er, im Gegensatz dazu, in dieser Nietzscheschen Position »ein aus tiefster Entmutigung und vielerlei Ängsten erflossenes, überkompensatorisches Streben« erblickt, über andere Herrschaft auszuüben, andere die angebliche »Stärke« spüren zu lassen. So gesehen, spricht manches für die Auffassung Sperbers, wonach Adler auch ohne die Kenntnis der Schriften Nietzsches zu seinen psychologischen Einsichten gelangt wäre. Es wäre ohnehin problematisch, wenn man einen schöpferischen Menschen und sein Werk lediglich aus den Einflüssen und aus etwaigen literarischen Abhängigkeiten erklären wollte.

Gerade die psychologische Fragestellung erfordert es, den Blick im besonderen auf jenen Menschen zu richten, der sich für ganz bestimmte Anregungen offenhält, indem er sie gleichsam als eine Art Grundstoff benützt, um aus ihm aufgrund einer individuellen Entscheidung das Eigentliche, das eigene Werk zu formen und so sich selbst zu verwirklichen.

So gesehen, überwiegt Adlers Absage an Nietzsche gegenüber den angeführten zustimmenden Äußerungen aus seiner Feder. Und sosehr etwa der amerikanische Psychologiehistoriker Henry F. Ellenberger Nietzsches Einfluß auf die Psychiatrie hervorhebt und ihn als die »gemeinsame Quelle Freuds, Adlers und Jungs« bezeichnet, so beachtenswert ist aber auch, was Peter Seidmann zu unserem Problem sagt. In seinem Beitrag zu Kindlers »Psychologie des 20. Jahrhunderts« schreibt Seidmann über »Die perspektivische Psychologie Nietzsches«:

»Man könnte sich keine deutlichere Absage an die Preisung und Förderung des Machtwillens als gerade durch Adlers Individualpsychologie denken, die zwar zunächst scheinbar ähnlich wie Nietzsche das Machtstreben als eine hinter vielen Maskierungen und Selbsttäuschungen dynamisch wirksame Bewegung der Seele sieht, es aber als zersetzend und hemmend anklagt und verwirft. So wie Freud dem unbewußten Getriebenwerden durch das Triebwerk der Seele die ordnende Entschlossenheit bewußtmachender und bewußthaltender intellektueller Urteilskraft und Besonnenheit entgegensetzte, so sah Adler im Gemeinschaftsgefühl den abwehrenden Damm gegen den Ansturm des Machtstrebens.«

Zwar ging auch Alfred Adler von der Annahme aus, daß es einen psychischen Dualismus gebe – man denke an Freuds Lustprinzip und Realitätsprinzip, an den Liebes- und an den Destruktionstrieb! –, aber in der Individualpsychologie macht sich das Streben nach Ausgleich geltend. Machtstreben und Gemeinschaftsgefühl verlangen nach einer überzeugenden Harmonisierung. Und diesem Trend zur Mitte und zum Ausgleich trägt Adler Rechnung – ganz im Gegensatz zu Nietzsche, dem der vielberufene Wille zur Macht den ursprünglichsten und fundamentalsten Lebensinstinkt und die Mitte aller Existenz bedeutete.

Nach der Besprechung etwaiger Beziehungen Freuds und Adlers zu Nietzsche liegt es nahe, jetzt auch noch die dritte der Gründergestalten der heutigen Tiefenpsychologie im Hinblick auf ihr Interesse an Nietzsche zu befragen. Dabei zeigt sich folgendes:

Während Freud – wie wir gesehen haben – eher bemüht ist, die mögliche und tatsächliche Beeinflussung durch Nietzsche zu verschleiern, zögert Carl Gustav Jung nicht, die Bedeutung des großen »Seelen-Erraters«, und zwar die positive wie die negative, offen zu diskutieren. Beginnen wir mit einem Zeugnis aus der letzten Lebenszeit Jungs, das heißt mit einem Brief an einen amerikanischen Theologen, den der Fünfundachtzigjährige nur wenige Monate vor seinem Tod niedergeschrieben hat:

»Meine Jugend verbrachte ich in der Stadt, wo Nietzsche als Professor der klassischen Philologie gelebt hatte; so wuchs ich in einer Atmosphäre auf, die noch unter der Wucht seiner Lehre vibrierte, obwohl sein Angriff meist auf Widerstand gestoßen war. Ich konnte mich dem Eindruck einer echten Inspiration, ›Ergriffenheit‹, nicht entziehen … Was mich am meisten beeindruckte, war seine Begegnung mit Zarathustra und dann seine ›religiöse‹ Kritik, die der Leidenschaft als echtem Motiv des Philosophierens einen Platz in der Philosophie zuweist. Die ›Unzeitgemäßen Betrachtungen‹ öffneten mir die Augen, weniger die ›Genealogie der Moral‹ oder seine Idee von der ›ewigen Wiederkehr‹ aller Dinge. Sein alles durchdringendes psychologisches Urteil gab mir eine tiefe Einsicht in das, was Psychologie zu leisten vermag.«

C. G. Jung zieht folgende Summe:

»Alles in allem war Nietzsche für mich der einzige Mensch jener Zeit, der mir einige adäquate Antworten auf gewisse, damals mehr gefühlte als gedachte, dringende Fragen erteilte«.

Dieses unverhohlene Eingeständnis einer unleugbaren Einwirkung kommentiert sich selbst. In dem autobiographischen Buch »Erinnerungen, Träume, Gedanken« berichtet Jung, wie er bereits als Student neugierig und entschlossen Nietzsche gelesen habe.
Und das Resultat dieser Lektüre?

»Ich war restlos begeistert, und bald las ich auch ›Also sprach Zarathustra‹. Das war, wie Goethes ›Faust‹, mein stärkstes Erlebnis.«

Der Tragweite solcher und ähnlicher Zeugnisse aus der Feder des Schweizer Psychologen wird man sicher nur dann voll gerecht, wenn man sich über die religiöse Problematik des frühen Jung im klaren ist, der – ähnlich Nietzsche – als Pfarrerssohn mit seinen ersten religiösen Erfahrungen und Fragen allein gelassen blieb, weil sein eigener Vater und die zahlreichen Theologen in der Verwandtschaft nicht in der Lage waren, in der geforderten Weise seelsorgerisch Rede und Antwort zu stehen. Ungleich Nietzsche fand jedoch C. G. Jung den Weg zu Christus, freilich auf einem unkonventionellen Weg.
In seiner mehrfach überarbeiteten Elementarschrift »Über die Psychologie des Unbewußten« weist Jung darauf hin, mit welcher Vorbereitung er zur Tiefenpsychologie gelangt sei, nämlich durch keinen anderen als Friedrich Nietzsche:

»Ich kam von der Psychiatrie her, von Nietzsche für die moderne Psychologie wohl vorbereitet.«

Fortan gehörten die Gestalt des Philosophen, sein Denken, seine Bildgestaltung, das Beispiel seiner Träume, nicht zuletzt das Ausmaß seiner Wirkungen und Folgen zu den reichlich angeführten Kontexten der geschriebenen Werke Jungs. Das gleiche gilt für seine Vorträge und Seminare. Dabei ist der Begründer der Analytischen Psychologie alles andere als ein Nietzsche-Begeisterter geworden oder geblieben.
Indem er sich wandelte, genauer: indem er sich selbst fand, lernte er den offenbaren und heimlichen Lehrmeister der Psychologie seiner frühen Jahre im Lauf der Zeit mit ganz anderen Augen, vor

allem aus einer kritischen Distanz heraus zu sehen. Hierfür zwei Beispiele: In den »Psychologischen Typen«, dem ersten großen Werk nach der Trennung von Sigmund Freud, wird Nietzsche nicht nur ausführlich zitiert, er dient vor allem als Beispielgestalt für die Ankündigung einer neuen Bewußtseinsart, die die Realität des Dunkeln, Triebhaften zu bewältigen hat. Indem er das Nietzsche fundamentale Gegensatzpaar des Apollinischen und des Dionysischen in Erinnerung ruft, setzt sich Jung zugleich mit der ihm zugrundeliegenden Triebdynamik kritisch auseinander. Geistesgeschichtliche Vergleiche, zum Beispiel solche mit Schillers »Briefen über die ästhetische Erziehung«, unterstützen die Kontrastwirkung. Seine Distanz zu Nietzsche verdeutlicht Jung in diesem Zusammenhang dadurch, daß er auf die von Nietzsche wie auch von Schiller übergangene religiöse Dimension aufmerksam macht.

Jung verweist dabei auf den mystisch-spekulativen Einschlag, durch den beispielsweise der Dionysoskult in der Antike vielerorts geprägt gewesen sei. Eine bloß ästhetische Deutung vermöge den spezifisch religiösen Gesichtspunkt nicht zu erfassen:

»So ist mit der Auffassung, der Kampf zwischen Apollo und Dionysos sei eine Frage gegensätzlicher Kunsttriebe, das Problem in einer historisch und materiell ungerechtfertigten Weise auf das ästhetische Gebiet verschoben, womit es einer Teilbetrachtung unterworfen wird, die niemals imstande ist, seinem wirklichen Inhalt gerecht zu werden.«

Jung verkennt jedoch nicht die besondere Tiefe, mit der Nietzsche das Problem trotz ästhetischer Selbstsicherung erfaßt hat. Er sei der Wirklichkeit schon so nahe gewesen, daß sein späteres dionysisches Erleben beinahe als die unvermeidliche Konsequenz erscheine. Und indem Jung das Begriffspaar apollinisch-dionysisch auf seine eigentümlichen psychologischen Qualitäten hin überprüft, entdeckt der Autor der »Psychologischen Typen« Bezüge zu den von ihm benannten seelischen Funktionen und Grundeinstellungen. Sie spielen bei Jung bekanntlich einerseits als die vier Funktionstypen (Denken, Fühlen, Empfinden, Intuieren), andererseits als die beiden

Einstellungstypen der Introversion und der Extraversion eine maßgebliche Rolle.

Demzufolge läßt sich eine Beziehung zwischen den Begriffen Nietzsches und der Jungschen Typologie herstellen.

Das, was Nietzsche das Dionysische nennt, läßt sich am ehesten
einer extraversiven, vornehmlich auf äußere Objekte gerichteten
Gefühlsempfindung im Jungschen Sinn annähern. Und weiter
schreibt Jung:

»Demgegenüber ist das Apollinische eine Wahrnehmung der inneren Bilder der Schönheit, des Maßes und der in Proportionen gebän-
digten Gefühle. Der Vergleich mit dem Traum weist deutlich auf den
Charakter des apollinischen Zustandes hin: es ist ein Zustand der
Introspektion, der nach innen, nach der Traumwelt ewiger Ideen ge-
kehrten Kontemplation, also ein Zustand der Introversion.«

Das zweite Beispiel, das für die große Bedeutsamkeit der Geistge-
stalt Nietzsches im Werk C. G. Jungs spricht, läßt sich anhand solcher Texte gewinnen, in denen der Schweizer Psychologe von seinem besonderen Beobachtungsort her das deutsche Schicksal betrachtet hat, und zwar nicht erst in den auch für Jung problematischen Jahren des Nationalsozialismus. Schon in der kleinen Studie
»Über das Unbewußte« aus dem Jahr 1918 kommt Jung auf Tatbestände zu sprechen, die den »germanischen Barbaren« betreffen.
Dieser zufolge habe das Christentum nur die obere, »helle Seite«
dieser Menschengruppe zu domestizieren vermocht, während die
untere Wesenshälfte noch der Erlösung harre – ein Problem übrigens, von dem Jung meint, daß es für den jüdischen Menschen so
nicht bestehe.

Deshalb sei der »arische Europäer«, also nicht nur der Deutsche, in
besonderem Maße vom Untergrund des kollektiven Unbewußten
her gefährdet. Und – unter deutlicher Bezugnahme auf Nietzsche –:
»die blonde Bestie« könne sich in ihrem unterirdischen Gefängnis
umdrehen »und uns mit einem Ausbruch mit verheerenden Folgen
bedrohen ...«. Und so heißt es in jenem Jungschen Text aus dem
Jahre 1918 wörtlich:

»Wir Germanen haben noch einen echten Barbaren in uns, der nicht mit sich spaßen läßt und dessen Erscheinen für uns keine Erleichterung und keinen angenehmen Zeitvertreib bedeutet ... Diese ärgerliche Eigentümlichkeit des Barbaren ist auch Nietzsche aufgefallen, wohl aus eigenster Erfahrung.«

Auch in seinen späteren Arbeiten zur Zeitgeschichte der dreißiger Jahre, etwa in seinem Aufsatz »Wotan«, ging es Jung darum, zu zeigen, daß archetypische Triebkräfte ungeahnten Ausmaßes durch Nietzsche benannt, ja verkündet worden sind, wodurch der »Seelen-Errater« schließlich zum Dämonenbeschwörer geworden ist, zum apokalyptischen Seher, für den die psychologische Entlarvung nur ein vorläufiges Unterfangen bleiben mußte.

Kehren wir zu unserem Ausgangspunkt, nämlich zur Frage nach dem Tiefenpsychologen Nietzsche, zurück, um auf seine psychologisch befrachteten Schriften und Texte zu verweisen. Aber sind es denn Texte, die aus einer sicheren Distanz heraus zu lesen oder als Objekte philologischer Analyse zu zerlegen sind? Wird eine objektiv-kühle Einstellung Nietzsche gegenüber ihm überhaupt gerecht? Damit stellt sich die Frage nach der Art und Weise des Umgangs, den das Gedankengut dieses entflammten, entflammenden Philosophen verlangt, der in seinem »Ecce homo« überschriebenen Gedicht zu folgender Selbstcharakteristik gefunden hat:

»Ja! Ich weiß, woher ich stamme!
Ungesättigt gleich der Flamme
Glühe und verzehr ich mich.
Licht wird alles, was ich fasse,
Kohle alles, was ich lasse:
Flamme bin ich sicherlich!«

Wer darf also sagen, er sei auf dem Wege, Friedrich Nietzsche zu verstehen, der nicht von dieser Flammennatur angerührt ist? Hier bricht ein besonderes Problem auf: Einerseits bleibt den trokkenen, kalten Seelen das Eigentümliche an ihm, dem Naturereignis im Geistesbereich, fremd; denn Nietzsche ist – mit Walter Nigg zu sprechen – »kein historisches Objekt, das man sine ira et studio ana-

lysieren kann«. Das ist die eine Seite. Andererseits droht jedem Gefahr, der ungewappnet in den Feuerkreis eintritt, dessen Glut Zerstörung verbreitet.

Dafür gibt es mancherlei Beispiele aus dem individuellen Bereich,
aber auch darüber hinaus, wenn man die Tatsachensprache der Geschichte dieses 20. Jahrhunderts ernst genug nimmt. Sind nicht
bereits im Ersten Weltkrieg Regimenter junger Kriegsfreiwilliger,
mit Nietzsches »Zarathustra« im Tornister, an die Front gezogen
und in diesem Wahn befangen gefallen? – Wie also ist Nietzsche,
wie sind im besonderen seine psychologisch relevanten Texte zu
lesen?

Auch hier scheint ein abwägendes Einerseits-Andererseits angebracht zu sein: Einerseits bedarf es einer gewissen Kongenialität,
einer Bereitschaft zur »Gleichzeitigkeit« im Kierkegaardschen
Sinne und zur Gleichsinnigkeit, wie sie der Analytiker im Dialog
seinem Analysanden entgegenbringen muß. – Andererseits ist
doch eine Distanz vonnöten. Durch »Urdistanz und Beziehung« hat
Martin Buber das zwischenmenschliche Kraftfeld begrenzt gesehen, in dem sich die volle Ich-Du-Beziehung ereignen kann. Und
was das Rüstzeug dessen anlangt, der dem Feuerbrand Nietzsche-
scher Rhetorik und Beschwörung naht, so wird eine Kenntnis der
tiefenpsychologischen Übertragungs- und Projektionsproblematik
von Nutzen sein.

Mit diesem Wissen und Vermögen läßt sich am ehesten der Sugges-
tions- und Faszinationskraft seines Wortes begegnen. Nietzsche
appelliert eben nicht allein an die Ratio, auch nicht nur an den Sinn
ästhetischer Wahrnehmung und Wertung, sondern hier experimen-
tiert, manipuliert ein Magier mit den Wirkkräften archetypischer
Potenzen, denen man durch begriffliche Definition ebensowenig gewachsen ist wie durch den Versuch einer rationalen Widerlegung.
Nietzsche wußte das aus eigenem Erleben und Erleiden. Und übersehen wir nicht, daß der seiner Verführungskraft Bewußte selbst behilflich ist, indem er Zeitgenossen wie Nachgeborenen einen geradezu psychotherapeutischen Wink gibt, wenn er schreibt:

»Ihr hattet euch noch nicht gesucht: da fandet ihr mich. So tun alle
Gläubigen; darum ist es so wenig mit allem Glauben. Nun heiße ich

euch, mich verlieren und euch finden; denn erst wenn ihr mich alle
verleugnet habt, will ich euch wiederkehren ...«

Dieser mahnende Hinweis auf die Selbstfindung jedes einzelnen
meint eben qualitativ mehr als der Appell an den Durchsetzungswillen
eines morbiden Ich. Diese Selbstfindung – C. G. Jung spricht
vom Reifungsprozeß der Individuation – ist letztlich nur möglich,
wenn das Ich sein Vertrauen nicht auf äußere Autoritäten, Meister,
Gurus oder sonstige geistige Führerpersönlichkeiten setzt. Sie gilt
es in der Tat zu »verlieren« – wie Nietzsche selbst!
Man muß es lernen, die Fesseln abzulegen, mit denen sie den Menschen
an sich und an ihre Ideologie zu binden und in rauschhafter
Abhängigkeit zu halten vermögen.
Doch damit ist die Reichweite der Psychologie im engeren Sinne des
Wortes bereits verlassen. Von ihr schreibt Friedrich Georg Jünger
einmal:

»Wäre Nietzsche nur Psychologe, dann wäre er nicht eben viel.
Denn man muß begreifen, daß die Psychologie auf bloßen Verzehr
hinausläuft, daß in ihr ein Denken am Werke ist, welches den Menschen
nur konsumiert. Je ursprünglicher, sinnlich kräftiger, geistig
lebendiger der Mensch sich aus den Quellen nährt, desto weniger
treibt er Psychologie. Wo er baut, ackert, liebt, zeugt, gebiert, dort
bleibt die Psychologie außer Betracht.«

Soweit Friedrich Georg Jünger. – Es gibt aber nicht nur die Methode
einer Psychoanalyse, die der Entlarvung dienen will, der Festlegung
des Menschen auf die Kausalität von »Triebschicksalen«, die aus frühen
Phasen der menschlichen Entwicklung oder Fehlentwicklung
herrührt. Um das Elend dieser Psychologie, die Jünger im Sinne
hat, zu überwinden, genauer: um sie zu erweitern, zu vertiefen, bedarf
es noch ganz anderer Dimensionen und Kategorien. Es bedarf
anderer Methoden. Es bedarf einer Psychologie, die der Psycho-
Synthese fähig ist, einer Psychologie, die sich in der angedeuteten
Weise »nach vorne« öffnet, indem sie dem Menschen zu seiner vollen
Menschwerdung verhilft.
Gemeint ist eine Psychologie, die Führung und Geleit auf dem Indi-

viduationsweg von Mensch und Menschheit zu geben vermag und für die die »Analyse«, die von Nietzsche kunstfertig betriebene »Seelen-Erratung«, nur ein handwerklich bedingtes Beiwerk, keinesfalls aber die Hauptsache ist.

In einer solchen Psycho-Synthese bekommt das Ackern und das Säen, das Zeugen und das Gebären, das Lieben und das Hoffen, kurz: alles schöpferische, friedenbegründende Tun des Menschen in der unbefriedeten, unfruchtbaren Welt, einen neuen Sinn.

Und was nun Friedrich Nietzsche, den Tiefenpsychologen, selbst betrifft, so war es ihm beschieden, in einem geschichtlichen Augenblick auf den Plan zu treten, als – laut Ludwig Klages – eine »Bruchstelle der Menschheitsgeschichte« sichtbar zu machen war, und zwar nicht nur die Hohlheit und die Brüchigkeit der untergehenden alten bürgerlichen Zivilisation, sondern die der Geistes- und Bewußtseinsart einer ganzen Epoche, die nicht wahrhaben wollte, daß ihr »Gott tot« ist und ihre »Tafeln« wertlos geworden sind.

Aber die meisterhafte psychologische Analyse, die einer Umzentrierung der Wertewelt aus dem Logos in den Bios gleichkommt, wurde weder von einem »Starken« noch von einem »Übermenschen«, weder von der oftmals beschworenen »blonden Bestie« noch von einem hymnisch besungenen »sieghaften Tänzer« eingeleitet, sondern von einem frühzeitig pensionierten Professor, von einem schwächlichen, magen- und nervenkranken Mann mit einem durch Schlafmittel vollkommen zerrütteten Organismus. Deshalb hat Hans Joachim Schoeps, der Erlanger Geistesgeschichtler, mit Recht von einer »vollständigen Kontrastideologie« gesprochen, mit der Nietzsche allein als Entwurzelter das Ausmaß an Entwurzelung sichtbar und deutbar zu machen vermochte. In seiner philosophischen Anthropologie »Was ist der Mensch?« verarbeitet Schoeps eine Charakteristik, die Harald Landry in seiner 1931 erschienenen Nietzsche-Monographie niedergelegt hat. Dort heißt es:

»Es soll also keinen Mißverständnissen ausgesetzt sein, wenn das prinzipielle Auseinanderfallen von Sein und Sehnsucht in Nietzsche durch einige erbrachte, etwas triviale Gegenüberstellungen im folgenden verdeutlicht wird:
Der schonungslose Bekämpfer jeder absolut geltenden Moral, in-

sonderheit aller Mitleidsmoral, ist von überempfindlicher Rücksicht und Mitleidigkeit in jeder konkreten Lebenssituation. Der Vertreter eines Kriegerethos, das ›sein Paradies unter dem Schatten der Schwerter findet‹, ist ein fast stets bis an die Grenze des biologisch noch Möglichen Kranker, der, von Kriegerexistenz zu schweigen, auch nicht das Leben eines Krankenpflegers länger als wenige Wochen erträgt. Der Entdecker und Verkünder des Wertes ungebrochenen, rauschhaften dionysischen Lebens ist ein Mann, der jedem wirklichen Erlebnis in dem repräsentativsten, geladensten, paradoxesten Lebensbereich: dem des geschlechtlichen Eros, aus dem Wege ging …«

Genug davon. Unschwer ließe sich der Negativkatalog beliebig erweitern. Und doch geht es im Falle Nietzsche nicht an, Soll und Sein gegeneinander aufzurechnen, etwa in der verräterischen Absicht, seiner Herausforderung zu entgehen. So beliebt das Sprichwort sein mag: Arzt, hilf dir selbst! – auf Nietzsche, den Analytiker, den Entlarver, läßt es sich schwerlich ungestraft anwenden, um die eigene liebgewordene Maske nicht preisgeben zu müssen. Seine intellektuelle Redlichkeit, seine vorausblickende Hellsicht, sein apokalyptisches Pathos verweisen auf unumgängliche existentiell bedeutsame Tatbestände, die angenommen und bewältigt werden wollen. Mit dem bloßen Test oder mit dem bloßen Aufweis von etwaigen pathologischen Tatbeständen ist es in keinem Falle getan. Deshalb mündet Nietzsches Psychologie immer wieder ins Psychagogische und ins Pädagogische ein. Und so problematisch es sein mag, in ihm so etwas wie einen Menschenführer zu erblicken, so enthält doch sein Werk viele Elemente, die sich in diesem Sinne aufschließen lassen.
Welcher Art diese psychologisch geleitete Erziehung ist, das sei abschließend an einem kurzen Text veranschaulicht, den sein Verfasser bezeichnenderweise überschreibt: »Es gibt keine Erzieher«. Da heißt es:

»Nur von Selbst-Erziehung sollte man als Denker reden. Die Jugend-Erziehung durch andere ist entweder ein Experiment, an einem noch Unerkannten,Unerkennbaren vollzogen, oder eine grundsätzliche Nivellierung, um das neue Wesen, welches es auch sei, den Gewohnheiten und Sitten, welche herrschen, gemäß zu machen … Eines Tages, wenn man längst nach der Meinung der Welt, erzogen ist, entdeckt man sich selber: da beginnt die Aufgabe des Denkers, jetzt ist es Zeit, ihn zu Hilfe zu rufen – nicht als einen Erzieher, sondern als einen Selbst-Erzogenen, der Erfahrung hat.«

Wenngleich Nietzsches Vorstellung vom Selbst nicht ohne weiteres auf den tiefenpsychologischen Selbst-Begriff oder auf den initiatischen, durch eine zielgerichtete geistig-seelische Schulung vermittelten, übertragen werden kann, so kommt er doch diesen beiden immer wieder ganz nahe. Das ist im besonderen dort der Fall, wo es um das Ziel, die Selbstverwirklichung, geht.

Die Erziehung im landläufigen Sinne kann Selbst-Erziehung – das heißt: Erziehung zum Selbst – nicht leisten oder überflüssig machen. Alle pädagogische oder psychotherapeutische Arbeit, jede Art einer Bewußtseinsschulung, auch die seelsorgerliche Betreuung bleibt von daher gesehen von vorläufiger Natur. Sie erfolgt im Vorfeld des Eigentlichen, auf das Nietzsche den Blick richtet. Daher läßt es aufmerken, wenn der Autor der »Unzeitgemäßen Betrachtungen« auf »Mysterienpfade innerer Erlebnisse und Umkehrungen« anspielt.

Sie können von jedem nur selbst beschritten werden in Tat und Leiden. Stellvertretung ist ausgeschlossen. Was auf diesen Wegen erreicht werden kann, das sind weder bloße Wissensinhalte noch Belehrungen, die von außen in irgendeiner Form herangetragen werden können.

Es handelt sich um die Erfahrung des Selbst, das in der Zeit einer weltweiten Extraversion, das heißt angesichts einer außerordentlich starken Hinwendung zur Außenseite aller Dinge, immer ferner zu rücken droht. Bei dieser Erfahrung des Selbst, die Nietzsche in den Blick faßt, handelt es sich um ein geistiges Aufwacherlebnis, in dem sich der Mensch selber entdeckt, in dem er sein alltägliches Ich in seiner Vorläufigkeit durchschaut und fähig wird, die Masken abzutun, von denen wir eingangs sprachen. Jetzt erst weiß der Erfahrende die Erfahrungen anderer – Nietzsche nennt sie die Erfahrungen der »Selbst-Erzogenen« – zu würdigen.

Unter der Voraussetzung, daß Selbsterkenntnis ein wesentliches Ziel menschlichen Strebens ist, sind Nietzsches Äußerungen psychologischen und psychotherapeutischen Inhalts zu verstehen. Dazu gehört nicht zuletzt die Neubewertung des Leidens, über das er in »Morgenröte« nachdenkt. Aus ihr resultiert die Einsicht, daß Genesung von der Krankheit etwas qualitativ anderes ist als die Beseitigung der Krankheit durch »augenblicklich wirkende, betäubende und berauschende Mittel«.

Wer den Wegcharakter des menschlichen Lebens und damit auch der Krankheit erkannt hat, der versteht, warum Nietzsche vor den angeblich »kürzeren Wegen« warnt. Denn das um der Selbstwerdung willen geradezu selbstverordnete Leiden vermittelt einen neuen Blick auf die umgebende Wirklichkeit. Damit beginnt bereits eine Umwertung aller Werte. Eine Intensivierung, eine Erweiterung und Transzendierung des Alltagsbewußtseins ist die Folge. Abschließend noch dies:

Vom psychologischen Standpunkt aus betrachtet, gehört die Frage nach der wahren Selbstwerdung des Menschen zu den wichtigsten Elementen in der psychologischen Spekulation Nietzsches, wiewohl dem Verkünder des Übermenschen deren Realisierung versagt war. Schon deshalb durfte und wollte der psychologisierende Denker keinen seiner Jünger an seine Person binden. An Warnungen aus seinem Mund fehlt es bei dem nicht, der im »Zarathustra« von sich gesagt hat:

»Ich bin ein Geländer am Strom – fasse mich, wer mich fassen kann! Eure Krücke aber bin ich nicht«.

Oder an anderer Stelle, ins Positive gewendet:

»Du sollst der werden, der du bist!«[1]

---

[1] einschlägige Nietzsche-Texte aus dem Gesamtwerk sind zusammengestellt in: Gerhard Wehr: Friedrich Nietzsche als Tiefenpsychologe. Oberwil/Schweiz 1987.

Martin Buber

Der dialogische Denker und seine dreifache
Lebensleistung

Werden die geistigen Gründergestalten dieses Jahrhunderts aufgerufen, gilt es, die Zeugen dialogischer Wirklichkeit, die Brückenbauer zwischen Ich und Du zu benennen, wird nach den Repräsentanten eines zukunftweisenden biblisch-hebräischen Humanismus gefragt, dann darf sein Name nicht unerwähnt bleiben: Martin Buber.

Bubers Name, ein Wort von ihm, ein Satz aus seiner kalligraphiegewohnten Feder hat für viele die Wirkung eines Gütezeichens, das Vertrauen erweckt, eines Zeichens, das auf Weisheit deutet, freilich auch eines Zeichens, das Widerspruch erregt. Und widersprochen wird ihm nicht allein von den orthodoxen Vertretern seines jüdischen Glaubens oder eines nationalistisch gefärbten Zionismus, sondern auch von einem Teil seiner Schüler und Freunde, so verschieden motiviert die Kritik an Buber auch sein mag. Ein ganz anderes, ein strahlendes Buber-Bild ist indes in den allgemeinen Kulturkanon eingegangen. Es ist das Bild des brillanten Schriftstellers und Redners, es ist das Bild dessen, der aus Anlaß hoher kultureller Auszeichnungen und Ehrungen Mal um Mal herausgestellt wurde. Und wer wollte, wer dürfte bestreiten, daß Buber, trotz mancher Rückfragen und Bedenken, die vielseitigen Würdigungen verdient hat, mit denen er bedacht wurde?

Die Frage bleibt, ja sie stellt sich selbst für den aufs neue, der Buber zu kennen meint: Wer ist er denn eigentlich, und worin besteht das Werk, das er geschaffen hat?

Was den Umfang und die Struktur seines literarischen Werks anlangt, so läßt sich die Frage relativ leicht beantworten. Buber war es beschieden, in den letzten Jahren seines überaus produktiven Lebens, eine Ausgabe seiner Bücher und Aufsätze zu veranstalten, in die er nur jene Texte aufnahm, denen er einen Werkcharakter zubilligen konnte, die seiner eigenen Kritik standhielten. Gerade diese

dreibändige Werkausgabe letzter Hand gibt uns das Recht, von einer
dreifachen Lebensleistung bei Martin Buber zu sprechen: Da ist
zum ersten der Band mit den Schriften zum Chassidismus, zum anderen die Schriften zur Philosophie; dem dritten Band sind die
Schriften zur Bibel zugeordnet. Damit sind die drei Themenkreise
benannt, denen Bubers Forschen und Darstellungskunst gewidmet
war. Dies vorweg.

Auf einem anderen Blatt steht die Frage nach dem Leben Martin Bubers. In welcher Lage sich der Biograph Martin Bubers befindet,
entnehmen wir am besten einem Selbstzeugnis.

»Ich habe keinerlei Neigung, mich mit meiner Person als ›Gegenstand‹ zu befassen, und ich fühle mich auch keineswegs dazu verpflichtet. Ich möchte die Welt beeinflussen, aber ich möchte nicht, daß sie
sich von ›mir‹ beeinflußt fühlt. Ich bin, wenn ich das sagen darf, beauftragt, den Menschen Wirklichkeiten zu zeigen, und ich suche das so ge-
treu wie möglich zu tun. Darüber nachzudenken, warum ich beauftragt bin oder warum ich im Laufe meines Lebens geeigneter dazu geworden bin zu zeigen, was ich zu zeigen habe, hat für mich nicht nur
keinen Reiz, sondern auch keinen Sinn. Es gibt Menschen, die den
Wunsch haben, sich der Welt zu erklären; Kierkegaard hatte ihn, ich
nicht – ich möchte mich nicht einmal mir selber erklären.«

Diese Zeilen schreibt der vierundsiebzigjährige Buber an einen jungen Amerikaner nach Los Angeles, der im Begriffe ist, im Zusammenhang seiner Universitätsstudien über Bubers Werk auch biographische Angaben zu verwerten. Es ist nicht etwa Interesselosigkeit
dem jugendlichen Fragesteller gegenüber, die sich da manifestiert.
Im ausführlichen Antwortbrief zeigt Buber vielmehr, wie ernst er
den ein halbes Jahrhundert jüngeren Briefpartner nimmt. So sind
es eher respektable grundsätzliche Erwägungen, die ihn hindern,
der Bitte um Auskünfte über biographische Tatbestände und fami-
liäre Beziehungen zu entsprechen. Denn, so fährt Buber fort:

»Um zu sehen, was ein Schreibender – der doch ›ein Sprechender‹
ist – zu zeigen hat, braucht man nichts über seine persönlichen Eigenschaften oder sein persönliches Leben zu erfahren; man braucht

nicht mehr zu wissen, als was seine Äußerungen, seine Werke selbst, zu sagen haben.«

Demnach sei es nicht wahr, daß man für die Entgegennahme des Werkes eines Shakespeare, eines Homer oder Platon besser gerüstet ist, wenn man mehr über deren Lebensumstände wüßte. Wirkliches Leben ist Begegnung. In der echten Begegnung geht es ausschließlich um »Ich und Du«. Da treten zwei Personen einander gegenüber, in ihrer Einmaligkeit und in ihrer wechselseitig empfundenen Andersartigkeit.

Wirkliches Leben ist Begegnung, als personale Beziehung verstanden. Im Anreden, im Angeredetwerden und Antworten, im Austausch von Blick und Händedruck, freilich auch in der Erfahrung des Widerstandes und des Widerparts, den der eine dem anderen bietet, nimmt die menschliche Begegnung jeweils leibhafte Gestalt an. Und an ihr ist Buber gelegen. Auf diese Wirklichkeit hat er zu zeigen. Sie hat er zu bezeugen.

Sich nach dem Woher und Wohin eines Menschen zu erkundigen, das kann nach Bubers Dafürhalten paradoxerweise heißen: den Menschen, diesen Menschen als Person aus dem Auge zu verlieren und ihn zum Gegenstand biographischer Recherchen zu machen. Aus dem Du wird unversehens ein Es, ein Objekt der Neugierde, ein Objekt eines durchaus legitimen Interesses. Man holt Erkundigungen über dieses Es ein. Die Person gerät aus dem Blickfeld und aus dem Atemraum gelebter Ich-Du-Beziehung. Natürlich weiß Buber sehr genau, daß menschliches Leben, auch das in aufmerksamer Mitmenschlichkeit geführte, sich keinesfalls nur in der Sphäre personhafter Ich-Du-Beziehung abspielen kann. Immer wieder müssen wir das partnerschaftliche Du und die Aug' in Aug' gelebte Beziehung aufheben und uns in nüchterner Sachlichkeit einem Es zuwenden.

Als Denker des Gesprächs und der Begegnung wollte Buber, daß man in dem erwähnten Sinne von ihm absieht. Das bekam nicht nur jener amerikanische Student zu spüren. Es konnte geschehen, daß der dann und wann um persönliche Auskünfte Gefragte auf seine Freunde verwies, die angeblich besser als er selbst in der Lage seien, die gewünschten Auskünfte zu liefern.

Will man die Linien des Lebens von Martin Buber nachzeichnen, so
geht das nicht ohne ein gewisses Maß an subtiler Respektlosigkeit
ab. Der Autor wird zum Tabuverletzer.

Diese Tabuverletzung wird immerhin dadurch gemildert, daß sich
unser Blick nicht allein auf die Lebensumstände des Beschriebenen
richtet, sondern stets und unablösbar auch auf jene Wirklichkeit,
auf die zu zeigen Buber beauftragt war.

Er hat damit seinen Biographen ein für allemal selber den Rahmen
für ihr Tun abgesteckt. Sie sind gehalten, so zu arbeiten, daß die zu
bezeugende Wirklichkeit wichtiger bleibt als derjenige, der sie in der
Spanne seines Lebens bezeugt hat. Wer also ist Martin Buber? Wir
wollen zunächst einen Blick auf einige wichtige Stationen seines äußeren Lebens werfen, bevor wir uns der Dreigestalt seines Werks zuwenden.

Am 8. Februar 1878 wird Martin Buber als Sohn wohlhabender jüdischer Eltern in Wien geboren. Es ist die vielbesungene Kaiserstadt
der alten österreichisch-ungarischen Donaumonarchie. Es ist dasselbe Wien, das Franz Grillparzer das »Capua für Geister« genannt
hat, um die in Schönheitsrausch und Reichtum, in Üppigkeit und
Saturiertheit liegende Gefährdung anzudeuten.

Wien mit seinen Literatencafés und den applausgewohnten Schau-
spielern ist in der zweiten Hälfte des 19. Jahrhunderts ein Assimila-
tionszentrum in der Mitte des österreichischen Vielvölkerstaates
geworden. Ein offener und versteckter Antisemitismus erzeugt gerade dort jene Angst, die – um der »Endlösung« zu entgehen – nach
echter Lösung verlangt.

Kein Wunder, daß die Donaumetropole um die Jahrhundertwende
zum Kristallisationspunkt zweier Bewegungen werden sollte, die,
initiiert und teilweise repräsentiert durch Juden, das Gewissen der
Welt aufgerüttelt haben: der Zionismus Theodor Herzls und die
Psychoanalyse Sigmund Freuds.

Martin Buber lernt beide Bewegungen gleichsam am Quellort ihres
Entstehens kennen. Der einen schließt er sich jugendbewegt an, um
ihr später Inhalt und geistige Ausrichtung zu geben, er wird Zionist
und früher Gefolgsmann Herzls; der anderen mißtraut er lebenslang. Sigmund Freud ist für ihn einer, der mit Tempelsteinen spielt.
Ist größerer Frevel denkbar?

Aber ist denn der in Wien Geborene ein Wiener? – Als er für die deutsche Ausgabe seiner romanhaften Chronik »Gog und Magog« ein erläuterndes Nachwort schreibt, bekennt der mit autobiographischen Daten knausernde Buber Farbe:

»Ich bin ein polnischer Jude.«

Und indem er die Positionen seiner geistig-religiösen Herkunft andeutet, fährt er fort:

»Zwar aus einer Familie von Aufklärern, aber in der empfänglichen Zeit des Knabenalters hat eine chassidische Atmosphäre ihren Einfluß auf mich ausgeübt.«

Nur die allererste Zeit, etwa drei Jahre, verbringt das Kind bei seiner Mutter in Wien. Die Ehe der Eltern wird geschieden. Nicht die aus Odessa stammende Mutter sorgt sich um Martin, sondern die Großeltern Salomon und Adele Buber. Sie nehmen den Enkel in ihr Haus nach Lemberg. Als wohlhabender Kaufmann und als frommer Jude hat sich Salomon Buber einen Namen gemacht. Er fungiert als Handelskammerrat und als Vorsteher der großen jüdischen Gemeinde von Lemberg. Berühmtheit hat er als Wissenschaftler erlangt, nämlich als Talmudgelehrter und als Herausgeber wichtiger nachbiblischer Texte. So ist es nicht erstaunlich, wenn der Enkel später als Student der Großmutter zu berichten hat:

»Ich bin noch keinem vorgestellt worden, der mich nicht nach meinem Verwandtschaftsverhältnis zu Salomon Buber gefragt hätte … Überall höre ich Großvaters Namen.«

Die Großeltern sorgen für Martin Bubers Erziehung und Schulbildung. In Lemberg besucht er das polnische Gymnasium.
Doch in der Familie wird die Liebe zur deutschen Sprache und Kultur gepflegt. Das geht so weit, daß er als Bar-Mizwa, das heißt anläßlich der feierlichen Übernahme der Glaubensverpflichtungen eines religiös mündig gewordenen Juden, nicht etwa einen Schriftabschnitt vorträgt und auslegt, sondern Verse von Friedrich Schil-

ler. Bis der Achtzehnjährige in Wien sein Studium beginnt, das er in
Berlin, Leipzig und Zürich fortsetzt, scheint er dem jüdischen Va-
tererbe vollends entfremdet zu sein. Ihn faszinieren schon seit einigen Jahren die Schriften Friedrich Nietzsches und im übrigen nahezu alles, was die Moderne des Fin de siècle anzubieten hat. Buber
charakterisiert seine innere Situation, als er die Welt seiner Väter
verläßt:

»Solang ich bei ihm – das heißt bei Salomon Buber – lebte, war ich
in den Wurzeln gefestigt, ob auch manche Fragen und Zweifel an
mir rüttelten. Bald nachdem ich sein Haus verließ, nahm mich der
Wirbel des Zeitalters hin. Bis in mein zwanzigstes Jahr, in geringe-
rem Maße auch noch darüber hinaus, war mein Geist in stetiger und
vielfältiger Bewegung, in einem von mannigfaltigen Einflüssen bestimmten, immer neue Gestalt annehmenden Wechsel von Span-
nungen und Lösungen, aber ohne Zentrum und ohne wachsende
Substanz.«

Noch während der Studienzeit beginnt eine Art Selbstbesinnung.
Im gleichen Jahr 1896, als Buber an der Wiener Universität studiert,
veröffentlicht der Wiener Feuilletonredakteur Theodor Herzl seine
berühmte Programmschrift »Der Judenstaat«. Daß der Idee des bis
dahin nur als Theaterautor und -kritiker bekannten Journalisten
eine reale Zukunft beschieden sein würde, begreift Buber früh.
Zwei Jahre später sehen wir ihn bereits mitwirken. Ihr folgt nach
Herzls Tod im Jahre 1904 die Vertiefung in die geistigen Überlieferungen des Judentums, in die Mystik, vor allem in die Zeugnisse des
ostjüdischen Chassidismus.
Im Zionismus ist es ihm fortan nicht so sehr, jedenfalls nicht ausschließlich um die äußere, politische Lösung der Judenfrage zu tun,
sondern in erster Linie um die Wiedergeburt und Erneuerung des
Judentums selbst. Deshalb heißt es einmal:

»Um den vollkommenen Menschen, um den wahrhaften Helfer ist
der Welt zu tun, ihm harrt sie entgegen, ihm harrt sie immer wieder
entgegen.«

Und an anderer Stelle äußert er sich zu demselben Thema:

»Ich erkannte die Idee des vollkommenen Menschen, zugleich wurde ich des Berufs inne, sie der Welt zu verkünden.«

Der jahrhundertelange Angleichungsprozeß der Juden an ihre jeweiligen »Gastvölker« hat den einzelnen nicht nur seine Herkunft, sondern vor allem seine Identität und Sendung im Gottesvolk unter den Völkern der Erde vergessen lassen.

Wie tiefgreifend verhängnisvoll sich dieser gesellschaftlich-kulturelle Assimilationsprozeß unter den deutschen Juden ausgewirkt hat, zeigt die weitgehende Orientierungslosigkeit, mit der sie den Ereignissen des aufkommenden Nationalsozialismus gegenübergestanden sind. Selbstverständnis und Selbstbewußtsein mußten erst in einer umfassenden Erziehungs- und Bildungsarbeit vermittelt werden. In Wort und Schrift wirkt Buber, solange es ihm nur möglich ist, in diesem Sinne.

Als Franz Rosenzweig 1920 in Frankfurt am Main das Freie Jüdische Lehrhaus begründet, gehört Buber zu den wichtigsten der wissenschaftlichen und pädagogischen Mitarbeiter. Es entstehen Bubers philosophische Schriften zum dialogischen Prinzip. Als Herausgeber und als Interpret der Erzählungen der Chassidim hatte er sich bereits einen Namen gemacht. Bis 1933 ist Buber Lehrbeauftragter, dann Professor für Religionswissenschaft an der Universität Frankfurt.

Die fünf Jahre, die ihm während des Dritten Reiches zu arbeiten vergönnt sind, verwendet er zum Aufbau einer jüdischen Erwachsenenbildung. Als »Aufbau im Untergang« hat Ernst Simon in einer gleichnamigen Schrift diese Aktion eines geistigen Widerstandes gegen den Nationalsozialismus bezeichnet.

»Es ging in dieser unter großen Schwierigkeiten ... geleisteten Arbeit darum, Hitlers Willen zur Zermürbung der Judenheit entgegen, dieser und insbesondere der Jugend einen unerschütterlichen Halt zu geben«,

schreibt Buber. Mit seiner Familie, seiner Frau Paula und den Kin-

dern Rafael und Eva, lebte er von 1906 bis 1916 als freier Schriftsteller in Berlin-Zehlendorf, dann in Heppenheim an der Bergstraße,
ehe er 1938 das nationalsozialistische Deutschland verließ und nach
Jerusalem übersiedelte. Hier wirkte er als Professor für Sozialphi-
losophie an der Hebräischen Universität. Er tritt – seiner ethischen
Zielsetzung folgend – für eine friedliche Lösung des Palästinapro-
blems ein.

Der Zionist Buber will im Grunde gar keinen »Judenstaat«, sondern
die praktizierte Dialogik in der fruchtbaren Koexistenz von Juden
und Arabern in einem Staat. Die Gründung des Staates Israel, vor
allem aber die auf beiden Seiten im Geiste der Unversöhnlichkeit
und mit Haß geführten Auseinandersetzungen dokumentieren Bubers Scheitern.

In Jerusalem, von wo aus er nach dem Zweiten Weltkrieg Europa
und die Vereinigten Staaten mehrfach besuchte, verstarb Martin
Buber am 13. Juni 1965 im Alter von siebenundachtzig Jahren.

In diesem Leben, das sich – geographisch betrachtet – zwischen
Wien und Jerusalem erstreckte, entfaltete sich die Dreigestalt von
Bubers Werk.

Die ersten Anregungen und Motive lassen sich bis in die in Galizien
zugebrachten Jahre der Kindheit zurückverfolgen. Das trifft in besonderer Weise für Bubers Bekanntschaft mit dem Chassidismus
zu.

»Chassid« heißt: der Fromme. Das Judentum kennt eine ununter-
brochene Frömmigkeitstradition, die sich seit den Tagen der Bibel
bis in die Gegenwart herein erstreckt. Im 18. Jahrhundert fand diese
Frömmigkeit der Gotteshingabe unter den von Verfolgungen und
Pogromen hartbedrängten Ostjuden eine spezielle volkstümliche
Ausprägung.

Am Anfang steht Israel ben Elieser als Gründerpersönlichkeit.
Seine Anhänger und Schüler legten ihm den Würdenamen »Baal-
Schem-Tow« bei, das heißt Meister des guten, nämlich wundertäti-
gen Gottesnamens. Er war eine der charismatischen Gestalten, die
sich nicht durch hohe Gottesgelehrsamkeit auszeichneten, sondern
durch eine innige Gottesfreude. Von den Vertretern dieser Frömmigkeit schreibt Salcia Landmann:

»Sie sind arm, denn sie verschenken alles, was sie besitzen. Sie
haben oft kein Heim und ziehen mit ihren Jüngern übers Land. Sie
trösten die Verzweifelten und Armen und speisen – oft mit Hilfe
eines Wunders – die Hungernden. Sie schreiten über Wasser und erheben sich in die Luft. Sie heilen Kranke und Besessene und erwek-
ken Tote. Sie lehren, den Nächsten bedingungslos zu lieben und Un-
recht schweigend zu dulden. Das Schicksal ist als Gotteswille demü-
tig, womöglich sogar freudig hinzunehmen. Mit Freude hat man
Gott für seine Gaben zu danken: im spontanen Gebet, bei den ostga-
lizischen Chassidim auch im ekstatischen Tanz. Die chassidischen
Lieder sind, im Gegensatz zum religiösen Gesang der Gebildeten,
nicht hebräische, sondern in der jiddischen Volkssprache verfaßt.
Oft besteht der Text nur in Form eines endlos wiederholten ›Du‹.
Manche Lieder sind ohne Worte.«

Soweit Salcia Landmanns Charakteristik chassidischer Charisma-
tik, in der, wie man sieht, legendäre Momente eine nicht unwesentliche Rolle spielen. Martin Buber war es beschieden, Leben, Le-
gende und Botschaft der Chassidim des Baal-Schem-Tow in Nacher-
zählungen und Interpretationen der westlichen Welt zugänglich zu
machen.
Als Buber den ostjüdischen Chassidismus kennenlernt, ist die Glau-
bensbewegung des Baal-Schem längst dekadent geworden. Die einstige Blüte, die sie im 18. Jahrhundert gehabt hat, scheint unwieder-
bringlich vergangen zu sein. Die Gemeindegestalt aber besteht
noch, als er ihr um 1890 begegnet. Auf der einst mit Geist und
Leben erfüllten Form des Frommseins ruht ein letzter Abglanz. In
dem polnischen Landstädtchen Sadagora hat Buber seine erste Begegnung mit den Chassiden und einem ihrer geistlichen Führer,
dem Zaddik. An diese Begegnung erinnert er sich, als er später über
seinen eigenen Weg zum Chassidismus Rechenschaft ablegt:

»Wohl ist die legendäre Größe der Ahnen in den Enkeln geschwun-
den, und etliche bemühen sich, durch allerhand kleine Magie ihre
Macht zu bewahren; aber all ihr Treiben vermag das angeborene
Leuchten ihrer Stirn nicht zu verdunkeln, die angeborene Erhabenheit ihrer Gestalt nicht zu verzerren: ihr unwillkürlicher Adel

spricht zwingender als all ihre Willkür. Und wohl lebt in der heutigen Gemeinde nicht mehr jener hohe Glaube der Chassidim, die im
Zaddik den vollkommenen Menschen ehrten, in dem das Unsterbli-
che seine sterbliche Erfüllung findet; vielmehr wenden sich die
Heutigen an ihn vornehmlich als an den Mittler, durch dessen Für-
sprache sie Stillung ihres Bedürfens zu erlangen hoffen.«

Buber vergleicht den Zaddik mit dem durch äußere Mittel reich aus-
gestatteten Bezirkshauptmann und mit dem orthodoxen Rabbiner:
ein rechtschaffener und gottesfürchtiger Mann, aber als »Kultus-
vorstand« der Beamte einer äußeren Institution. Ganz anders bei
dem Haupt der Chassidim, wie er es erlebt:

»Hier war ein Anderes, ein Unvergleichliches; hier war, erniedrigt,
doch unversehrt, der lebendige Doppelkern des Menschentums;
wahrhafte Gemeinde und wahrhafte Führerschaft. Uraltes, Urkünf-
tiges war hier, Verlorenes, Ersehntes, Wiederkehrendes. Der Palast
des Rebbe – das heißt des chassidischen Rabbi – in seiner effektvol-
len Pracht stieß mich ab. Das Bethaus der Chassidim mit seinen ver-
zückten Betern befremdete mich. Aber als ich den Rebbe durch die
Reihen der Harrenden schreiten sah, empfand ich: ›Führer‹, und als
ich die Chassidim mit der Thora – der Bibelrolle göttlicher Weisung
– tanzen sah, empfand ich: ›Gemeinde‹.«

Und Buber fügt dieser Erinnerung an die Begebenheit in früher Jugend hinzu:

»Damals ging mir eine Ahnung davon auf, daß gemeinsame Ehrfurcht und gemeinsame Seelenfreude die Grundlagen der echten
Menschengemeinschaft sind.«

Mag der Junge von dreizehn oder vierzehn Jahren auch noch nicht
fähig gewesen sein, dergleichen auszudrücken, die Empfindung war
jedoch zweifellos stark genug, um sich dem Gedächtnis des Heran-
reifenden einzuprägen und im rechten Augenblick wiederbelebt zu
werden. Dieser Augenblick ließ auf sich warten; denken wir daran,
daß der junge Buber der geistig-religiösen Tradition seiner Väter

den Rücken zukehrte, noch ehe er seine Studien in Wien begann. Die »Wiederherstellung des Zusammenhangs, die erneute Einwurzelung in die Gemeinschaft«, wie Buber die Rückgewinnung seiner Identität als Jude nennt, begann erst, als er mit dem Zionismus bekannt wurde:

»Daß mich der Zionismus erfaßte und dem Judentum neu angelobte, war, ich wiederhole es, nur der erste Schritt. Das nationale Bekenntnis allein verwandelt den jüdischen Menschen nicht; er kann mit ihm ebenso seelenarm, wenn auch wohl nicht ebenso haltlos sein wie ohne es.«

Und gerade weil die zionistische Agitationsarbeit dem engagierten Mitarbeiter Theodor Herzls nicht genügt, gerade weil er das Bedürfnis hat, die Zionssehnsucht seines Volks tiefer zu gründen, konzentriert sich der mystischer Erfahrung zugewandte junge Buber auf die Inhalte »schöpferischer Urkunden«. Auf diesem Weg gelangt er – nun auf eine ganz andere Weise – zum Chassidismus:[2]

»Und ich las – las, erst immer wieder von spröder, ungestalter Materie abgestoßen, allmählich die Fremdheit überwindend, das Eigne entdeckend, das Selbst anschauend, mit wachsender Andacht. Bis ich eines Tages ein Büchlein aufschlug, das ›Zewaath Ribesch‹ – das ist: das Vermächtnis des Rabbi Israel Baal-Schem – betitelt war, und die Worte mir entgegenblitzten: ›Er ergreife die Eigenschaft des Eifers gar sehr. Er erhebe sich im Eifer von seinem Schlaf, denn er ist geheiligt und ein andrer Mensch worden und ist würdig zu zeugen und ist worden nach der Eigenschaft des Heiligen, gesegnet sei er, als er Welten erzeugte.‹«

Mit diesen Worten ist der andere biographische Ort bezeichnet, an dem Buber, realer als es der Knabe einst vermochte, jetzt existentiell-intensiv, chassidischer Wirklichkeit begegnet. Deshalb kann er in seinem Bericht fortfahren:

---

[2] Hierzu ausführlicher Gerhard Wehr: Der Chassidismus. Mysterium und spirituelle Lebenspraxis. Freiburg 1978.

»Da war es, daß ich, im Nu überwältigt, die chassidische Seele erfuhr. Urjüdisches ging mir auf, im Dunkel des Exils zu neubewußter Äußerung aufgeblüht: die Gottesebenbildlichkeit des Menschen als Tat, als Werden, als Aufgabe gefaßt. Und dieses Urjüdische war ein Urmenschliches, der Gehalt menschlichster Religiosität. Das Judentum als Religiosität, als ›Frömmigkeit‹, als Chassiduth ging mir da auf. Das Bild aus meiner Kindheit, die Erinnerung an den Zaddik und seine Gemeinde stieg empor und leuchtete mir: ich erkannte die Idee des vollkommenen Menschen. Zugleich wurde ich des Berufs inne, sie der Welt zu verkünden.«

Damit ist eine Lebenswende deutlich markiert. Sie fällt in die ersten Jahre nach dem Jahrhundertbeginn. Buber steht vor einem geistigen Abenteuer besonderer Art; denn das aus der Tradition jener ostjüdischen »Frommen« Aufgeschriebene ist der uns gewohnten Weise geschichtlicher oder biographischer Mitteilung ziemlich fremd. Märchenhaftes und Wundererzählungen sind mit allegorisierenden Texten und mit sinnbildhaften Beispielerzählungen verwoben. Dichtung und historische Wahrheit gehen ineinander über. Dazu kommen offensichtliche Entstellungen, wodurch die vorausgegangene mündliche Überlieferung des zu Erzählenden nicht gerade an Zuverlässigkeit gewinnt. Buber spricht von Entstellungen des Inhalts und von der »Trübung der reinen Farben«. Er beginnt ohne besondere Absicht mit der Übersetzung der korrumpierten jiddischen Vorlagen. Es sind Märchen, die er zuerst vornimmt. Als eventuelle spätere Leser denkt er sich Kinder, die ihre Freude an den absonderlichen Begebenheiten haben mögen. Diese chassidischen Erzählungen scheinen, wie er meint, mit den Geschichten aus Tausendundeiner Nacht verwandt zu sein. Doch das Ergebnis dieser Übersetzungsarbeit enttäuscht ihn:

»Als ich fertig war, schien mir, was vor mir lag, dürftiger, als ich vermeint hatte, den verwandten Geschichten aus Tausend-und-einer-Nacht durchaus unebenbürtig. Als ich eine von ihnen gedruckt sah – nämlich in einem Sammelbuch für Kinder –, war ich vollends enttäuscht.«

Buber gibt jedoch nicht auf. So unansehnlich das literarische Resultat seiner Bemühungen ist – die Ahnung, daß wertvolles spirituelles Gut in jenen exemplarischen Geschichten verborgen liegt, das es verdient, für Juden und Nichtjuden erschlossen zu werden, wird ihm zur Gewißheit.

Er sagt sich: Wenn es nicht gelingt, auf dem Wege der Übertragung an die verborgenen Schätze heranzukommen, dann muß man einen anderen Zugang erproben.

Die Entscheidung, die Buber trifft, ist folgenreich. Sie ruft zunächst die große Schar der Bewunderer und der Freunde der chassidischen Botschaft auf den Plan. Ja, das Interesse an der Glaubenswelt und an der Lebenswirklichkeit der Chassidim kann im Grunde erst jetzt entstehen.

Auf der anderen Seite melden sich auch Stimmen der Kritik an der Art und Weise von Bubers Vorgehen, vor allem an der Art, wie er mit den Grundtexten verfährt. Hinsichtlich seines wissenschaftlichen Rangs und seiner religionswissenschaftlichen Kompetenz ist Bubers eigener Schüler und jüngerer Freund, Gershom Scholem, in der Schar der Kritiker an erster Stelle zu nennen.

Wie also entscheidet sich Buber? – Ganz bewußt verzichtet er fortan auf eine textnahe Übersetzung aus dem Hebräischen beziehungsweise aus dem Jiddischen. Von seiner Vorlage läßt er sich vielmehr inspirieren, um künstlerisch aus seinem Eigenen heraus jene Reinheit der Form und der Aussage zu schaffen, die durch eine bloße Übertragung des entstellten Urtextes nicht zu erzielen ist.

»Ich muß die Geschichten, die ich in mich aufgenommen hatte, aus mir heraus erzählen, wie ein rechter Maler die Linien des Modells in sich aufnimmt und aus dem formenden Gedächtnis das echte Bild zustandebringt.«

Damit hat der Charismatiker über den Wissenschaftler, der Liebhaber des Wortes über den historisch-kritisch arbeitenden Philologen und Religionsgeschichtler gesiegt. Der Künder der chassidischen Botschaft hat dem Gebot jener Kongenialität zu folgen, die sich etwa in dem Satz manifestiert:

»Ich erlebte, auch in den Stücken, die ich völlig neu einfügte, meine Einheit mit dem Geiste (der Chassidim). Ich hatte eine wahre Treue gefunden: zulänglicher als die unmittelbaren Jünger empfing und vollzog ich den Auftrag, ein später Sendling in fremdem Sprachbereich.«

Der hohe Anspruch, der in diesen Worten liegt, ist kaum einer Steigerung fähig. Eingelöst und bestätigt ist er allein durch das entstandene Werk selbst, durch die sogenannten »chassidischen Bücher« und durch deren Deutung, nicht am wenigsten durch die Wirkung, die von ihnen in der westlichen Welt seit Jahrzehnten ausgeht.

Klar ist auch das andere: Durch diese seine Entscheidung für den Schritt von der wörtlichen Übersetzung zur Neuschöpfung chassidischer Erzählungen hat Buber den Grundstein gelegt zum ersten Teil seines eigenen schriftstellerischen Werkes, das sich ziemlich klar abgrenzbar in den erwähnten drei großen Werkeinheiten präsentiert.

Geschichtlich-biographisch gesehen, stehen diese Bemühungen um die Vergegenwärtigung chassidischer Weltdeutung am Anfang, wiewohl sich das Gedankenelement dieses Schaffens durch sein ganzes Leben hindurchzieht. So ist es bemerkenswert, daß sein einziger Roman – Buber nennt ihn »eine Chronik« –, der eine zentrale chassidische Thematik behandelt, erst in den Jerusalemer Jahren Gestalt gewinnt, und zwar ursprünglich in hebräischer Sprache. Buber gesteht einmal:

»Ich habe im Laufe einer langen Arbeit – sie erstreckte sich über mehr als vier Jahrzehnte – keinen besseren Weg dazu (nämlich zur chassidischen Spiritualität) gefunden, als die mir vorliegende Scheinform mit ihrer Dürftigkeit oder Umständlichkeit, ihren Dunkelheiten und ihren Abschweifungen zunächst aufzugeben und den gemeinten Vorgang ... so genau wie möglich zu rekonstruieren und ihn in der ihm seiner Art nach angemessenen Form so klar wie möglich zu erzählen ...«

Es liegt nahe, Bubers Arbeit mit derjenigen eines Elias Lönnrot, des Sammlers und Gestalters des alten finnischen Kalevala-Epos, oder mit dem Beispiel der Gebrüder Grimm zu vergleichen. Der Unterschied zu jenen ist jedoch nicht zu verkennen. Bubers Stoff war schon aufgrund der problematischen Überlieferungsgestalt nicht geeignet, in einer solchen Weise zu einem Ganzen wie dem Kalevala oder in der Breite Grimmscher Märchen geformt zu werden. Die anekdotische Gestaltung bot sich noch aus einem weiteren Grund an: Buber erläutert hierzu:

»Das Überwiegen der Anekdote geht zunächst auf die allgemeine Tendenz des jüdischen Diaspora-Geistes zurück, Vorgänge der Geschichte und der Gegenwart ›pointiert‹ zu fassen: die Vorgänge werden so berichtet, ja bereits so erlebt, daß sie etwas ›sagen‹, aber nicht dies allein, sondern der Vorgang wird so herausgeschält und angeordnet, daß er in etwas wirklich Gesagtem kulminiert. Das wird nun freilich im Chassidismus durch die Tatsachen selber begünstigt: Der Zaddik äußert die Lehre, unbewußt oder bewußt, in Handlungen, die sinnbildlich wirken, und sie gehen oft in einen Spruch über, der sie ergänzt.«

Aus diesem Grund sprach Buber von einer »sinnbildlichen und sakramentalen Existenz im Judentum«. Im Rahmen einer Eranos-Tagung sprach Martin Buber 1934 erstmals über dieses Thema. – Doch lassen wir einige dieser anekdotischen Erzählungen selbst auf uns wirken, wie sie Buber in seinen chassidischen Büchern niedergelegt hat. Den Kritikern sei so viel vorweg zugestanden: Wiewohl der Erzähler und der literarisch Gestaltende seine Treue zum chassidischen Überlieferungsgut beteuert, so kann und darf Buber sein existentielles Dabeisein nicht zurücknehmen. Indem er einem Zaddik, einem chassidischen Rebbe, das Wort gibt, ist es doch Bubers Stimme, die spricht. Es ist Richtung und Intensität seines eigenen Erlebens, das sich vom chassidischen Geistfeuer entflammen läßt. Da wird von Israel ben Elieser, dem Baal-Schem, erzählt:

»Einmal war der Sinn des Baal-Schem so gesunken, daß ihm schien, er könne keinen Anteil an der kommenden Welt haben. Da sprach er zu sich: ›Wenn ich Gott liebe, was brauche ich da eine kommende Welt?‹«

»An einem Abend des Festes der Freude an der Lehre tanzte der Baal-Schem selber mit seiner Gemeinde. Er nahm eine Schriftrolle in seine Hand und tanzte mit ihr. Dann tat er die Rolle aus der Hand und tanzte ohne sie. In diesem Augenblick sagte einer der Schüler, der mit den Bewegungen des Baal-Schem sonderlich vertraut war, zu den Gefährten: ›Jetzt hat unser Meister die leibliche Lehre aus der Hand getan und hat die geistige Lehre an sich genommen.‹«

Religiöse Unmittelbarkeit findet in den Erzählungen vielfältigen Ausdruck. Der Ort der Gottesbegegnung ist daher nicht in den außerordentlichen Augenblicken oder in besonderen religiösen Riten zu suchen, sondern mitten im Alltag. So fragte einer seinen Sohn:

»Womit betest du?« – Der Sohn verstand den Sinn der Frage: auf welche Betrachtung er sein Gebet gründe. Er antwortete: »Mit dem Spruch: Jeglicher Hochwuchs, vor dir neige er sich.« Dann fragte er den Vater: »Und womit betest du?« Er sprach: »Mit der Diele und mit der Bank.«

Ähnlich wird von einem berühmten chassidischen Heiligen erzählt, er habe gesagt:

»Ich bin nicht zum ›Maggid‹ von Meseritz gegangen, um Thora von ihm zu lernen, sondern um zu sehen, wie er seine Schuhbänder knüpft.«

»Durch Rabbi Nachman von Bratzlaw ist uns dieser Spruch seines Urgroßvaters, des Baal-Schem-Tow, überliefert: ›Wehe, die Welt ist voll gewaltiger Lichter und Geheimnisse, und der Mensch verstellt sie sich mit seiner kleinen Hand.‹«

»Mosche Chajim Efraim, der Enkel des Baal-Schem, ergab sich in seiner Jugend dem Lernen und wurde ein großer Lehrbeflissener, bis er um ein weniges vom chassidischen Wege abbog. Sein Großvater, der Baal-Schem, legte es darauf an, des öfteren sich mit ihm außerhalb der Stadt zu ergehen, und er folgte ihm, wenn auch mit einigem Widerstreben, da es ihm um die Zeit leid war, die er zum

Lernen hätte verwenden können. Einmal kam ihnen ein Wanderer aus einer anderen Stadt entgegen. Der Baal-Schem fragte ihn nach einem seiner Mitbürger: ›Das ist ein großer Lehrbeflissener‹, antwortete er. ›Ich beneide ihn um seine Lehrbeflissenheit‹, sagte der Baal-Schem. ›Was soll ich tun? Ich habe keine Zeit zum Lernen, weil ich dem Schöpfer dienen muß.‹ Von Stund an wandte sich Efraim wieder mit aller Kraft dem chassidischen Wege zu.«

Von Rabbi Levi Jizchak von Berditschew sind Erzählungen und Anekdoten überliefert, die in ihrer Weise das spezifisch Chassidische zum Ausdruck bringen. Aus der einen geht hervor, inwiefern selbst das Böse, das Mangelhafte zum Weg zu Gott werden kann. Da heißt es:

»Der Berditschewer ging einst auf der Straße auf einen Mann zu, der ein hohes Amt innehatte und ebenso böse wie mächtig war, faßte ihn am Saum seines Rockes und sprach zu ihm: ›Herr, ich beneide dich. Wenn du zu Gott umkehrst, wird aus jedem deiner Flekken ein Lichtstrahl werden, und du wirst ganz zu Licht gedeihen. Herr, ich beneide dich um dein großes Leuchten!‹«

In der Gemeinde Rabbi Levi Jizchaks war ein Vorbeter heiser geworden. Er fragte ihn:
»Wie kommt es, daß Ihr heiser seid?« – »Das ist«, antwortete der Vorbeter, »weil ich vor dem Pult gebetet habe.« – »Ganz recht«, sagte der Rabbi, »wenn man vor dem Pult betet, wird man heiser, aber wenn man vor dem lebendigen Gott betet, wird man nicht heiser.«

»Von Perle, der Frau des Berditschewers, ist ein Gebet überliefert. Wenn sie die Sabbatbrote knetete und buk, pflegte sie zu beten: ›Herr der Welt, ich bitte dich, hilf mir, daß mein Levi Jizchak, wenn er am Sabbat über diese Brote den Segen spricht, dasselbe im Sinn habe wie ich in dieser Stunde, da ich sie knete und backe.‹«

Schließlich wird dem Berditschewer Rabbi das Lied »Du« zugeschrieben; es lautet:

»Wo ich gehe – du!
Wo ich stehe – du!
Nur du, wieder du, immer du!
Du, du, du!
Ergeht's mir gut – du!
Wenn's weh mir tut – du!
Nur du, wieder du, immer du!
Du, du, du!
Himmel – du, Erde – du,
Oben – du, unten – du,
Wohin ich mich wende, an jedem Ende
Nur du, wieder du, immer du!
Du, du, du!«

Ehe wir, dieses Leitwort aufnehmend, zu Bubers anderer Schaf-
fenseinheit, zu seiner Ich-Du-Philosophie, übergehen, sei mit
einem Wort aus »Die chassidische Botschaft« zusammengefaßt,
worin chassidisches Frommsein eigentlich besteht. Buber nennt es
eine »Verbindung von Lehrreinheit und Volkstümlichkeit«:

»Die Verbindung von Lehrreinheit und Volkstümlichkeit ist durch
den Grundgehalt der chassidischen Lehre, die Heiligung alles Welt-
lichen, ermöglicht.
Es gibt innerhalb der Menschenwelt keine Scheidung zwischen
Hohem und Niederm; jedem ist das Höchste offen, jedes Leben hat
seinen Zugang zur Wesenheit, jede Art ihr ewiges Recht, von jedem
Ding führt ein Weg zu Gott, und jeder Weg, der zu Gott führt, ist
der Weg.«

Nun ist von Martin Buber als von dem Denker des Gesprächs und
der Begegnung, von dem maßgeblichen Mitbegründer und Wiederentdecker der Ich-Du-Philosophie in diesem Jahrhundert zu sprechen.
Geht man den Spuren des dialogischen Prinzips in der Geistesgeschichte nach, dann stößt man auf Wahrnehmungen und Ahnungen
von der Wesensbeziehung, die zwischen zwei Menschen bestehen
kann.

Denker wie Hamann und Wilhelm von Humboldt, Fichte und Ludwig Feuerbach gehören zu den Wegbereitern der Ich-Du-Philosophie. In einem Brief Jacobis aus dem Jahr 1775 heißt es:

»Ich öffne Aug' und Ohr, oder ich strecke meine Hand aus, und fühle in demselben Augenblick unzertrennlich: Du und Ich, Ich und Du.«

Zehn Jahre später formuliert derselbe Jacobi:

»Ohne Du ist das Ich unmöglich.«

Und selbst Johann Gottlieb Fichte, der als Vertreter der idealistischen Ich-Philosophie apostrophiert werden kann, schreibt den Satz nieder:

»Das Bewußtsein des Individuum ist notwendig von einem andern, dem eines Du, begleitet und nur unter dieser Bedingung möglich.«

Zu den ersten, den sich nach der Jahrhundertwende die Ich-Du-Qualität als eine Beziehung erschloß, gehört Martin Buber. Um ihn herum gruppieren sich »Dialogiker«, die in unbewußter Gleichzeitigkeit auf eigenen Denk- und Schicksalswegen ähnliche Entdeckungen oder Wiederentdeckungen machen. Es sind dies beispielsweise: der österreichische Volksschullehrer Ferdinand Ebner, der Sozialphilosoph Eugen Rosenstock-Huessy, die beiden jüdischen Philosophen Hermann Cohen und Franz Rosenzweig. Gabriel Marcel gesteht von sich selbst:

»Durch einen merkwürdigen Zufall habe ich die besondere Wirklichkeit des Du etwa zur gleichen Zeit entdeckt, zu der Buber sein kleines Werk – »Ich und Du« – verfaßte.«

Sprachen wir im ersten Teil davon, daß das chassidische Motiv bei Buber bereits in früher Jugend angeschlagen worden sei, so gibt es auch für seine philosophische Thematik eine entsprechende Parallele. Es handelt sich um seine früheste Erinnerung überhaupt. Sie geht ins vierte Lebensjahr zurück und hat mit der Mutter zu tun, die der kleine Martin seit seiner Übersiedlung von Wien nach Lemberg entbehren muß. Die Großeltern vermeiden es, vor dem Kind über die endgültige Trennung der Eltern zu sprechen. Buber erinnert sich:

»Das Kind selber erwartete, seine Mutter bald wiederzusehen, aber es brachte keine Frage über die Lippen. Dann begab sich einmal, was ich hier zu erzählen habe: Das Haus, in dem meine Großeltern wohnten, hatte einen großen quadratischen Innenhof, umgeben von einem bis ans Dach reichenden Holzaltan, auf dem man in jedem Stockwerk den Bau umschreiten konnte. Hier stand ich einmal, in meinem vierten Lebensjahr, mit einem um mehrere Jahre älteren Mädchen, der Tochter eines Nachbarn, deren Aufsicht mich die Großmutter anvertraut hatte. Wir lehnten beide am Geländer. Ich kann mich nicht erinnern, daß ich zu meiner überlegenen Gefährtin von meiner Mutter gesprochen hätte. Aber ich höre noch, wie das große Mädchen zu mir sagt: ›Nein, sie kommt niemals zurück.‹ Ich weiß, daß ich stumm blieb, aber auch, daß ich an der Wahrheit des gesprochenen Wortes keinen Zweifel hegte. Es blieb in mir haften, es verhaftete sich von Jahr zu Jahr immer mehr in meinem Herzen. Aber schon nach etwa zehn Jahren hatte ich begonnen, es als etwas zu spüren, was nicht bloß mich, sondern den Menschen anging. Später habe ich mir das Wort ›Vergegnung‹ zurechtgemacht, womit etwa das Verfehlen einer wirklichen Begegnung zwischen Menschen bezeichnet war.«

In seinen autobiographischen Fragmenten fügt Buber selbst eine Deutung dieser Begebenheiten bei, wenn er dort schreibt:

»Ich vermute, daß alles, was ich im Lauf meines Lebens von der echten Begegnung erfuhr, in jener Stunde auf dem Altan seinen ersten Ursprung hat.«

Da ist noch eine andere Episode, die des exemplarischen Charakters nicht entbehrt. Sie spielt auf dem Gut des Vaters, das Martin während der Sommerferien von Lemberg aus besuchen darf. Unbeobachtet schleicht sich der Junge in den Pferdestall zu seinem Liebling, einem breiten Apfelschimmel, und krault ihm den Nacken:

»Das war für mich nicht ein beiläufiges Vergnügen, sondern eine große, zwar freundliche, aber doch auch tief erregende Begebenheit. Wenn ich sie jetzt, von der sehr frisch gebliebenen Erinnerung meiner Hand aus, deuten soll, muß ich sagen: was ich an dem Tier erfuhr, war das Andere, die ungeheure Anderheit des Anderen, die aber nicht fremd blieb, wie die von Ochs und Widder, die mich vielmehr ihr nahen, sie berühren ließ.«

Und noch konkreter sucht der Berichterstatter dieses Erlebnis als eine leibhafte Erfahrung zu fassen, um sie deutend ins Bewußtsein heben zu können, wenn er fortfährt:

»Wenn ich über die mächtige, zuweilen verwunderlich glattgekämmte, zu andern Malen ebenso verwunderlich wilde Mähne strich und das Lebendige unter meiner Hand leben spürte, war es, als grenzte mir an die Haut das Element der Vitalität selber, etwas, das nicht ich, gar nicht ich war, gar nicht ich-vertraut, eben handgreiflich das Andere, nicht ein anderes bloß, wirklich das Andere selber, – und mich doch heranließ, sich mir anvertraute, sich elementar mit mir auf Du und Du stellte ...«

Was diese Episoden aus den autobiographischen Fragmenten zum Ausdruck bringen, ihr Gehalt an dialogischer Qualität, hat sich tief in den Heranwachsenden eingeprägt. Ja, sie bezeichnen die Elemente, aus denen Martin Buber sein Leben und sein Werk auferbauen konnte. Wir werden jedenfalls nicht fehlgehen, wenn wir annehmen, daß der Autor diese Notizen als Leitmotive seines Lebensgangs und seiner Gedankenwege verstanden wissen wollte. Sie sagen qualitativ mehr als ein detaillierter Bericht mit vielen äußeren Begebenheiten. Denn wesentlich ist ihm fortan, was sich »zwischen« Menschen, auch zwischen Menschen und Dingen, begibt, was zu »Begegnung« führt oder was »Vergegnung« verursacht, indem Menschen durch eine beziehungvereitelnde Distanz voneinander geschieden werden.

Freilich bedurfte es eines langen, an Umwegen reichen Entwicklungsprozesses, ehe das in früher Kindheit Erfahrene im gelebten Leben und im Gedankenwerk verwirklicht werden konnte.

Worin bestehen nun die gedanklichen Bausteine des dialogischen Denkens, das – abgesehen von mancherlei früheren Ansätzen – bei Martin Buber mit der philosophischen Grundschrift »Ich und Du« anhebt und das sich von da aus zu einer dialogisch ausgerichteten Anthropologie und Soziologie ausweitet?

Sicher ist, daß die Bubersche oder doch die von Buber übernommene Formel »Ich und Du« weder eine bloße Konstruktion rationaler Bemühung ist noch durch eine außerordentliche Inspiration ohne eigenes Zutun empfangen wurde. Man könnte eher in Anlehnung an eine Formulierung Bubers sagen: Sie wurde »erdient«; sie wurde auf einem weit ausholenden Weg erwandert. Bis in die Sprachgestaltung hinein ist spürbar, daß hier einer spricht, der gewisse Stadien eines inneren Erlebens durchschritten hat. Hugo Bergmann teilt die Vermutung, »Buber habe auf die Benutzung seiner großen esoterischen Begabung Verzicht geleistet aus Treue zu seiner Lebensaufgabe im Judentum, aus der ihn der ›Okkultismus‹ seiner jungen Jahre leicht herausgeführt hätte.« Diese Bemerkung spielt auf die mystische Phase an, die der junge Buber in der Zeit vor dem Ersten Weltkrieg zu durchlaufen hatte; ehe er zum konkreten Du fand, bedurfte es einer »Bekehrung«. Sie ist vollzogen, als er 1923 sein Büchlein »Ich und Du« so beginnen läßt:

»Die Welt ist dem Menschen zwiefältig nach der Zwiefalt der Grundworte, die er sprechen kann.
Die Grundworte sind nicht Einzelworte, sondern Wortpaare.
Das eine Grundwort ist das Wortpaar Ich-Du.
Das andere Grundwort ist das Wortpaar Ich-Es …
Somit ist auch das Ich des Menschen zwiefältig. Denn das Ich des Grundworts Ich-Du ist ein andres als das des Grundworts Ich-Es.«

Und weiter heißt es von diesen beiden Wortpaaren:

»Das Grundwort Ich-Du kann nur mit dem ganzen Wesen gesprochen werden.

Es gibt kein Ich an sich, sondern nur das Ich des Grundworts Ich-Du und das Ich des Grundworts Ich-Es. Wer Du spricht, hat kein Etwas zum Gegenstand ... Wer Du spricht, hat kein Etwas, hat nichts. Aber er steht in der Beziehung.
Durch jedes uns gegenwärtig Werdende blicken wir an den Saum des ewigen Du hin, aus jedem vernehmen wir ein Wehen von ihm, in jedem Du reden wir das Ewige an, in jeder Sphäre nach ihrer Weise ...
Beziehung ist Gegenseitigkeit.
Alles wirkliche Leben ist Begegnung.
Liebe ist Verantwortung eines Ich für ein Du.
Die Schöpfung offenbart ihre Gestaltigkeit in der Begegnung.
Im Anfang ist die Beziehung.
Der Mensch wird am Du zum Ich ...«

Diese lapidaren, mantramartigen Sätze bedürfen des meditativen Bewegtwerdens, wenn sie sich erschließen sollen. Sie bedürfen der Erprobung. Zunächst muß man sich aber darüber klarwerden, was Buber mit den Grundwortpaaren »Ich-Du« und »Ich-Es« meint: Buber verwendet nicht ein Einzelgrundwort, etwa »Ich«, weil es ihm nicht um die Erhellung eines An-Sich-Seins geht. Nicht »Ich« für sich genommen interessiert ihn; denn erst am Du wird der Mensch, der es eigentlich werden soll. So meint Buber ein Mit-Sein; er meint, was das Ich im Verhältnis zu seinem personalen Gegenüber ist. Nun sind aber, wie der erste Satz der Buberschen Grundschrift besagt, zwei Haltungen des Menschen möglich: Die eine ist die Haltung des Ich zu einem Du; die andere ist die Haltung des Ich zu einem Es. »Zwiefältig« ist das Ich des Menschen insofern, als jede der beiden Haltungen des Menschen ein anderes Verhältnis, eine andere Verhältnisqualität zum gegebenen Gegenüber einschließt.
Worin besteht der Unterschied? –
Er besteht in folgendem: »Ich-Du« anerkennt ein personales Gegenüber. »Ich-Es« läßt dagegen nur ein Es, also ein Objekt, gelten, zu dem sich das Ich wie ein Subjekt, aber nicht wie eine Person verhält. Spreche ich »du«, dann bejahe ich eine Person und trete damit in eine Beziehung zu diesem konkreten Du ein. Es kommt, jeden-

falls im zwischenmenschlichen Bereich, zum Prozeß einer vollen
Gegenseitigkeit, denn auch das mir gegenüberstehende Du ist ja ein
Ich; dieses Ich findet in mir sein konkretes Du.
Anders bei »Ich-Es«. Wo das Gegenüber als ein bloßes objekthaftes
Es betrachtet wird, etwa von einer Zuschauerhaltung aus wie ein
Ding in Augenschein genommen wird, da ist Beziehung echter per-
sonhafter Hinwendung ausgeschlossen. In dieser Es-Welt werden
Menschen zu Funktionsträgern, zu Befehlsempfängern; ihr Rang,
ihr Titel, die ihnen zugewiesene Rolle läßt uns die vitale Einmaligkeit der Person vergessen. Wir sprechen von der Antlitzlosigkeit, die
uns umgibt, alles Menschlich-Duhafte erstickend.
Wirkliches Leben ist daher nur präsent, wo sich die Ich-Du-Beziehung ereignet. Wo also das Du angesprochen, das Du gemeint wird,
da erlangt der Mensch erst sein Menschsein. Buber sagt daher:

»Ich werdend, spreche ich Du.«

Eine wichtige Aussage der vorhin zitierten Sätze darf nicht überhört
werden, nämlich jene, die vom »ewigen Du« spricht:

»In jedem Du reden wir das Ewige an ...«

Denkt Buber hier etwa an den »transzendenten Ort der Gruppen-
kräfte«, von dem sein philosophischer Lehrer Georg Simmel redet
und »Gott« meint? – Fest steht, daß eine neue Dimension ins Blickfeld rückt. Chassidische Einsichten schimmern durch. Und so stark
Bubers menschlich-mitmenschliches Interesse auch sein mag, es erschöpft sich keineswegs in der mitmenschlichen Sphäre; denn in,
mit und unter der Ich-Du-Beziehung verwirklicht sich für ihn die
Gottesbeziehung. Hier ist der Ort der Gottesbegegnung. Die vertikale Dimension manifestiert sich. Es ist nicht so, als ob die Vertikale
der Gottesbeziehung zugunsten der horizontal-mitmenschlichen
Dimension reduziert sei.
Vor einer derartigen Verkürzung oder Reduktion mag den Philosophen die chassidische Vorstellung von der Einwohnung der göttlichen Schechina – das heißt: der Gottesherrlichkeit, die in allem Er-
densein aufleuchtet – bewahrt haben. Es ist nicht die einzige Korre-

spondenz, die sich zwischen den verschiedenen Werkeinheiten bei Buber feststellen läßt.

Verweilen wir noch einen Moment bei dem Wort vom »ewigen Du«, von dem Buber sagt, daß sich in ihm die verlängerten Linien der Beziehung schneiden, und von dem er auch sagt: Jedes einzelne Du biete einen »Durchblick« zum ewigen Du. – Nun haben die Menschen ihr ewiges Du mit vielen, mit sehr verschiedenen Namen angesprochen. Gott, »das beladenste aller Menschenworte«, ist auch das unvergänglichste, und unumgänglichste. Wo aber wird Gott angetroffen? Wo liegt der Ort wahrer Gottesbegegnung? – Bubers Antwort lautet:

»Wer das Wort ›Gott‹ spricht und wirklich ›Du‹ im Sinn hat, spricht, in welchem Wahn immer er befangen sei, das wahre Du seines Lebens an, das von keinem andern eingeschränkt zu werden vermag und zu dem er in einer Beziehung steht, die alle andern einschließt.«

Damit sind die Kirchen, Tempel und Synagogen der Rechtgläubigen aller Zeiten und Zonen ein für allemal verlassen. Da tritt der Jude Buber an die Seite seines »großen Bruders« aus Nazareth, der außerhalb der Tempel und der Lehrhäuser dazu aufruft, Gott »im Geist und in der Wahrheit« anzubeten. Buber geht noch weiter, wenn er fortfährt:

»Aber auch wer den Namen (will sagen: den Gottesnamen) verabscheut und gottlos zu sein wähnt, wenn der mit seinem ganzen hingegebenen Wesen das Du seines Lebens anspricht, das von keinem andern eingeschränkt zu werden vermag, spricht er Gott an.«

Demnach liegt der Ort der Gottesbegegnung in einem Akt der Verwirklichung, in einem Beziehungsakt beschlossen. Buber sieht darin ein Erwähltwerden und ein Erwählen; er sieht Passion und Aktion in einem. Der Mensch muß offenbar nicht aus der Sinnenwelt ekstatisch heraustreten. Das Überschreiten der sinnlichen Erfahrungshorizonte erübrigt sich hier wie bei den ostjüdischen Chassidim, die mit dem beten, womit sie gerade beschäftigt sind. Das

Verlassen der profanen Sinnenwelt erübrigt sich, weil das Eigentliche nicht etwa in einem sakralen Raum zu geschehen hat.

Das Eigentliche ist vielmehr in den Beziehungsvorgang eines vollkommenen Du-Sagens und Du-Meinens hineinverlegt. Denn im irdischen Du begegne ich dem ewigen Du als dem wahren Du meines Lebens. Dieses Du ist mir vorgegeben. Ich muß es nicht in außerordentlichen Personen oder Situationen suchen. Deshalb kann Buber sagen:

»Wer mit dem ganzen Wesen zu seinem Du ausgeht und alles Weltwesen ihm zuträgt, findet ihn, den man nicht suchen kann ... Es gibt in Wahrheit kein Gott-Suchen, weil es nichts gibt, wo man ihn nicht finden könnte.«

Und nochmals: Man findet ihn in der alltäglichen Erdenstunde, mitten im Leben, nicht allein am Rande des Seins oder in den von den Religionsdienern mit Vorliebe in Dienst genommenen Grenzsituationen der menschlichen Existenz, also auch nicht in einem ausgesonderten, als »heilig« dekretierten Bereich. Das Gemeinte hat Buber in den bekenntnishaften Sätzen zusammengefaßt, die sich in seiner kleinen Schrift »Zwiesprache« finden. Dort heißt es:

»Ich besitze nicht mehr als den Alltag, aus dem ich nie genommen werde. Das Geheimnis tut sich nicht mehr auf, es hat sich entzogen oder es hat hier Wohnung genommen, wo sich alles begibt, wie es sich begibt. Ich kenne keine Fülle mehr als die Fülle jeder sterblichen Stunde an Anspruch und Verantwortung.«

Martin Buber, der Botschafter des Chassidismus, der Dialogiker, ist als der Verdeutscher der »Schrift«, die die Christenheit das Alte Testament nennt, in die Geschichte eingegangen. Damit kommen wir auf den dritten Teil seines Werkes zu sprechen. Auch hier könnten wir darauf verweisen, daß er als Enkel und Schüler des großen Midrasch-Gelehrten Salomon Buber schon in seiner Kindheit die Sprache der Bibel erlernte. Doch es fällt auf, daß ihm erst in der Reife seines Lebens der Auftrag der Bibelverdeutschung erteilt wird. Buber hat sich mit seinen chassidischen Büchern längst einen

Namen gemacht, und der philosophische Entwurf liegt in den Grundzügen so gut wie abgeschlossen vor, als der junge, man darf sagen: selbsternannte Verleger Lambert Schneider bei dem berühmten Schriftsteller in Heppenheim anfragt, ob er seinem eben gegründeten Verlag durch eine Bibelübersetzung Profil geben wolle.

Das Unwahrscheinliche geschieht: Der mit namhaften Verlegern vertraute Autor geht auf den Vorschlag des fünfundzwanzigjährigen Lambert Schneider unverzüglich ein. Und selbst Franz Rosenzweig, der noch kurz zuvor die Unmöglichkeit, ja die Illegitimität einer neuen Bibelübersetzung behauptet hat, läßt sich von seinem Freund Martin Buber überzeugen und für die gemeinsame Arbeit gewinnen. Es ist Frühjahr 1925. Mit Jahresfrist liegt der erste Teilband der Übersetzung des Buches Genesis vor. Er trägt die Aufschrift:

»Die Schrift – Zu verdeutschen unternommen von Martin Buber gemeinsam mit Franz Rosenzweig – (1) Das Buch ›Im Anfang‹.«

Und so hebt das Buch der Bücher an:

»Im Anfang schuf Gott den Himmel und die Erde.
Die Erde aber war Irrsal und Wirrsal.
Finsternis über Urwirbels Antlitz.
Braus Gottes schwingend über dem Antlitz der Wasser.
Gott sprach: Licht werde! Licht ward.
Gott sah das Licht, daß es gut war.
Gott schied zwischen dem Licht und der Finsternis.
Gott rief dem Licht: Tag! und der Finsternis rief er: Nacht!
Abend ward und Morgen ward: ein Tag.«

Ein lebhaftes Echo erfolgt. Aus Lemberg schreibt der Vater Carl Buber:

»Die rhythmischen Übersetzungen des Bibeltextes sind formvollendet und wirken ganz eigenartig auf den Leser. Ich glaube, daß Du einen großen Erfolg in der ganzen Welt haben wirst, der auf uns alle fallen wird ...«

Aus Cottbus schreibt der Sohn Rafael, der bei keinem Geringeren als Samuel Josef Agnon Hebräisch gelernt hat:

»Die Genesis ist sehr schön in Deiner Übertragung. Ich lese gern drin und habe dabei oft das Gefühl, ich lese hebräisch. Ich glaube, du wirst verstehen, was ich damit meine. Es ist eben nicht nur die getreue Übersetzung im Rhythmus der Bibel, sondern es ist der Urtext in der schönen deutschen Sprache. Ich lese ihn jedenfalls deutsch und begreife ihn hebräisch ...«

Was waren nun die inneren Gründe, die für eine völlige Neuverdeutschung sprachen? Buber und Rosenzweig weisen in ihren Aufsätzen zur Bibel darauf hin, daß die Schrift zu einer Art Palimpsest geworden sei, das heißt zu einem Dokument, dessen ursprüngliche Schriftzeichen überdeckt sind:

»Die ursprünglichen Schriftzüge, Sinn und Wort von erstmals, sind von einer geläufigen Begrifflichkeit teils theologischer, teils literarischer Herkunft überzogen, und was der heutige Mensch gewöhnlich liest, wenn der ›das Buch‹ aufschlägt, ist jenem lauschenden Sprechen, das sich hier eingetragen hat, so unähnlich, daß wir allen Grund hätten, solcher Scheinaufnahme die achselzuckende Ablehnung vorzuziehen, die ›mit diesem Zeug nichts mehr anzufangen weiß‹. Das gilt nicht etwa bloß für das Lesen von Übersetzungen, sondern auch für das des Originals.«

Buber sagt auch, worin er die Ursache für diesen Sachverhalt erblickt, indem er auf einen wichtigen, vom schweigenden Leser meist gar nicht beachteten Wesenszug biblischer Rede aufmerksam macht:

»Die hebräischen Laute selber haben für einen Leser, der kein Hörer mehr ist, ihre Unmittelbarkeit eingebüßt; sie sind von der stimmlosen theologisch-literarischen Beredsamkeit durchsetzt und werden durch sie genötigt, statt des Geistes, der in ihnen Stimme gewann, einen Kompromiß der Geistigkeiten zweier Jahrtausende auszusagen. Die hebräische Bibel selber wird als Übersetzung gelesen, als schlechte Übersetzung, als Übersetzung in die verschliffene Begriffssprache, ins angeblich Bekannte, in Wahrheit nur eben Geläufige. An die Stelle der ehrfürchtigen Vertrautheit mit ihrem Sinn und ihrer Sinnlichkeit, die die Schrift fordert, ist ein Gemisch von erkenntnislosem Respekt und anschauungsloser Familiarität getreten.«

Konfrontiert man das Gesagte mit Überlegungen, die zur Befürwortung sogenannter »moderner« Bibelübersetzungen geführt haben, dann ist die Diskrepanz zwischen ihnen und dem Unternehmen Bubers eine erhebliche. Und was den Vorwurf einer »verschliffenen Begriffssprache« anlangt, so will Buber den Eindruck tilgen, als liege der biblischen Rede, die noch »An-Rede« ist, lediglich ein theologischer Gedankengehalt zugrunde, als gehe es lediglich um eine lehrhafte Sachinformation.

Buber gibt zu bedenken, daß »echte Botschaft« und »echter Spruch« in einer anderen Sprache nicht in beliebiger Weise ausgerufen werden können, wenn mit der Veränderung der Sprachleiblichkeit nicht auch der Inhalt und die ursprüngliche Intention verfälscht werden sollen.

Buber denkt an das Einmalige der ergangenen Offenbarung, die in einem konkreten geschichtlichen Augenblick durch eine menschliche Stimme artikuliert worden ist.

Selbst in den geistigen Begriffen ströme der »Grundstoff althebräischer Sinnlichkeit«, spanne sich die »straffe Spannung der althebräischen Satz-Architektur, die althebräische Art, nah beieinander stehende, aber auch voneinander entfernte Worte durch Wurzelverwandtschaft aufeinander zu beziehen«, heißt es in dem Aufsatz »Über die Wortwahl«, den Buber seinem früh verstorbenen Freund Rosenzweig widmete.

Und eben diese Einsichten galt es bei der Verdeutschung zu berücksichtigen. Von daher rühren gewisse Verfremdungseffekte, die sich beim Lesen der Buberschen Übersetzung im besonderen bei dem einstellen, der mit der Eigenart der hebräischen Urgestalt nicht vertraut ist. Und gerade ihm ist die neuverdeutschte Schrift zugedacht. Sinn und Sinnlichkeit sollen selbst durch die Übersetzung hindurch in ihrer Einheit und Ursprungsnähe erfahren werden können. Vor allem anhörbar muß diese Einheit sein, wenn die gerügte »anschauungslose Familiarität« vermieden werden soll. Was das heißt, wird deutlich, wenn man sich, laut vorlesend, in Bubers »Schrift« vertieft. Hierfür ein Beispiel, der erste Psalm aus dem Buch der »Preisungen«. Er beginnt:

»O Glück des Mannes,
der nicht ging im Rat der Frevler,
Den Weg der Sünder nicht beschritt,
am Sitz der Dreisten nicht saß,
sondern Lust hat an SEINER Weisung,
über seiner Weisung murmelt tages und nachts ...«

Bei Luther lautet diese letzte Verszeile:

»... und redet von seinem Gesetz Tag und Nacht ...«

Es ist aber nicht ein Reden »über« etwas gemeint. Buber rückt vor unser inneres Auge vielmehr das Bild eines Menschen, der, über die Thora-Rolle gebeugt, das Wort der Schrift laut ausspricht. So hat er es erlebt, als er mit dem Vater oder mit dem Großvater einst in Galizien die Synagoge oder die Betstube der Chassidim aufsuchte. Und wenn er auch fortan die Synagogengottesdienste mied, an der in ihm lebendig gebliebenen Vätertradition der Anredbarkeit Gottes hat er auch und gerade als Verdeutscher der Schrift festgehalten, ja er hat sie für uns erst wieder in Kraft gesetzt. In der gemeinsam mit Rosenzweig verfaßten, im Jahr 1936 herausgegebenen Publikation über »Die Schrift und ihre Verdeutschung« heißt es daher zu unserer Frage:

»Meinen wir ein Buch? – Wir meinen die Stimme. Meinen wir, daß man lesen lernen soll? – Wir meinen, daß man hören lernen soll. Kein andres Zurück als das der Umkehr, die uns um die eigne Achse dreht, bis wir nicht etwa auf eine frühere Strecke des Wegs, sondern auf den Weg geraten, wo die Stimme zu hören ist! Zur Gesprochenheit wollen wir hindurch, zum Gesprochenwerden des Worts!«

Aus der Fülle der Gesichtspunkte, die Buber in diesem Zusammenhang zur Geltung brachte, sei abschließend wenigstens noch einer erwähnt, wenn wir bedenken, daß die historisch-kritische und die formgeschichtliche Forschung die einzelnen biblischen Bücher aus mannigfachen Elementen der Überlieferung und aus verschiedenen Quellenschriften zusammengesetzt sieht. Bubers Blick ist hingegen auf die Ganzheit einer Komposition gerichtet, die letztlich keine literarkritische Analyse verträgt, wenn er schreibt:

»Biblische Texte sind als Texte der Bibel zu behandeln, das heißt: einer Einheit, die, wenn auch geworden, aus vielen und vielfältigen, ganzen und fragmentarischen Elementen zusammengewachsen, doch eine echte organische Einheit und nur als solche wahrhaft zu begreifen ist. Das bibelstiftende Bewußtsein, das aus der Fülle eines vermutlich weit größeren Schrifttums das aufnahm, was sich in die Einheit fügte und in den Fassungen, die dieser Genüge taten, ist nicht erst mit der eigentlichen Zusammenstellung des Kanons, sondern schon lange vorher, in allmählichem Zusammenschluß des Zusammengehörigen, wirksam gewesen. Die Kompositionsarbeit war bereits ›biblisch‹, ehe die erste Vorstellung einer bibelartigen Struktur erwachte; sie ging auf eine jeweilige Zusammenschau der verschiedenen Teile aus; sie stiftete Bezüge zwischen Abschnitt und Abschnitt, zwischen Buch und Buch; sie ließ Bild durch Bild und Symbol durch Symbol erleuchten.«

Wenn dem so ist, bedarf es einer besonderen Schärfung des Blicks und des Gehörs, durch die die Ganzheitsgestalt des Biblischen auch dort erfahren werden kann, wo nur ein kleiner Bestandteil betrachtet wird. Buber weiß, daß damit erst ein Schlüssel vorgelegt ist, der nur gebraucht werden soll, damit die »Einheitsfunktion« der Bibel wahrgenommen und in Kraft gesetzt werden kann.
Sprachen wir davon, daß Martin Buber die Übersetzungsarbeit im Jahre 1925 mit Franz Rosenzweig begann, so ist an dieser Stelle nachzutragen: Das Werk gedieh bis zu den sogenannten Gottesknechtsliedern des Jesaja-Buches. Da starb Franz Rosenzweig im Dezember 1929. Buber oblag nun die selbständige Weiterführung und Vollendung. Doch diese verzögerte sich infolge anderer Aufga-

ben und der Zeitumstände. Erst in hohem Greisenalter war es Buber vergönnt, nach mancher Überarbeitung des bereits Veröffentlichten, das Bibelwerk zu vollenden, das uns heute in vier Bänden vorliegt.

Wir sind am Ende der Skizze angelangt, in der es darum ging, drei Schwerpunkte des Buberschen Schaffens sichtbar zu machen. Ein persönliches Zeugnis eines Zeitgenossen mag sie beschließen. Unmittelbar nach Bubers Tod 1965 schrieb Paul Tillich, der Theologe und der Philosoph, in vieler Hinsicht in dessen geistiger Nachbarschaft:

»Solange ich Martin Buber gekannt habe, empfand ich seine Wirklichkeit als etwas, was mehr ist als körperliche Gegenwart oder geistiger Einfluß. Da war er, inmitten der westlichen Welt, ein Teil von ihr, eine Macht in ihr, durch seine Persönlichkeit, aber auch unabhängig von ihr als ein Einzelwesen, als eine geistige Wirklichkeit, die nicht zu übersehen war und ein Ja oder Nein erheischte oder auch beides. Diese geistige Wirklichkeit, die in dem Menschen Martin Buber verkörpert war, wird lange in der künftigen Geschichte fortleben und vielen den Sinn dessen erschließen, was über der Geschichte steht.«

Franz Rosenzweig

Der Verdeutscher der Schrift in der Krise des Wortes

Seit mehreren Jahren verleiht der Deutsche Koordinierungs-
rat der Gesellschaften für christlich-jüdische Zusammenarbeit die »Buber-Rosenzweig-Medaille« an Persönlichkeiten,
die sich um das Gespräch und um die Wiederaufnahme der Beziehungen zwischen Juden und Christen verdient gemacht haben.
Buber ist allgemein bekannt; er bedarf kaum einer Vorstellung; sein
Werk steht in Deutschland und in der westlichen Welt in hohem An-
sehen. Aber wer ist Rosenzweig?
Es gibt Gestalten in der Religions- und Geistesgeschichte, deren
Namen weithin leuchten.
Für Martin Buber trifft das zu, wenngleich auch er eine gewisse kritische Distanz verdient. Und es gibt andere, an Bedeutung kaum weniger wichtige Namen, die trotz wiederholter Würdigung weithin
noch unbekannt sind. Franz Rosenzweig, dem jüdischen Denker,
dem Bibelübersetzer an der Seite Martin Bubers, war dies Schicksal
beschieden.
Bis zu einem gewissen Grade gilt noch immer, was Joachim Gün-
ther über diesen »merkwürdigen Denker deutscher Sprache aus
dem ersten Jahrhundertviertel« vor Jahren gesagt hat:

»Der Buber-Freund und Cohen-Schüler Franz Rosenzweig ist bei
uns immer noch ein Geheimtip. Die Zahl derer, die sein Hauptwerk
mit dem Jugendstiltitel ›Der Stern der Erlösung‹ kennen, wird ähnlich wie die Auflagen dieses Buches einige Tausend kaum überschreiten … In Deutschland ist Rosenzweig so gut wie vergessen,
wenn nicht selbst das schon zuviel gesagt ist, weil ›vergessen‹ ein
vorangegangenes Bekanntsein voraussetzt.«

Auch der israelische Philosoph Julius Izhak Loewenstein resü-
mierte:

»Franz Rosenzweig, einer der bahnbrechenden Denker unseres Jahrhunderts, ist heute außerhalb kleiner liberaler jüdischer und protestantischer Kreise fast vergessen. Das Eigenartige dabei ist, daß sein existentielles Denken ... in den Jahrzehnten nach seinem Tode geradezu Mode geworden ist.«

Aus diesen und ähnlichen Gründen ist es angebracht, zunächst den Spuren seines Lebens, des Lebens eines Frühvollendeten, nachzugehen, um dann mit Elementen seines Denkens und Tuns bekanntzumachen.

Am 25. Dezember 1886 in Kassel geboren, ist Rosenzweig unmittelbarer Altersgenosse von Karl Barth, des ein Jahr älteren Ernst Bloch und des knapp drei Jahre älteren Martin Heidegger. In einer ihrer jüdischen Abkunft und Tradition völlig entfremdeten wohlhabenden Familie wächst der Junge auf. Nach dem Besuch des humanistischen Gymnasiums betreibt er in Göttingen, dann in München und Freiburg ein Medizinstudium, das er bis zum Physikum durchführt. Im Berliner Wintersemester 1907 auf 1908 wechselt er zur Philosophie über. Im Sommer 1912 promoviert er mit einer Dissertation über »Hegel und der Staat«. Als der Erste Weltkrieg ausbricht, meldet sich der knapp Siebenundzwanzigjährige an die Front, erst als Krankenpfleger, dann bei der Feldartillerie in Frankreich. Das Kriegsende erlebt der mit dem Eisernen Kreuz und mit dem bulgarischen Verdienstkreuz Ausgezeichnete auf dem Balkan.

Es ist die Zeit, in der Rosenzweigs philosophisches Hauptwerk »Der Stern der Erlösung« Gestalt gewinnt, ein philosophisches und ein jüdisches Buch in einem. Es trifft in die geistig-religiöse Aufbruchsstimmung nach dem Weltkrieg hinein, in die Zeit »Zwischen den Zeiten«: Karl Barths »Römerbrief« revolutioniert die evangelische Theologie; der junge Heidegger beginnt 1921, im Erscheinungsjahr des »Stern der Erlösung«, mit seiner Freiburger Vorlesung über die Phänomenologie der Religion.

Ein Jahr später veröffentlicht Ludwig Wittgenstein seinen »Tractatus logico-philosophicus« und stellt damit die ganze Vorstellungswelt der Metaphysik in Frage. Rosenzweig selbst legt mit seinem »Stern« ein Werk vor, das die biblisch vorgegebene Dreiheit von Schöpfung, Offenbarung und Erlösung zu einem Ganzen verschmilzt. Der Autor bemerkt einmal, rund zehn Jahre nach der ersten Niederschrift:

»In jener Krise, aus der ich als Philosoph hervortauchte, war das Entscheidende der erste Satz der Bibel – nicht etwa so, daß er mir herausgeholfen hätte, sondern im Gegenteil: er machte, indem er mit unwidersprechlicher Evidenz vor mir stand, die Krise erst unausweichlich. Das Denken kommt hernach. Hernach freilich muß es kommen.«

Als Rosenzweig diese Zeilen seiner jungen Frau Edith diktiert, ist er längst ein vom Tode Gezeichneter. Denn kaum hat er die Lebensmitte erreicht, da erkrankt er unheilbar an einer Lateralsklerose. Seine leitende und lehrende Tätigkeit an dem von ihm mitbegründeten Freien Jüdischen Lehrhaus in Frankfurt muß er, kaum begonnen, aufgeben.
Als seine Fähigkeit, sich in Wort und Schrift zu artikulieren, durch die zunehmende Lähmung des ganzen Körpers bereits stark eingeschränkt ist, unterstützt er noch den sieben Jahre älteren Freund Martin Buber bei der Herstellung des einzigartigen Übersetzungswerkes der »Schrift«, das heißt des Alten Testamentes, eine dem Tode abgerungene Leistung, die ihresgleichen sucht!
Am 10. Dezember 1929 stirbt Franz Rosenzweig, kurz vor der Vollendung seines dreiundvierzigsten Lebensjahres. Das Leben des jungen Rosenzweig steht unter einem doppelten Spannungsbogen: Da ist einmal die Spannung zwischen der von der Familie übernommenen Leugnung des Judeseins und der tatsächlichen jüdischen Abkunft. Wohl gibt es da einen Großonkel, der dem Jungen vor dem ersten Schulgang einschärft:

»Mein Junge, vergiß dein ganzes Leben nicht, daß du ein Jude bist!«

Aber der jugendliche Rosenzweig ist bald geneigt, dem Beispiel von Verwandten und Freunden zu folgen und zum Christentum überzutreten. Zu nennen sind vor allem drei getaufte Juden, die Vettern Hans und Rudolf Ehrenberg sowie der Philosoph und Rechtshistoriker Eugen Rosenstock-Huessy, mit denen er sich geistig und menschlich eng verbunden fühlt. Das Erstaunliche tritt ein: Er, der schon im Begriffe ist, sich ebenfalls taufen zu lassen, besucht im Herbst des Jahres 1913 den Gottesdienst einer orthodoxen jüdischen Gemeinde in Berlin. Man feiert Jom Kippur, den Sabbat der Sabbate, das große Versöhnungsfest. Die Intensität und die Dichte, die Strenge, die Hingabe des gemeinsamen Singens und Betens überwältigt den jungen Mann.

Er wird des Verwurzeltseins in einer Weise inne, wie er es selbst nicht für möglich gehalten hätte. Er läßt von seinem Vorhaben ab, Christ zu werden. Und nicht nur das. Das Erleben in jener Berliner Synagoge bewirkt in ihm die große Umkehr, für ihn die Heimkehr zum Glauben der Väter. Nicht daß der angehende Philosoph nun über Lehrinhalte der jüdischen Tradition schreibt oder redet. Er lebt fortan aus den Grundkräften jüdischer Frömmigkeit, das heißt aus dem Verbundensein mit dem alten Gottesvolk, in dem jeder einzelne der Gottesgegenwart, der Anwesenheit des anredenden Gottes, gewiß wird. In dem Buch »Der Stern der Erlösung« heißt es daher:

»Es gibt kein Warten, kein Sich-Verkriechen hinter die Geschichte. Der einzelne unmittelbar wird gerichtet. Er steht in der Gemeinde. Er sagt ›Wir‹.«

Und an anderer Stelle im selben Buch:

»Im gemeinsamen Hören wurde die Vorbedingung des gemeinsamen Lebens geschaffen. Die Gemeinschaft wurde bei einem gemeinsamen Namen gerufen, und indem sie auf ihn hörte, war sie da. Nun konnte sie sich gemeinsam an den Tisch des Lebens setzen. Aber das gemeinsame Mahl vereinte die Gemeinschaft immer nur zu den Stunden, wo es eingenommen wurde. Und es vereinigte immer nur die Gemeinschaft, die es vereinigte. Zum Mahl kommen immer nur die Geladenen. Dem Wort kann folgen, wer es hört. Zum Mahl kann nur kommen, wer geladen ist – eben wer das Wort gehört hat ...«

Franz Rosenzweig kann sich seit jener Bekehrung zum Väterglauben zu denen rechnen, die damit anfangen, auf »das Wort« zu hören, kompromißlos, ohne Abstriche, ohne Zugeständnisse an Weltanschauungen oder philosophische Ideenzusammenhänge. Geschehene Geschichte, eben die Geschichte Gottes mit dem Menschen, wird unmittelbar; sie bewirkt Betroffenheit; sie stellt – im Sinne Kierkegaards – »Gleichzeitigkeit« her. Das ist Rosenzweigs ebenso erschütternde wie intime Erfahrung, die seinem Leben die neue Ausrichtung verliehen hat. In leidenschaftlichen Gesprächen mit den christlichen Freunden bestätigt und bekräftigt er sein neu gewonnenes Glaubensverständnis, das jenseits intellektuellen Wissens gründet. Und was wird dabei deutlich?

Der Gott der Väter ist für ihn nicht der christliche Gott, er ist nicht der »Vater Jesu Christi«, schon gar nicht der Gott der Philosophen, sondern – ganz im Sinne Pascals – »der Gott Abrahams, Isaaks und Jakobs«. Gott ist für ihn nicht der – in der philosophischen Bedeutung des Wortes – Seiende; vielmehr existiert Gott erfahrbar als der Da-Seiende. Und damit ist schon der andere Spannungsbogen berührt, der im Leben und Schaffen Rosenzweigs zur Geltung kommt.

Der junge Philosoph ist zunächst von dem Geistesstreben des deutschen Idealismus fasziniert. Als Student der Philosophie Kants, Fichtes und vor allem Hegels hat er die hohe Einschätzung des Ich-Bewußtseins kennengelernt. Er hat gelernt, alle Dinge vom Denken abzuleiten. Und gerade hier ist eine andere Kehre zu vollziehen. Er erteilt dieser idealistischen Denkrichtung und Geisteshaltung eine entschiedene Absage.

Er wird – so könnte man einmal vereinfachend sagen – zum Existentialisten, freilich zu einem, der den Menschen nicht auf sich selbst oder ins bloße »Da« geworfen sein läßt. Vor einem atheistischen Existentialismus bewahrt ihn, den im Judentum verwurzelten, aufs neue eingewurzelten Denker, eben jene Rückbesinnung auf die biblisch dokumentierte Gottesoffenbarung, an der er Anteil gewonnen hat.

Der aus Hitler-Deutschland in die USA emigrierte Rosenzweig-Biograph Nahum Norbert Glatzer war es, der Rosenzweigs gesamtes Werk den großangelegten Versuch genannt hat, »Philosophie und Theologie von der Gefahr der Abstraktion zu befreien und Denken und Glauben zu einer gegenseitigen Kritik und dann zu einem

Zusammenwirken aufzurufen«. Oder, um es mit den Worten Martin Bubers auszudrücken:

»Rosenzweig redet nicht über Anschauungen über Gott, Mensch und Welt, sondern über Gott, Mensch und Welt, ja man möchte auch noch dieses ›über‹ loswerden und sagen, er rede zwischen ihnen – wie ein Dolmetsch redet.«

Aber wohin gehört nun ein solcher Dolmetsch, dem es um ein existentielles, ein um neue Wirklichkeitserfassung bemühtes Denken geht? Wo braucht man ihn am allernötigsten? – Rosenzweigs Antwort, seine existentielle, als Lebensentscheidung gegebene Antwort lautet: Einen solchen Dolmetsch braucht man nicht auf den hohen Schulen, nicht auf der Universität, jedenfalls nicht dort, wo man es mit der Diskussion genug sein läßt, die sich mit Abstraktionen zufriedengibt, wo lediglich Begriff mit Begriff beantwortet wird. Aus diesem Grund enttäuscht der philosophische Denker seine akademischen Freunde ebenso wie die der Fähigkeiten ihres Sohnes bewußten Eltern. Er strebt nicht etwa die zu erwartende akademische Laufbahn an, sondern stellt sich in die unmittelbare Bildungsarbeit an Erwachsenen hinein – und dies zu einem Zeitpunkt, unmittelbar nach dem Ersten Weltkrieg, als Erwachsenenbildung erst von ganz wenigen entdeckt und praktiziert wird. Eine Dozentur, die man ihm an der Berliner Universität in Aussicht stellt, schlägt Rosenzweig aus. Dem Historiker Friedrich Meineke, seinem Lehrer, gesteht er unverblümt, daß die Erkenntnisarbeit für ihn nur wichtig ist, insofern sie im Dienst am Menschen geschieht und indem sie zum Dienst am konkreten Menschen anleitet. Wörtlich heißt es in diesem Absagebrief Rosenzweigs an Meineke:

»Es ist mir nicht jede Frage wert, gefragt zu werden. Die wissenschaftliche Neugier, wie der ästhetische Stoffhunger ... füllen mich heut' nicht mehr. Ich frage nur noch, wo ich gefragt werde. Von Menschen gefragt werde, nicht von Gelehrten, nicht von ›der Wissenschaft‹. Auch im Gelehrten steckt ja ein Mensch, ein fragender, antwortbedürftiger ... Die Fragen des Menschen sind mir um so dringlicher geworden!«

Im Freien Jüdischen Lehrhaus in Frankfurt am Main findet er die Plattform seines Wirkens. Hier vermag er das – wie er es nennt – »neue Denken« zu konkretisieren. Mindestens ebenso wichtig wie die Vorlesungen herkömmlicher Art sind ihm die Seminare und die offenen Aussprachen mit den Menschen, die nicht nur Wissensvermittlung erwarten, sondern die umgetrieben werden von den Fragen nach Wissen und Glauben, nach dem Sinn, nach Leib und Leben, nach Leben und Sterben.

Nicht darum ist es ihm zu tun, ältere philosophische Systementwürfe durch ein neues System zu ersetzen. Die Betätigung des »gesunden Menschenverstandes« selbst ist gefragt. Seine kleine Schrift »Vom gesunden und kranken Menschenverstand«, bezeichnenderweise erst dreiundvierzig Jahre nach der ersten Niederschrift und Jahrzehnte nach dem Tod des Verfassers erstmals im Druck erschienen, stellt einen Niederschlag dieses »neuen Denkens« dar. In dieser kleinen Zehn-Kapitel-Schrift hält er dem Leser einen Spiegel vor: Patienten sind wir alle, soweit wir denkende, den Verstand gebrauchende, vielmehr mißbrauchende und das heißt bei Rosenzweig »philosophierende Menschen« sind.

Philosophieren wird von ihm als das Fragen nach Sein und Wesen, als Umgang mit Begriffen, Ideen und Logik verstanden. Rosenzweigs Alternative läßt sich dahingehend bezeichnen, daß er eben nicht vom Denken ausgeht, sondern von Gott, Welt, Mensch, von dem vor dem Angesicht Gottes stehenden Menschen.

Daraus ergibt sich nicht nur eine ganz neue Sicht der Dinge, sondern vor allem ein neues Ergreifen der Wirklichkeit. In einer Besprechung des Rosenzweigschen »Stern der Erlösung« charakterisiert Buber das denkerische Engagement des Autors folgendermaßen:

»Er – Rosenzweig – kämpft ›mit beiden Händen‹ gegen eine Tyrannei, für das Freiwerden der Wirklichkeit, der ganzen Wirklichkeit. Er flieht nicht, sondern hält gerade da stand, wo er, der Jude, steht. Das erst ist existentielles Denken ... Weil es um Ewiges geht, gibt es kein anderes Gefäß, die Wahrheit zu schöpfen, als die gelebte Stunde. Das Wirklichwerden der Wahrheit hängt je und je von der bewährenden Kraft einer Lebenswirklichkeit ab. Die Krise des menschlichen Verhältnisses zur Wirklichkeit kann nur durch Verwirklichung überwunden werden.«

Soweit Martin Buber zur philosophischen Position Franz Rosenzweigs. Wer die Lebensspuren Franz Rosenzweigs zurückverfolgt, der begegnet denen des schon wiederholt genannten Martin Buber nicht zufällig, auch nicht, weil Buber als Denker des Gesprächs und der Begegnung selbst zu den geistigen Gründergestalten dieses Jahrhunderts gehört, sondern weil eine über Jahre sich erstreckende Schaffensgemeinschaft beide Männer vereint hat.

Hier ist noch einmal ein Griff ins Biographische notwendig. Die erste persönliche Begegnung zwischen Rosenzweig und Buber fällt bereits ins Frühjahr 1914.

Der noch nicht siebenundzwanzigjährige Doktor der Philosophie, der noch nichts veröffentlicht hat, legt dem inzwischen längst bekannten, ja schon am Anfang seines Ruhms stehenden Schriftsteller ein Manuskript zur Begutachtung vor. Bubers Urteil ist negativ. »So deutlich mir die Richtung feststand«, schreibt Rosenzweig fünf Jahre später, »(die Richtung) in der ich gehen würde, so unreif und zur Veröffentlichung ungeeignet schien mir selber alles, was ich damals etwa hätte sagen können.« Wie wir den Briefen von Franz Rosenzweig entnehmen können, fehlt es ihm in dieser Zeit trotz einer hohen Wertschätzung des »Rabbi Martin von Heppenheim« nicht an einer inneren Distanz. Und worin ist sie begründet?

Buber ist für Rosenzweig vorerst nicht viel mehr als ein Literat, noch dazu einer, der sich mit einer angeblich weltfremden, wirklichkeitsfernen Mystik abgibt. Eine solche Lebensphase gibt es bei dem jungen Buber in der Tat. Sie machte ihn sogar berühmt – fragwürdige Berühmtheit eines Schönredners!

Daß Buber selbst an sich eine Art Bekehrung erlebt und eine Umkehr vollzogen hatte, durch die er zum dialogischen Denker werden konnte, war Rosenzweig bis dahin verborgen geblieben. Er sollte es aber erfahren, als er Ende 1921 von Frankfurt aus, zusammen mit seiner jungvermählten Frau Edith, die Buber-Familie im nahen Heppenheim besuchte. Aus dem unmittelbaren Erleben heraus hat

Rosenzweig dieses Zusammentreffen seinem Freund Rudolf Hallo geschildert. Rosenzweig berichtet:

»Im Laufe des Gesprächs nun, schon beim Kaffee, merkte ich plötzlich, daß Buber auch geistig nicht mehr der mystische Subjektivist war, als den ihn die Leute anbeten, sondern daß er auch im Geiste anfing, ein solider und vernünftiger Mensch zu werden. Ich war ganz baff von der großen Ehrlichkeit, mit der alle Dinge bei ihm herauskommen.«

Daß es alsbald zur Freundschaft und zur engen Zusammenarbeit kommt, ist durch zwei Tatsachen bedingt: Rosenzweig gelingt es, Buber zu Vorträgen und Kursen im Freien Jüdischen Lehrhaus in Frankfurt zu verpflichten; und Buber vermag Rosenzweig von der Legitimität und Notwendigkeit einer jüdischen Neuverdeutschung des Alten Testaments zu überzeugen.

Und nicht nur das: Buber weiß seinerseits den inzwischen zum Dienst am Wort Gereiften für diese Aufgabe zu verpflichten. Dabei muß man sich klarmachen, in welcher körperlichen Verfassung sich der noch nicht vierzigjährige Rosenzweig zu diesem Zeitpunkt, das heißt um 1925, befindet. Der Verleger Lampert Schneider, der den Erkrankten in der Frankfurter Mansardenwohnung in der Schumannstraße 10 aufgesucht hat, gibt uns eine eindrückliche Schilderung:

»Der gelähmte Mann saß in seinem Krankenstuhl, der Kopf wurde durch eine Schlinge hochgehalten, die an einem Galgen über dem Stuhl hing. Auch der rechte Arm hing in einer solchen Schlinge und gestattete ihm, auf einer Buchstabentafel Buchstabe für Buchstabe anzuzeigen, um seine Sätze zu formulieren. So arbeitete er Tag um Tag viele Stunden. Sich abwechselnd, übertrugen seine Frau Edith und die Frau von Eugen Rosenstock-Huessy dies mühsame Buchstaben-Diktat. Unerbittlich hielt er sie im Dienst. Jedes Gespräch mit Franz Rosenzweig mußte auf die gleiche Weise geführt werden – aber schon nach wenigen Minuten hatte man als Gesprächspartner den grausig-grotesken Anblick vergessen, denn Rosenzweig zwang den Besucher zu äußerster Konzentration. Ohne viel un-

nütze Worte hatte man sich in einer halben Stunde mehr gesagt, als
mit anderen Menschen in stundenlangen Unterhaltungen. Die wenigen Gespräche mit Franz Rosenzweig gehören für mich zu den
schönsten Erlebnissen. Nichts Trauriges, nichts Melancholisches
haftet dieser Erinnerung an, eher das Gegenteil.«

Bewundernswürdig ist es daher, daß Franz Rosenzweig bis kurz vor
seinem Tod philosophisch-literarisch produktiv geblieben ist. Das
beweist die Herausgabe der Gedichte des Jehuda Halevi in einer ei-
genständigen Übersetzung aus dem Hebräischen. Hinzu kommen
zahlreiche Artikel, nicht zu vergessen die Zusammenstellung der
Festschrift zu Bubers fünfzigstem Geburtstag, betitelt: »Aus unbekannten Schriften«. Rosenzweig gehört auch zu den allerersten Le-
sern und Kritikern der Buberschen philosophischen Grundschrift
»Ich und Du«. Der Patient unterzieht sich im September 1922 der
»gar nicht leichten Aufgabe«, die einzelnen Druckbogen durchzuse-
hen und vor allem kritisch zu kommentieren.
Der Höhepunkt der schöpferischen Gemeinsamkeit, die sich über
nahezu vier Jahre erstreckt, ist das Werk der »Verdeutschung der
Schrift«, eben die Neuübersetzung des Alten Testaments. Für Buber
wie für Rosenzweig ist »Heilige Schrift« oder kurz: »die Schrift«
das in die Existenz des konkreten Menschen hineingesprochene,
hineinsprechende Wort der biblischen Offenbarung, und zwar gerade in einem geschichtlichen Augenblick, der durch die Krise des
Wortes gebrandmarkt ist.
Eine der wesentlichen Einsichten, der Rosenzweig in seiner Übertragung der hebräischen Dichtungen des Jehuda Halevi Geltung
verschafft hat, läßt sich mit dem Wort Rosenzweigs etwa folgendermaßen zum Ausdruck bringen:

»Die schöpferische Leistung des Übersetzens kann nirgends anders
liegen als da, wo die schöpferische Leistung des Sprechens selber
liegt.«

Es geht also um etwas ganz anderes als etwa um eine »jüdisch revi-
dierte Luther-Übersetzung«. Nicht Wörter, die im Lexikon stehen,
sind zu übersetzen, sondern Worte, deren menschlicher Herzton

und Atemrhythmus wahrzunehmen sind. So entsteht eine neue Sprachqualität. Erst sie rechtfertigt die Übersetzung, die mehr zu geben hat als die Mitteilung einer beliebigen Nachricht, auch qualitativ mehr als die Formulierung bestimmter theologischer Tatbestände. Der erwähnte anfängliche Widerstand Rosenzweigs ist bald zurückgenommen. Im Sommer 1925 gesteht er:

»Die Mitarbeit hat mich von meinen anfänglichen Vorbehalten bekehrt.«

Er hält das von Buber gefundene Übersetzungsprinzip, das spezifisch Hebräische des Bibelbuches dem deutschen Bibelleser zum Erlebnis zu bringen, für das richtige. Durch dieses Prinzip komme die urtümlich-zyklopische Struktur des Hebräischen mit seiner Unverbundenheit und mit der lapidaren Kürze seiner Sätze klar heraus. Die Luthersprache wird daher entschlossen preisgegeben. Auf diese Überraschung muß sich gefaßt machen, wer – Luthers gemüthafte Wortlaute im Ohr – die Buber-Übersetzung, die ja ursprünglich eine Buber-Rosenzweig-Übersetzung ist, laut vorliest.
Nehmen wir ein kurzes Beispiel: Der erwähnte Brief Rosenzweigs an Martin Buber enthält bereits einen Übersetzungsvorschlag zu den ersten Zeilen des Genesis-Buches, in dem der Briefschreiber den Buberschen Grundsätzen folgt.
Heißt es bei Luther:

»Und es war finster auf der Tiefe;
und der Geist Gottes schwebte auf den Wassern.«

So lautet Rosenzweigs Formulierung:

»Finsternis allüber Ab-Grund;
(der) Braus Gottes brütend allüber den Wassern.«

Ein Vergleich mit der endgültigen Fassung von Genesis 1 zeigt, daß Buber sich weitgehend verstanden fühlte. So kann legitimerweise wohl nur sprechen und verdeutschen, wer Jude und Deutscher, eben »deutscher Jude« ist.

Rosenzweig ist – so entnehmen wir einem späteren Brief aus dem Jahre 1927 – »glücklich, daß mir Buber diese Arbeit ermöglicht hat, dieses beständige Leben in den beiden geliebten Sprachen«. Schon Ende 1925 liegt der erste Teilband mit der Übersetzung des Buches Genesis vor. Er trägt den Titel:

»Die Schrift, zu verdeutschen unternommen von Martin Buber gemeinsam mit Franz Rosenzweig (Band 1), das Buch ›Im Anfang‹.«

Die Vollendung hat Rosenzweig nicht erlebt. Als er stirbt, da ist die Verdeutschung der Schrift bis zum 53. Kapitel des Propheten Jesaja, also bis zu den Liedern des leidenden Gottesknechtes, gediehen. Jahrzehnte sollten vergehen, bis der greise Martin Buber im Jahre 1961, vier Jahre vor seinem eigenen Tod, das Gesamtwerk vorlegen und ein Jahr später in einer vierbändigen Ausgabe des damaligen Hegner Verlages veröffentlichen konnte.
Aber eines steht außer Zweifel: Ohne die frühe Mitwirkung von Franz Rosenzweig wäre diese in ihrer herben Ursprünglichkeit eigenartige und einzigartige Übertragung des Alten Testaments gar nicht möglich gewesen. Und, was Buber selbst betrifft, so hat der dialogische Denker und der Deuter der Schrift durch Rosenzweig wichtige Impulse empfangen. In der über Jahrzehnte sich erstreckenden selbständigen Weiterführung des Mitte der zwanziger Jahre Begonnenen hat Buber die Intentionen und Einsicht des Freundes zu bewahren und fruchtbar zu machen gewußt. So gesehen, ist posthum das Wort bestätigt, in dem Rosenzweig im Dezember 1924 seine Beziehung zu Martin Buber bestimmt hat. Es heißt dort:

»Ein eigentliches Lehrer-Schüler-Verhältnis hat nie bestanden, außer dem allgemein generationsmäßigen. Ich sehe zu ihm als moralische Persönlichkeit auf wie zu ganz wenigen Menschen.«

Und Rosenzweig selbst? Wir haben eingangs gefragt, wer er eigentlich sei und welchen Rang sein Werk habe. Eine der Antworten, und zwar eine legitimierte, authentische Antwort, stammt aus dem Munde des aus München stammenden jüdischen Schriftstellers Schalom Ben-Chorin. Sie ist von lapidarer Kürze und lautet: »Morenu«, das heißt: Er ist unser Lehrer. Dabei muß man wissen, daß Leo Baeck, der andere große Mann des deutschen Judentums dieses Jahrhunderts, im Mai 1926 an Rosenzweig die Anfrage richtete, ob er dem Schwerkranken den rabbinischen Ehrentitel eines »Morenu« zuerkennen dürfe.

Rosenzweig nahm an. Er nahm an, freilich nicht ohne seine Bedenken geäußert zu haben:

»Wenn ich mir etwas denken« sollte« – so heißt es im Brief –, »in dem Minjan (dem Gebetszirkel), das immer am Sabbatvormittag zu mir kommt und wo die meisten mir an jüdischem Wissen weit überlegen sind, als ›Morenu‹ behandelt zu werden, so lächert mich das selber. Und die guten Jungen, für die ich ihr Mitschüler bei (Rabbi) Nobel bin und weiter nichts, erst recht.«

Aber diese Briefäußerung Rosenzweigs hat einen bemerkenswerten Nachsatz. Er lautet:

»Und daß ich einmal wirklich ihr und ihrer Nachkommen Lehrer sein werde, das wissen sie allermeist nicht.«

Das heißt doch, daß der durch die Lähmung ans Krankenlager gebundene Denker sich seiner zukünftigen Wirksamkeit durchaus bewußt ist. Beim ersten Hinhören mag das paradox und unglaubwürdig erscheinen, berücksichtigt man, wie verhältnismäßig wenige von seiner Existenz und Bedeutung überhaupt wissen. Von paradoxer Zeichenhaftigkeit ist es auch, daß dieser Denker, der sich in den Dienst des Wortes stellt, der – an der Seite des Dialogikers Martin Buber – zur »Gesprochenheit der Schrift«, zur Gesprochenheit des Gotteswortes durchdringen möchte, der Sprache in so tragischer Weise beraubt worden ist.

»Und die Sprache« – so heißt es schon im »Stern der Erlösung« – »ist wahrhaftig die Morgengabe des Schöpfers an die Menschheit und doch zugleich das gemeinsame Gut der Menschenkinder, an dem jedes seinen besonderen Anteil hat und endlich das Siegel der Menschheit im Menschen. Sie ist ganz von Anfang. Der Mensch

wurde zum Menschen, als er sprach; und doch gibt es bis auf diesen
Tag noch keine Sprache der Menschheit, sondern die wird erst am
Ende sein.«

Damit ist freilich auf ein Sprechen und auf ein Angeredetwerden
hingewiesen, das durch kein Verstummen gehindert wird. Die Art
und Weise, wie das Leben gelebt, das Leiden ertragen und der Tod
angenommen wird, erhält so die Qualität einer Existenzmitteilung,
und zwar jenseits der leicht gesagten Worte. Martin Buber hat dies
bekräftigt, als er rückblickend im Jahre 1956 dem früh vollendeten
Freund das Zeugnis ausstellte:

»Franz Rosenzweig ist ein Denker, der seinen Anteil an der Wahrheit bewährt hat. Der Raum dieser Bewährung ist ihm von einer
grausamen und geheimnisvoll-gnadenreichen Schickung zugemes-
sen worden. Statt, wie er am Schluß des ›Sterns der Erlösung‹ angedeutet hatte, in das nicht mehr deutende, sondern wirkende Leben
einzutreten, verfiel er im Jahre nach der Veröffentlichung des Werkes einer Krankheit, die von keinem so ungeheuerlich empfunden
werden muß wie vom Denker, weil sie zwar nicht den Gedanken,
aber dessen Äußerung lähmt. –
Ich kann aus dem einzigartigen Kontakt in sechsjähriger Zusammenarbeit bezeugen, wie Rosenzweig, immer tiefer in den Abgrund
des Siechtums sinkend, seinem Dienste unverbrüchlich treu blieb.
Die große Lehre, die ich damals von dem jüngeren Freunde empfing, war die der Vereinigung von Glauben und Humor in solcher
Probe … Humor war hier ein Diener des Glaubens, aber er war
auch dessen Milchbruder. So sieht wahrheit-bewährende Existenz
aus.«

Rudolf Steiner

Kulturelle Erneuerung aus dem Geist
der Anthroposophie

*Z*u den besonderen kulturellen Erscheinungen der Gegenwart gehört die erstaunliche Renaissance, die die Anthroposophie seit einigen Jahren erlebt. Das Werk Rudolf Steiners ist heute – gegen Ende des 20. Jahrhunderts, auf der Schwelle zum dritten Jahrtausend – aktuell wie nie zuvor. Erstaunlich ist dieses Phänomen insofern, als nur knapp zweieinhalb Jahrzehnte von Steiners Lebenszeit ins 20. Jahrhundert hineinreichen. Rein datenmäßig muß er noch als ein Mensch des vorigen Jahrhunderts gelten. Er hatte die auch für ihn bedeutsame Lebensmitte bereits überschritten, als man das neue Säkulum mit Feuerwerk und Böllerschüssen erwartungsvoll begrüßte, als man in Festreden mit Stolz den Geist des Fortschritts beschwor. Man war dabei, auf allen Ebenen menschlicher Betätigung zu neuen glorreichen Errungenschaften zu gelangen: in Kunst und Wissenschaft, in Technik, Industrie und moderner Zivilisation. Die »Fin de siècle«-Stimmung ließ kaum eine Vorahnung auf unmittelbar drohende Umbrüche oder Krisen aufkommen: Wie haben wir es so herrlich weit gebracht! Die Evolution schreitet rasch voran. Alles, fast alles ist machbar und nur eine Frage der Zeit …

Mit welchen Empfindungen trat nun Rudolf Steiner selbst an den Übergang vom 19. zum 20. Jahrhundert heran? Inwieweit erwies er sich als »Kind seiner Zeit«, inwieweit als ein Kritiker seiner Epoche? In seinen autobiographischen Aufzeichnungen »Mein Lebensgang«, kurz vor seinem Tod im Frühjahr 1925 niedergeschrieben, heißt es hierzu:

»Mir schwebte damals vor, wie die Jahrhundertwende ein neues geistiges Licht der Menschheit bringen müsse. Es schien mir, daß die Abgeschlossenheit des menschlichen Denkens und Wollens vom Geiste einen Höhepunkt erreicht hätte. Ein Umschlagen des Werde-

ganges der Menschheitsentwicklung schien mir eine Notwendigkeit. In diesem Sinne sprachen viele. Aber sie hatten nicht im Auge,
daß der Mensch suchen werde, auf eine wirkliche Geistwelt seine
Aufmerksamkeit zu richten, wie er sie durch die Sinne auf die Natur
richtet. Sie vermeinten nur, daß die subjektive Geistesverfassung
der Seelen einen Umschwung erfahren werde. Daß eine wirkliche
neue, objektive Welt sich offenbaren könne, das zu denken, lag außerhalb des damaligen Gesichtskreises.«

Sätze wie diese erinnern an heutige Forderungen nach einer Trend-
wende, die im Geistig-Moralischen verankert sein soll. Manche
meinen bereits den Anbruch eines spirituellen Zeitalters, eines New
Age, proklamieren zu dürfen, als habe am Ende des Jahrhunderts
eben jene Epoche eingesetzt, der Männer wie Steiner am Jahrhundertbeginn den Weg zu bereiten suchten. Spiegelt sich etwa am
Ende jener zu kühnen Hoffnungen aufmunternder Beginn?
Da ist eher ein neuralgischer Punkt getroffen. Denn zu derartigem
Überschwang hatten Steiner und seine ersten Mitarbeiter einst
nicht den geringsten Anlaß. Die »Hoffnung auf eine neue Kultur«,
die man auf seinen Namen und auf sein Schaffen zu setzen wagte,
schien sich gerade nicht erfüllen zu wollen. Als man zum Beispiel
Steiners sechzigsten Geburtstag im Jahre 1921 mit einer gehaltvol-
len Festschrift zu würdigen unternahm, hatte der Herausgeber
Friedrich Rittelmeyer eher Grund, seiner Enttäuschung Luft zu machen. Von Jubeltönen keine Spur:

»Selten wohl ist ein Werk so mißverstanden und ein Mann so ver-
kannt worden wie Rudolf Steiner ... Kein brennendes Fragen, keine
tief bewegte Aussprache hin und her unter allen, die nach Wahrheit
suchen! Nichts regt sich. Von den führenden Geistern der Kultur
hat keiner einen Blick des Interesses für das, was dieser Mann tut ...
In die eigentliche Kulturbewegung gehen seine Fragen gar nicht
ein ... Niemand kam zu ihm und prüfte ihn, niemand wies die Aufmerksamkeit auf ihn, niemand widerlegte ihn, niemand warnte
auch nur ernstlich vor ihm ... Es ist ein Schauspiel ungewöhnlicher
Art, den Zusammenstoß eines solchen Mannes mit seiner Zeit mit-
anzusehen.«

Diese Worte sind nicht ohne ein gerüttelt Maß an Bitterkeit und Ernüchterung niedergeschrieben.

Und jene Hoffnung auf eine neue Kultur ging offensichtlich ins Leere – so jedenfalls war der allgemeine Eindruck im Todesjahr Steiners, 1925, und noch viele Jahre danach. Sollte sich die »neue Lehre« mit ihren meditativen Schulungsmethoden und mit der Eröffnung der »Erkenntnisse höherer Welt« zu sehr am Rande des gängigen und allgemein verbindlichen Kulturkanons angesiedelt haben, um integriert werden zu können? Wollte und will Anthroposophie überhaupt integriert werden? Will sie das Bestehende nicht vielmehr nach ihrem eigenen Bilde umwandeln? Noch einmal Friedrich Rittelmeyer:

»Die neue Lehre schien sich hineinzustellen in eine üble Verwandtschaft, in eine sonderbare Sorte von unwissenschaftlicher Literatur, die man sich längst gewöhnt hatte, nicht ernst zu nehmen. Auch Steiners besondere Eigenart, mit mathematischer Trockenheit die außerordentlichsten Dinge vorzubringen, von ihm selbst mit Bewußtsein ausgebildet, hatte wohl für die Zukunft ihre unschätzbaren Vorzüge, aber für die Gegenwart ihre eigentümlichen Schwierigkeiten. Denen, die nach Wissenschaft fragten, waren seine Ergebnisse zu ›mystisch‹, und denen, die nach Religion suchten, war seine Redeweise nicht mystisch genug!«

Immerhin entbehrt das Votum des evangelischen Theologen Rittelmeyer nicht einer gewissen Hellsicht, wenn er dem Werk Steiners für die Zukunft »unschätzbare Vorzüge« zubilligt.

Heute wissen wir in der Tat: Wenn immer nach praktikablen, gegenwartsgemäßen und zukunftsweisenden Alternativen gefragt wird, ist das Steinersche Lebenswerk im Gespräch, und zwar auf vielen Sektoren unseres gesellschaftlichen und kulturellen Lebens: auf dem pädagogischen Feld in Gestalt der weltweit anerkannten Waldorfschulen, im Blick auf die Gewinnung vollwertiger Nahrungsmittel durch die biologisch-dynamische Wirtschaftsweise, in den Bereichen der Heilpädagogik, Medizin und Heilmittelherstellung, nicht zuletzt im Zusammenhang vielfältiger künstlerischer Bestrebungen. Sie reichen von der Schauspielkunst, Malerei und Euryth-

mie bis hin zu den markanten Ausformungen anthroposophischer
Architektonik.

Mit einem Satz:

Unter den Initiativen, die während der ersten Jahrzehnte zu einer
umfassenden Neugestaltung ergriffen wurden, können diejenigen
eine besondere Beachtung in Anspruch nehmen, die von Rudolf
Steiner und seiner anthroposophisch orientierten Geisteswissenschaft ihren Ausgang nahmen. Ihre Bedeutung wächst, mag auch
die Durststrecke bis zum Eintreten einer respektablen Rezeption
einige Jahrzehnte gedauert haben.

Das alles ist Grund genug, sich nach der Person Rudolf Steiners und
nach dem Werden seines Werkes zu erkundigen.

Rudolf Steiner ist Deutsch-Österreicher. Er wurde im Jahre 1861 in
Kraljevec geboren, einer kleinen Ortschaft, die heute in Jugoslawien
liegt. Obwohl seine Familie in sehr bescheidenen wirtschaftlichen
Verhältnissen lebte – der Vater stand im Dienste der österreichisch-
ungarischen Südbahn –, konnte der Junge die Realschule in Wiener-
Neustadt besuchen und schließlich an der Technischen Hochschule
in Wien studieren. Gern erzählte Steiner aus seiner Kindheit, die
sich zum Teil im Niederösterreichischen abspielte:

»Eine wundervolle Landschaft umschloß meine Kindheit. Der Ausblick ging auf die Berge, die Niederösterreich mit Steiermark verbinden: der Schneeberg, Wechsel, die Raxalpe, der Semmering. Der
Schneeberg fing mit seinem nach oben hin kahlen Gestein die Son-
nenstrahlen auf, und was diese verkündeten, wenn sie vom Berge
nach dem kleinen Bahnhof strahlten, das war an schönen Sommertagen der erste Morgengruß. Der graue Rücken des Wechsel bildete
dazu einen ernststimmenden Kontrast. Das Grün, das von überall
her in dieser Landschaft freundlich lächelte, ließ die Berge gleichsam aus sich hervorsteigen. Man hatte in der Ferne des Umkreises
die Majestät der Gipfel, und in der unmittelbaren Umgebung die
Anmut der Natur.«

Zu den Natureindrücken gesellten sich religiöse, die der Junge als
Ministrant bei der Meßfeier in der katholischen Kirche empfing.
Ganz anders dagegen die Umgebung am Bahnhof, der Arbeitsstelle

des Vaters. In den sechziger, siebziger Jahren des vorigen Jahrhunderts gehörten Eisenbahntechnik, das Signalwesen, die Handhabung des Telegraphenapparats noch zu den modernen Errungenschaften, zumal für Landbewohner. Schließlich gab es bei dem Jungen erste übersinnliche Erlebnisse, von denen Steiner die eine und die andere Episode später berichtete. Alles in allem vielseitige Erlebnismöglichkeiten. Sie veranlaßten den Autobiographen zu folgendem Resümee:

»Wenn sich jemand zu einem ganz modernen Leben, zu einem Leben in den modernsten Errungenschaften der gegenwärtigen Zeit hätte anschicken wollen und sich dazu hätte aussuchen wollen die entsprechenden Daseinsbedingungen der gegenwärtigen Inkarnation, so, scheint mir, hätte er diejenige Wahl treffen müssen, die Rudolf Steiner getroffen hat. Denn er war von allem Anfang an eigentlich umgeben von den allermodernsten Kulturerrungenschaften, war umgeben von der ersten Stunde seines physischen Daseins an vom Eisenbahn- und Telegraphenwesen.«

Ein wichtiges Element in dieser knappen Skizze würde fehlen, ließe man unerwähnt, was die ersten Glückserlebnisse bei dem Besucher einer kleinen österreichischen Dorfschule auslösen konnte. Es war die Bekanntschaft mit einem Geometriebuch und die Beschäftigung mit Grundbegriffen der Mathematik. Die Kongruenz von geometrischen Figuren konnte ihn faszinieren, der pythagoreische Lehrsatz vermochte ihn zu bezaubern. Verständlich wird dies erst, wenn man sich klarmacht, daß Steiner früh damit beginnen mußte, visionär-übersinnliche Beobachtungen, die sich bei ihm einstellten, zu erklären. Da wurde es für ihn wichtig zu wissen, daß die Mathematik ebenfalls eine sinnlichkeitsferne Erkenntnisart eröffne. Der Mann, zu dessen Lebensauftrag es offensichtlich gehörte, den »höheren Welten« auf die Spur zu kommen, teilt in seinem Buch »Mein Lebensgang« seine Überlegungen hierzu mit:

»Ich sagte mir: Die Gegenstände und Vorgänge, welche die Sinne wahrnehmen, sind im Raume. Aber ebenso wie dieser Raum außer dem Menschen ist, so befindet sich im Innern eine Art Seelenraum,

der der Schauplatz geistiger Wesenheiten und Vorgänge ist. In den
Gedanken konnte ich nicht etwas sehen wie Bilder, die sich der
Mensch von den Dingen macht, sondern Offenbarungen einer geistigen Welt auf diesem Seelen-Schauplatz. Als ein Wissen, das
scheinbar von dem Menschen selbst erzeugt wird, das aber trotzdem eine von ihm ganz unabhängige Bedeutung hat, erschien mir
die Geometrie. Ich sagte mir (das) als Kind natürlich nicht deutlich,
aber ich fühlte: So wie Geometrie muß man das Wissen von der geistigen Welt in sich tragen. Denn die Wirklichkeit der geistigen Welt
war mir so gewiß wie die der sinnlichen.«

Der spätere Geistesforscher hatte sich offensichtlich sehr bald auf
sein Lebensthema zuzubewegen. Nun ist aber bemerkenswert, daß
Steiner nicht etwa im Umfeld des zeitgenössischen Spiritismus Antworten auf seine Fragen suchte. Beispielsweise war Allan Kardecs
Klassiker »Das Buch der Geister« im Jahre 1868 in Wien erschienen.
Da und dort sammelten sich theosophische Kreise, die sich mit allerlei parapsychologischen Phänomenen abgaben. Dem Materialismus des 19. Jahrhunderts stellte sich eine spiritualistische Opposi-
tion entgegen, die allein dem Geistigen volle Wirklichkeit zuer-
kannte.
Steiners Fachstudien konzentrierten sich auf die naturwissenschaftlichen Disziplinen und auf die Mathematik. Erkenntnistheoretische
und philosophische Studien schlossen sich an. Er lernte somit das
wissenschaftliche Rüstzeug seiner Zeit gründlich kennen. Er
schlüpfte – wie er rückblickend einmal sagte – ganz bewußt in die
»Haut des Drachen«, das heißt in die Denkungsart der materialistisch ausgerichteten Naturwissenschaft.
Daß er darin nicht verharrte, verdankte er unter anderem seinem
Wiener Lehrer Karl Julius Schöer, einem Literaturhistoriker und
Goethe-Kenner.
Dessen Hinweis auf den Weimarer Dichter, mehr noch auf den ei-
gene Wege beschreitenden Naturforscher Goethe, hat Steiner stets
als eine besondere Gunst des Schicksals angesehen.
So wurden Goethes naturwissenschaftliche Schriften richtungwei-
send für die Grundlegung von Steiners eigenem geistigem Streben.
Denn zunächst mußte er von sich sagen:

»Ich habe einstmals mich ganz in die mechanistisch-materialisti-
sche Naturauffassung hineingelebt, hätte auf ihre Wahrheit ebenso
geschworen, wie es viele andere der Jetztzeit machen; aber ich habe
auch die Widersprüche, die sich aus derselben ergeben, selbst durch-
lebt. Was ich vorbringe, ist daher nicht bloße Dialektik, sondern eigene innere Erfahrung.«

Eine äußere Nötigung, sich mit den naturwissenschaftlichen Vorstellungen Goethes gründlich auseinanderzusetzen, diese nicht nur
zu referieren, sondern deutend zu kommentieren, ergab sich infolge
eines Arbeitsauftrags. Im Rahmen einer großangelegten Klassiker-
Ausgabe, die der Verleger Joseph Kürschner in Angriff nahm, hatte
Steiner den naturwissenschaftlichen Part zu übernehmen.
Und so geschah es, daß ein einundzwanzigjähriger Student der Naturwissenschaften die anspruchsvolle Aufgabe begann und im
Laufe einiger Jahre mit lebhafter Zustimmung durch Fachkreise zu
Ende führte. Es war im besonderen die Erkenntnismethode, die
Goethe anwandte und deren Bedeutsamkeit für das Erfassen des Or-
ganischen Steiner herauszuarbeiten suchte. Hier kommen Goethe-
sche Grundbegriffe wie »Metamorphose« und »Urpflanze« ins
Spiel. Mit anderen Worten: Steiner richtet – von Goethe geleitet –
sein Augenmerk auf das Wesen des Lebendigen, und er wird sich der
Notwendigkeit bewußt, eine dem Lebendigen gemäße Erkenntnisart zu entwickeln, auch der Notwendigkeit, diese Erkenntnisart
schließlich philosophisch zu begründen. Steiner sagt sich:

»Im Erkennen des Anorganischen wird Begriff an Begriff gereiht,
um den Zusammenhang von Kräften zu überschauen, die eine Wirkung in der Natur hervorbringen. Dem Organischen gegenüber ist
es notwendig, einen Begriff aus dem andern so hervorwachsen zu
lassen, daß in der fortschreitenden lebendigen Begriffswandlung
Bilder dessen entstehen, was in der Natur als gestaltetes Wesen erscheint.«

Steiner gelangt dazu, »Grundlinien einer Erkenntnistheorie der
Goetheschen Weltanschauung« in einer gleichnamigen Studie auszuarbeiten; 1886 – das erste philosophische Werk des Fünfundzwan-

zigjährigen. So verwundert es nicht, daß der junge Gelehrte im
Jahre 1890 einen Ruf an das Goethe- und Schiller-Archiv nach Wei-
mar erhält, um dort an der Edition der großen Sophien-Ausgabe der
Werke Goethes mitzuwirken.

Nun war aber Rudolf Steiner von Anfang an auf Vielseitigkeit angelegt. Dazu zwang schon der wirtschaftliche Druck. Er mußte frühzeitig Eltern und Geschwister unterstützen, statt von ihnen eine fi-
nanzielle Förderung erwarten zu können. Kurze Zeit betätigte sich
Steiner als Redakteur der »Deutschen Wochenschrift« in Wien.
Sechs Jahre hindurch diente er als Privatlehrer bei einer jüdischen
Kaufmannsfamilie, deren Söhne ihm zur Erziehung anvertraut
waren. Dazu gehörte ein Junge mit einer schweren Behinderung.
Bis ins Methodisch-Didaktische hinein mußte der junge Hauslehrer
seine Unterrichtsweise so gestalten, daß das Kind die Aufgaben auch
körperlich verkraften konnte und schulfähig wurde. Für Steiner war
diese Aufgabe eine Gelegenheit, erste praktische heilpädagogische
Erfahrungen zu sammeln. Der Erfolg stellte sich tatsächlich ein.
Der spätere Begründer der Waldorfschule und der auf den gleichen
geistigen Grundlagen fundierten Heilpädagogik wurde auch hier
sehr früh mit seinem späteren Lebenswerk konfrontiert.

Die Erziehungsaufgabe erwies sich für ihn als eine »reiche Quelle
des Lernens«:

»Es eröffnete sich mir durch die Lehrpraxis, die ich anzuwenden
hatte, ein Einblick in den Zusammenhang zwischen Geistig-Seeli-
schem und Körperlichem im Menschen. Da machte ich mein eigentliches Studium in Physiologie und Psychologie durch. Ich wurde gewahr, wie Erziehung und Unterricht zu einer Kunst werden müsse,
die in wirklicher Menschen-Erkenntnis ihre Grundlage hat.«

Bei näherem Hinsehen erkennt man, wie diese kurze autobiographische Notiz bereits eine Reihe von Faktoren aufführt, die in der
späteren Waldorfpraxis eine wesentliche Rolle spielen sollten. Denn
Steinersche Pädagogik erhebt den Anspruch, »Erziehungskunst« zu
sein.

Sie richtet sich nicht primär nach Lernzielen aus, die weitgehend
aus Erwägungen der Zweckmäßigkeit von außen her an den Schüler

herangetragen werden, sondern sie faßt eine Methodik und eine Didaktik ins Auge, die aus einer ganzheitlichen Erkenntnis des Menschen geschöpft sind. Und das praktische Resultat? Im Verlauf von etwa zwei Jahren hat der Junge das Pensum eines Volksschülers nachgeholt. Die starke Behinderung, eine Hydrocephalie, bildet sich merklich zurück.

Gleichzeitig verbessert sich die allgemeine gesundheitliche Verfassung. Aus dem Pflegling des Privatlehrers ist ein Gymnasiast geworden, den Steiner noch bis zur Unterprima begleiten kann. Schließlich studierte er Medizin und wurde Arzt. Er fiel im Ersten Weltkrieg.

Man zeichnete ein sehr unvollständiges Bild von dem österreichischen Studenten der achtziger Jahre des 19. Jahrhunderts, erweckte man den Eindruck, Steiner sei ganz in seinen Studien und Alltagspflichten aufgegangen. Dabei lebte er ja in Wien, der Weltstadt der alten österreichisch-ungarischen Donaumonarchie Kaiser Franz-Josephs. Diese Metropole einer heiter-lässigen Gemütsart und Geselligkeit schlug auch ihn in ihren Bann. Schauen wir uns ein wenig um:

Da ist das Café Griensteidl, Herrengasse 3, am Michaeler Platz, also unweit der Wiener Hofburg, bis in die neunziger Jahre Treffpunkt der »modern« sich nennenden Schriftsteller, der Künstler und Musiker.

Schon Franz Grillparzer war hier ein und aus gegangen. Zu Steiners unmittelbaren Zeitgenossen, die im Griensteidl hofhalten, gehören Arthur Schnitzler, Richard Beer-Hofmann, Felix Salten, vor allem aber Hermann Bahr als einer der Wortführer der Wiener Moderne in den achtziger und neunziger Jahren. Wenig später, im März 1891, wird der erst siebzehnjährige »Loris«, das ist Hugo von Hofmannsthal, im Griensteidl auftauchen.

Und als das Literaten-Café im Jahre 1896 der Spitzhacke zum Opfer fällt, widmet der gerade erst zweiundzwanzigjährige Karl Kraus seinem Stamm-Café in der »Wiener Rundschau« eine geistreiche Persiflage mit der Überschrift: »Die demolierte Literatur«.

Und in der Tat, wer zu dieser Zeit ein Café, eine Kneipe in jener »Weltstadt mit Gemüt« schließt oder niederreißt, der trifft die Literatur in Person! Der Wiener Stefan Zweig erläutert:

»Um dies zu verstehen, muß man wissen, daß das Wiener Kaffee-
haus in der Tat eine Institution besonderer Art darstellt, die mit keiner ähnlichen der Welt zu vergleichen ist. Es ist eigentlich eine Art
demokratischer, jedem für eine billige Schale Kaffee zugänglicher
Club, wo jeder Gast für diesen kleinen Obolus stundenlang sitzen,
diskutieren, schreiben, Karten spielen, seine Post empfangen und
vor allem eine unbegrenzte Zahl von Zeitungen und Zeitschriften
konsumieren kann.«

Eines Tages taucht ein bartloser, blasser Jüngling auf, eine mittel-
große Gestalt, schlank, elastisch, tiefschwarzes, glattgekämmtes,
glänzendes Haar.

»Eine scharfe Brille gab seinem Blick etwas Stechendes, und mit seinem langen, bis über die Knie reichenden schwarzen Tuchrock, der
hochgeschlossenen Weste, der schwarzen Lavalliere und dem ganz
altmodischen Zylinderhut, machte er durchaus den Eindruck eines
schlecht genährten Theologiekandidaten.«

So erinnert sich der Wiener Friedrich Eckstein seines Jugendfreun-
des Rudolf Steiner. Auch er bedient sich dieser Institution öster-
reichischer Literatur. Einen Freund läßt er Mitte Februar 1887 wissen:

»Wenn Du mir in den nächsten Tagen schreibst, adressiere mir: Rudolf Steiner, Café Griensteidl, Herrengasse 3, Wien.«

Zum Kartenspiel hat Steiner freilich kaum Zeit. Er redet lieber, geht
keiner Redeschlacht aus dem Weg. Fronten zeichnen sich ab, zum
Beispiel gegenüber dem wortgewaltigen Hermann Bahr. Der wirft
einen Fehdehandschuh hin:

»Rudolf Steiner ist nicht fähig, meinen Gedanken zu folgen, denn
er ist in seinen gänzlich überlebten, primitiven Ideen unbeweglich
eingerostet.«

Steiner gibt mit gleicher Münze zurück:

»Ganz im Gegenteil! Nichts ist leichter für mich, als gerade Hermann Bahr zu verstehen. Dazu habe ich nur nötig, mich ganz in jene Zeit zurückzuversetzen, da ich noch gar nichts gelernt hatte.«

Schallendes Gelächter begleitet das Wortgefecht. Ist dagegen im Café dann und wann konzentrierte Arbeit möglich, sieht man denselben Steiner an einem Manuskript schreiben. Es trägt die Überschrift »Grundlinien einer Erkenntnistheorie der Goetheschen Weltanschauung«.

Auch Anton Bruckner erscheint mit ziemlicher Regelmäßigkeit im Griensteidl, und zwar bevor er um vier Uhr nachmittags nebenan in der Michaelerkirche auf der Orgel spielt und danach nochmals an die Kaffeeschale zurückkehrt. Manchmal ist Steiner einer der Gesprächspartner des etwa sechzigjährigen Meisters.

So wechseln Atmosphäre und Schauplätze der Geselligkeit. Mal trifft man sich im »Gasthaus zur Pfeife«, mal bei einem evangelischen Pfarrersehepaar.

Samstags pilgert man hinaus nach Währing, wo Theologen und Philosophen, unter ihnen Steiners Universitätslehrer, sich um eine junge Dichterin scharen. Es ist die Ungarndeutsche Eugenie delle Grazie.

Der Wiener Schriftsteller Fritz Lemmermayer, den Steiner im Währinger Landhaus erstmals trifft und mit dem ihn eine herzliche Jugendfreundschaft verbindet, erinnert sich:

»Ich sehe das malerische Bild nach Jahrzehnten noch in jedem Detail deutlich vor mir: die jugendliche blonde Dichterin, mit festlich farbenfrohem Kleide aus roter Seide angetan, hoch aufgerichtet, schlank, im roten Salon stehend neben einem Abguß der schönen Büste des Apoll von Belvedere, lesend mit feierlichem Pathos. Und vor allem mein Heimgang mit dem Freund Rudolf Steiner! Wir hatten ein gutes Stück den gleichen Weg.«

Steiner hat seinerseits mancherlei von der pessimistisch gestimmten Geistesart der Autorin festgehalten und die Profile der ihm in Währing Begegnenden skizziert:

»Es waltete ein wahrer Zauber über diesen Sonnabend-Zusammen-
künften. Wenn es dunkel geworden war, dann brannte die mit rotem
Stoff umhüllte Deckenlampe, und wir saßen in einem die ganze Gesellschaft feierlich machenden Lichtraume. Dann wurde delle Grazie oft, namentlich, wenn die etwas ferner Stehenden weggegangen
waren, außerordentlich gesprächig, und man bekam manches Wort
zu hören, das wie Lebensseufzer im Nachgefühle schwerer Schick-
salstage klang ...
Im Hause Marie Eugenie delle Grazies verlebte ich schöne Stunden
meines Lebens ... Es waren Persönlichkeiten vieler Geistesrichtun-
gen, die sich da einfanden. Die Dichterin bildete den Mittelpunkt.«

Die Berufung nach Weimar und der Auftrag, bei der Herausgabe
von Goethes naturwissenschaftlichen Schriften im Rahmen der
großen Sophien-Ausgabe mitzuwirken, versetzten den Goethe-For-
scher in eine ganz andere Welt. Wohl begeisterte ihn die Tatsache,
auf dem Boden eines wichtigen Abschnitts der deutschen Geistesgeschichte zu stehen. Steiners erste Briefe aus Mitteldeutschland,
auch vom Besuch der Wartburg, sprühen von Enthusiasmus. Aber
bald kehrt die Ernüchterung ein. Seine Weimarer Erfahrungen sind
für ihn deshalb so niederschmetternd, weil er sehen muß, daß die
dortigen Hüter des Goetheschen Vermächtnisses nur ein museales
Interesse an dem Schöpfer des »Faust« zu haben scheinen. Im Blick
auf seine Vorgesetzten und auf manche Kollegen klagt er:

»Die Leute haben kein Verhältnis zu dem, wovon sie vorgeben, daß
sie geistig gespeist werden ... Diese Goethe-Impulse sind eigentlich
in den allerweitesten Kreisen vollständig unbekannt, unbekannt
insbesondere aber, total unbekannt bei den Professoren der Litera-
turgeschichte.«

Steiner wendet sich nicht nur gegen eine einseitige philologische
Behandlung des Goetheschen Erbes. Er sucht vielmehr nach einer
Erweiterung der geistigen Horizonte, etwa bei der zeitgenössischen
Naturforschung. Er möchte »Goethes Weltanschauung« für die Ge-
genwart fruchtbar gemacht wissen. Seinem Freund Eckstein ge-
steht er im Brief aus Weimar:

»Wie allein und unverstanden ich mich hier fühle, davon können Sie sich schwerlich einen Begriff machen. Seit ich von Wien fort bin, konnte ich noch mit niemandem ein vernünftiges Wort sprechen.«

Und an seinen väterlichen Mentor, den Literaturwissenschaftler Karl Julius Schröer, der ihm wenige Jahre zuvor den Weg ins Goethe- und Schiller-Archiv gebahnt hat, schreibt er bald darauf:

»In Weimar ist leider kaum jemand, mit dem man sich über Goethe aussprechen könnte. Suphan (es ist der Direktor des Archivs) hat weder Verständnis noch Interesse für Goethe. Er wirft uns Wienern vor, daß wir Goethe ›singen‹, weil ihm unsere Hingabe an die Sache eigentlich zuwider ist.«

Das Urteil könnte kaum härter ausfallen. Dennoch hält Steiner in Weimar aus, volle sieben Jahre.

Und er nutzt diese Zeit in vieler Hinsicht. So gelingt es ihm beispielsweise, seine in Wien begonnene erkenntnistheoretische und philosophische Arbeit abzurunden, nämlich durch die Promotion zum Doktor der Philosophie an der Universität Rostock und durch die Abfassung seines Werks »Die Philosophie der Freiheit«, im Jahre 1894 in Berlin veröffentlicht. Damit sind wichtige Grundlagen für die spätere anthroposophische Geisteswissenschaft gelegt. Diese »Philosophie der Freiheit«, die den freien Menschen als einen aus Erkenntnis handelnden Menschen definiert, bildet für Steiner eine organische Einheit mit seinen Goethe-Forschungen. Anläßlich der Neuausgabe seiner Freiheits-Schrift im Jahre 1918 hebt der Autor diesen Zusammenhang eigens hervor, wenn er in einem in Dornach gehaltenen Vortrag ausführt:

»Im Grunde genommen hatte sich mir die Idee zur Philosophie der Freiheit gebildet beim Durchgehen, das ich ja seit langen Jahren zu pflegen hatte, durch die Goethesche Weltanschauung. Dieses Durchgehen der Goetheschen Weltanschauung und meine Publikationen auf dem Gebiete der Goetheschen Weltanschauung führten ja auch dazu, daß ich dann nach Weimar gerufen wurde zur Herausgabe und Mitarbeit an der großen Goethe-Ausgabe.«

Aus dem gleichen Anlaß macht Steiner deutlich, um was es ihm in seinem philosophischen Hauptwerk zu tun ist. Es kommt ihm ganz wesentlich darauf an, den »Impuls der Freiheit« klarzumachen und gerade an der Schwelle vom 19. zum 20. Jahrhundert voll zur Geltung zu bringen.

Daran hat Rudolf Steiner zeitlebens festgehalten, auch wenn dieses Buch seiner Freiheits-Philosophie seinem eigenen Geständnis zufolge gegenüber seinen eigentlichen geisteswissenschaftlichen Schriften eine völlig abgesonderte Stellung einzunehmen scheint.

Daß dieses Buch sich eng an die Steinersche Anthroposophie anschließt, indem es eine strenge Gedankenzucht verlangt, kann auch schwerlich bestritten werden. Es ist der rote Faden des Freiheitsgedankens, der sich durch alle seine weiteren Aktivitäten hindurchzieht, angefangen mit dem anthroposophischen Erkenntnisweg, dem methodischen Herzstück dieser Wissenschaft vom Geist, bis hin zu den notwendigen konkreten Folgerungen, die Steiner bei der Verwirklichung eines »freien Geisteslebens« gezogen hat.

So naheliegend es sein mag, Rudolf Steiner zunächst als eine typische Gestalt des Fin de siècle anzusehen – für seine erste Lebenshälfte trifft das zweifellos zu. Dagegen verlangt sein eigentliches, sein gesamtes Schaffen eine andere Ortsbestimmung. Wohl teilt der naturwissenschaftlich gebildete Philosoph die Grundanschauungen der zu Ende gehenden Epoche der Gründerjahre.

Er teilt ihren Fortschrittsoptimismus, die hohe Einschätzung der Naturwissenschaften, bis hin zu der Bereitschaft, seine moderne Weltanschauung »nach naturwissenschaftlicher Methode« auszuarbeiten.

Individualistisch-anarchistische und religionskritische, selbst atheistische Töne fehlen bei dem jungen Steiner nicht. Daher ist es gut verständlich, daß er sich auf die Seite Ernst Haeckels schlägt und Friedrich Nietzsche als »Kämpfer gegen seine Zeit« hochleben läßt. Noch in seinem »Lebensgang« drückt er seine Beziehung zum Denken Nietzsches aus, wenn er dort schreibt:

»Ich lebte in der eigenen Seele damals in Weimar viel in dem Anschauen von Nietzsches Geistesart. In meinem eigenen Geist-Erleben hatte diese Geistesart ihren Platz. Dieses Geist-Erleben konnte mit Nietzsches Ringen, mit Nietzsches Tragik leben; was gingen es die positivistisch gestalteten Gedankenergebnisse Nietzsches an! Andere haben mich für einen ›Nietzscheaner‹ gehalten, weil ich restlos bewundern konnte, auch, was meiner eigenen Geistesrichtung entgegengesetzt war. Mich fesselte, wie der Geist in Nietzsche sich offenbarte; ich glaubte, ihm gerade dadurch nahe zu sein.«

Für Steiner ging die Weimarer Zeit in einem Augenblick zu Ende, als er die Lebensmitte erreicht hatte. Für ihn war eine Zeit der Krise und der völligen Neuorientierung angebrochen. Man schrieb das Jahr 1897:

»Am Ende meiner weimarischen Zeit hatte ich sechsunddreißig Lebensjahre hinter mir. Schon ein Jahr vorher hatte in meiner Seele ein tiefgehender Umschwung seinen Anfang genommen. Mit meinem Weggang von Weimar wurde er ein einschneidendes Erlebnis. Er war ganz unabhängig von der Änderung meiner äußeren Lebensverhältnisse, die ja auch eine große war. Das Erfahren von dem, was in der geistigen Welt erlebt werden kann, war mir immer eine Selbstverständlichkeit.«

Ihm wird klar: Um als ein Erforscher der geistigen Welt, eines Tages auch als ein spiritueller Lehrer vor die Öffentlichkeit hintreten zu können, bedarf es einer speziellen Disziplinierung nicht nur des Denkens, sondern aller Seelenkräfte. Sie gilt es zu harmonisieren, um von da aus auf den Menschen in seiner Ganzheit erziehend, sich selbst verwirklichend einwirken zu können. So spricht Steiner in seiner Autobiographie im Zusammenhang mit jenem Umschwung von inhaltsschweren inneren Erfahrungen, wenn er fortfährt:

»Ich erkannte im seelischen Erleben das Wesen der Meditation und deren Bedeutung für die Einsichten in die geistige Welt.
Ich hatte auch früher schon ein meditatives Leben geführt; doch kam der Antrieb dazu aus der ideellen Erkenntnis seines Wertes für eine geistgemäße Weltanschauung. Nunmehr trat in meinem Innern etwas auf, das die Meditation forderte wie etwas, das meinem

Seelenleben eine Daseinsnotwendigkeit wurde. Das errungene Seelenleben brauchte die Meditation, wie der Organismus auf einer gewissen Stufe seiner Entwicklung die Lungenatmung braucht. Wie
die gewöhnliche begriffliche Erkenntnis, die an der Sinnesbeobach-
tung gewonnen wird, sich zu der Anschauung des Geistigen verhält,
das wurde mir in diesem Lebensabschnitt aus einem mehr ideellen
Erleben zu einem solchen, an dem der ganze Mensch beteiligt ist …
Ich mußte, eben aus innerer Notwendigkeit, eine ganz bestimmte
Art von Vorstellungen immer wieder in den Mittelpunkt meines Bewußtseins rücken.«

Damit sind maßgebliche Faktoren dessen genannt, was Steiner in
seinen grundlegenden Schriften anthroposophischer Spiritualität
näher ausgeführt hat; etwa in dem Buch »Theosophie«, worunter er
eine Einführung in übersinnliche Welterkenntnis und Menschenbe-
stimmung versteht, oder in der Schrift »Wie erlangt man Erkenntnisse der höheren Welten?«. Hierin sowie in einigen anderen Publikationen zum Thema sind die methodischen Schritte für den praktischen Vollzug anthroposophischer Meditation niedergelegt.
Doch damit sind wir bereits biographisch vorausgeeilt. Als die
Schwelle vom 19. zum 20. Jahrhundert überschritten wird, finden
wir Rudolf Steiner in Berlin. In Weimar hatte er nicht das gefunden,
was er gesucht hatte, nämlich eine Tribüne, eine Möglichkeit der
Impulsierung des kulturellen Lebens mit den Ideen Goethes, genauer: mit den erneuernden Lebenskräften eines zeitgemäßen
Goetheanismus. Denn nicht darum konnte es ihm gehen, den Dichter einer vergangenen Epoche zu feiern, seine literarischen und sonstigen im Museum gehüteten Reliquien zu bestaunen. Unter
Goetheanismus versteht Rudolf Steiner impulsgebende, in das
Leben von Gegenwart und Zukunft hineinwirkende Kräfte. Eingestehen mußte er sich freilich:

»In den breiten Massen wurde nicht einmal der Versuch gemacht,
Lessingsche, Schillersche, Goethesche Ideen irgendwie gangbar zu
machen … Die Leute haben kein Verhältnis zu dem, wovon sie vorgeben, daß sie geistig gespeist werden … Und so konnte eben die bemerkenswerte Tatsache auftreten, daß eine ganz gewaltige geistige

Welt, die mit dem Goetheanismus aufgeworfen war, eigentlich vollständig unverstanden geblieben ist.«

War dieses Unverständnis verwunderlich? Wohl kaum, denn um die Jahrhundertwende und noch zwei Jahrzehnte danach fehlte das konkrete Beispiel für das, was Steiner meinte. Zunächst hatte auch er nur Forderungen zu erheben, Postulate aufzustellen. Das taten viele. Da war er nicht allein. Dennoch sagte er sich:

»Goetheanismus könnte walten in jedem wissenschaftlichen Zweige, könnte walten in sozialen Ausgestaltungen des menschlichen Zusammenlebens, Goetheanismus könnte walten im politischen Leben – überall könnte der Goetheanismus walten.«

Steiner hielt sich nach seinem Abschied von Weimar an das Machbare. Das heißt, in Berlin betrat er die Tribüne, die Plattform, von der aus er seinen Zielen näherzukommen hoffte. So kam er mit den verschiedensten Menschenkreisen zusammen. Zum einen war da die von Wilhelm Liebknecht gegründete Arbeiterbildungsschule, eine durchaus marxistisch orientierte Einrichtung der Erwachsenenbildung. Als Geschichtslehrer suchte Steiner darzulegen, inwiefern die Betrachtung des historischen Materialismus einer Ergänzung und geistigen Vertiefung bedurfte. Aufgrund seines mehrjährigen Umgangs mit Arbeitern gewann Steiner insgesamt den Eindruck:

»Wenn damals von Seite einer größeren Anzahl unbefangener Menschen die Arbeiterbewegung mit Interesse verfolgt und das Proletariat mit Verständnis behandelt worden wäre, so hätte sich diese Bewegung ganz anders entfaltet. Aber man überließ die Leute dem Leben innerhalb ihrer Klasse und lebte selbst innerhalb der seinigen. Es waren bloß theoretische Ansichten, die die eine Klasse der Menschen von der andern hatte.«

In ein ganz anderes Milieu tauchte Steiner ein, nämlich in das der Berliner Schriftsteller und Künstler. Dies lag schon deshalb nahe, weil er nach Abschluß der Beiträge zur Goethe-Forschung neben seiner freien Lehrtätigkeit ein literarisches Magazin und dramaturgische Blätter herausgab. Er wurde zu einem der Wortführer von Autoren, die sich unter der Leitung des Lyrikers und Publizisten Ludwig Jacobowski im Nollendorf-Casino in der Kleiststraße regelmäßig trafen. Persönlichkeiten wie Paul Ernst, Else Lasker-Schüler, Peter Hille oder Leo Frobenius lasen hier vor und verfochten ihre Thesen. Eines Tages tauchte, von Wien kommend, der junge Stefan Zweig auf. Ihm verdanken wir ein Stimmungsbild vom Club »Die Kommenden«; so nannten sich die Mitglieder des Autoren- und Künstler-Zirkels. Zweig erzählt:

»In dieser der Pariser ›Closerie des Lila‹ nachgebildeten riesigen Runde drängte sich das Heterogenste zusammen, Dichter und Architekten, Snobs und Journalisten, junge Mädchen, die sich als Kunstgewerblerinnen oder Bildhauerinnen drapierten, russische Studenten und schneeblonde Skandinavierinnen, die sich in der deutschen Sprache vervollkommnen wollten. Deutschland selbst hatte aus allen seinen Provinzen Vertreter zur Stelle, starkknochige Westfalen, biedere Bayern, schlesische Juden: All das mengte sich in wilden Diskussionen und mit voller Ungezwungenheit ...«

Stefan Zweig, der sich aufgemacht hatte, die sprichwörtliche Berliner Moderne zu studieren, hat auch den Spiritus rector dieses Clubs porträtiert: Rudolf Steiner:

»In seinen dunklen Augen wohnte eine hypnotische Kraft, und ich hörte ihm besser und kritischer zu, wenn ich nicht auf ihn blickte, denn sein asketisch-hageres, von geistiger Leidenschaft gezeichnetes Antlitz war wohl dazu angetan, nicht nur auf Frauen überzeugend zu wirken ... Es war aufregend, ihm zuzuhören, denn seine Bildung war stupend und vor allem gegenüber der unseren, die sich allein auf Literatur beschränkte, großartig vielseitig; von seinen Vorträgen und manchem guten privaten Gespräch kehrte ich immer zugleich begeistert und etwas niedergedrückt nach Hause zurück. Trotzdem – wenn ich mich heute frage, ob ich damals diesem jungen Manne eine derartige philosophische und ethische Massenwirkung prophezeit hätte, muß ich es zu meiner Beschämung verneinen ...

Einem Mann solcher magnetischen Kraft gerade auf jener frühen Stufe zu begegnen, wo er noch freundschaftlich undogmatisch sich Jüngeren mitteilte, war für mich ein unschätzbarer Gewinn. An seinem phantastischen und zugleich profunden Wissen erkannte ich, daß die wahre Universalität, derer wir uns mit gymnasiastischer Überheblichkeit schon bemächtigt zu haben meinten, nicht durch flüchtiges Lesen und Diskutieren, sondern nur in jahrelanger, brennender Bemühung erarbeitet werden kann.«

Es gibt freilich auch ganz andere Urteile über Rudolf Steiner, etwa wenn der Soziologe Ferdinand Tönnies seinem Unwillen gegen Steiner Luft macht:

»Herr Steiner geht in grober Unwissenheit spazieren ... Herr Steiner kennt nicht einmal das ABC der Weltgeschichte ... Dieses Maß von Unwissenheit und Unklarheit ist nicht bloß ein Mangel des Verstandes. Er ist einem moralischen Richterspruch verfallen.«

Behalten wir im Blick: Weder der Kreis der Goethe-Verehrer noch das Berliner Proletariat, noch die Boheme der wilhelminischen Reichshauptstadt boten dem Pionier einer neuen Kultur den erforderlichen Handlungsspielraum für seinen Goetheanismus.
So setzte er schließlich seine Hoffnung auf bürgerliche Kreise mit spirituellen und esoterisch-okkultistischen Interessen. Das waren die Theosophen, über die sich der Journalist Rudolf Steiner eher einmal abfällig geäußert hatte. Aber als sie ihn einluden, im kleinen Kreis Vorträge über die deutsche Mystik sowie über das Christentum als mystische Tatsache zu halten, ließ sich Rudolf Steiner rufen. Ein Rätselraten begann: Hatte nicht derselbe Rudolf Steiner noch wenige Jahre zuvor im Christentum eine »Phase in der religiösen Entwicklung der Menschheit« gesehen, die von einer ganz neuen Anschauung alsbald abgelöst werden müsse? Hatte er nicht einst geschrieben, es sei allein des Menschen würdig, daß er selbst die Wahrheit suche, daß ihn weder religiöse Erfahrung noch Offenbarung leite? Und, so hatte er damals hinzugefügt:

»Wenn das einmal durchgreifend erkannt sein wird, dann haben die

Offenbarungsreligionen abgewirtschaftet. Der Mensch wird dann
gar nicht mehr wollen, daß Gott sich ihm offenbare oder Segen
spende.«

Nun aber, im Jahre 1901 und 1902, ganze Vortragsfolgen über zentrale Aussagen des Christentums! Was war geschehen? Offensichtlich gehörte es wesentlich zu jenem Umschwung in den Jahren vor
der Jahrhundertwende, daß der individualistische Anarchist und der
Philosoph der Freiheit eine innere Kehre vollzog, im Verlauf einer
geistigen Prüfung eine Hinkehr zu Christus als einer geschichtlich-
übergeschichtlichen Realität. Eine Heimkehr zur Kirche war für den
getauften Katholiken freilich undenkbar:

»Ich fand das Christentum, das ich suchen mußte, nirgends in den
Bekenntnissen vorhanden. Ich mußte mich, nachdem die Prüfungs-
zeit mich harten Seelenkämpfen ausgesetzt hatte, selber in das
Christentum versenken, und zwar in der Welt, in der das Geistige
darüber spricht.«

Das heißt, so gut wie unabhängig von der Tradition, soweit dergleichen vorstellbar ist. In der Autobiographie »Mein Lebensgang« lautet der entscheidende Satz:

»Auf das geistige Gestanden-Haben vor dem Mysterium von Golgatha in innerster ernstester Erkenntnis-Feier kam es bei meiner See-
len-Entwicklung an.«

Damit ist eine völlig neue Grundlage gefunden. Das Mysterium
von Golgatha, das einerseits an das Leben und Sterben des historischen Jesus von Nazareth anknüpft, das wird andererseits – in seiner Tiefe und Fülle – erst dann erfaßt, wenn man sich für die mystische Tatsache des Christusereignisses öffnet. Es geht somit um ein
esoterisches, um ein inneres Erfassen des Christentums. Auch
leuchtet ein: In Weimar hätte dafür ebensowenig Interesse bestanden wie bei den Berliner Arbeitern und Literaten. Jedoch bei den
Theosophen fand der Verkünder seiner neuen Christusschau
Gehör. Sie sammelten sich um ihn als ihren spirituellen Lehrer,

wenn er – wie man sagte – »Loge« hielt, wenn er über die kosmische Evolution vortrug und aus der Mysteriengeschichte der Menschheit berichtete. Nie Gehörtes schien dieser Geisteslehrer und Menschenführer zu wissen. Kein Wunder, daß man ihm auf seinen Vortragsreisen folgte, von Stadt zu Stadt, bis nach Skandinavien und nach Finnland hinauf. Einer unter ihnen, der Dichter Christian Morgenstern, kommt ins Schwärmen, wenn er an seinen Freund Friedrich Kayssler nach solchen Vortragsreisen berichtet:

»Es gibt in der ganzen heutigen Kulturwelt keinen größeren geistigen Genuß, als diesem Manne Rudolf Steiner zuzuhören, als sich von diesem unvergleichlichen Lehrer Vortrag halten zu lassen ... Da kulminiert eben das europäische Geistesleben von 1913, dergleichen einmalig und unersetzlich.«

Steiner hatte sich bereit gefunden, als Generalsekretär an die Spitze der deutschen Sektion jener Theosophischen Gesellschaft zu treten, die einst die Deutsch-Russin Helene Petrowna Blavatski im Jahre 1875 in New York gegründet hatte. Wer die voluminösen Werke jener mediumistisch überaus begabten Frau und auch die Publikationen ihrer englischen Nachfolgerin Annie Besant zur Hand nimmt, dem können Zweifel kommen. Wie konnte sich Rudolf Steiner gerade nach seiner inneren Hinwendung zu Christus jenen anglo-indischen Theosophen anschließen, die zwar die Wahrheit in den Religionen suchten, die aber aus ihrer Tendenz zu hinduistischen und buddhistischen Vorstellungen kein Hehl machten? Rudolf Steiner hatte in seiner Eigenschaft als Generalsekretär zwar freie Hand, nur die Ergebnisse seiner eigenen Erkenntnisarbeit zu vertreten. Aber der Eklat konnte nicht ausbleiben. Den äußeren Anlaß zur Trennung von den anglo-indischen Theosophen gab die Verkündigung Annie Besants, in einem Hinduknaben – es handelte sich um Jiddu Krishnamurti – sei die Verkörperung des erwarteten Weltenlehrers zu erblicken.

So gesehen entschied sich an der Christus-Frage einerseits die Loslösung von der Theosophical Society und gleichzeitig die Begründung der Anthroposophischen Gesellschaft im Jahre 1912 auf 1913. Diese Entscheidung verlieh Rudolf Steiner ein größeres Maß an Ei-

genständigkeit in der Durchsetzung und Vertiefung seiner Intentionen. Wohl waren während der zurückliegenden Zeit innerhalb des
theosophischen Rahmens bereits wichtige Grundlagen der anthroposophisch orientierten Geisteswissenschaft gelegt worden. Hier
ist insbesondere an die großen Vortragszyklen über die Evangelien
zu denken und an die Fülle von Mitteilungen, die Steiner als Ergebnisse seiner übersinnlichen Forschung ausgab. Aber erst in den
nachfolgenden Jahren bot sich Gelegenheit, das geistig Errungene,
das spirituell Erkannte auf den verschiedenen Feldern des kulturellen Lebens fruchtbar werden zu lassen. Daß dabei die künstlerische
Umsetzung eine nicht unwesentliche Rolle spielen müsse, war dem
Begründer der Anthroposophie von Anfang an klar. Bereits in
einem Brief aus dem Jahre 1905 an Marie von Sivers, die Lebensgefährtin und wichtigste Mitarbeiterin beim Aufbau seines Lebens-
werks, deutet er seine Zielsetzung an:

»Dies sollte unser Ideal sein: Formen zu schaffen als Ausdruck des
inneren Lebens. Denn einer Zeit, die keine Formen schauen und
schauend schaffen kann, muß notwendigerweise der Geist zum we-
senlosen Abstraktum sich verflüchtigen … So muß die Arbeit in der
Zukunft dahingehen: religiösen Geist in sinnlich schöner Form zu
gestalten.«

Aus bescheidenen Anfängen heraus konstellierte sich die goetheanistische Kunstrichtung. Steiner sprach gern von einem Kunstimpuls,
um zum Ausdruck zu bringen, wie es darauf ankomme, durch Ideen
und durch konkrete Beispiele Anstöße zu geben. So wie sich die Idee
der Metamorphose, die Idee des Gestaltwandels im Sinne Goethes,
an einer Pflanze ablesen läßt, so sucht Steiner beispielsweise seelische Entwicklungsprozesse in dramatischen Bildfolgen zur Anschauung zu bringen. Zwischen 1910 und 1913 entstehen seine vier
Mysteriendramen. Man wählt München, um diese Dramen einzu-
studieren und auf die Bretter zu stellen. Die Mitglieder der Anthroposophischen Gesellschaft werden in vieler Hinsicht in den Werde-
prozeß eingespannt, beispielsweise bei der Herstellung der Ko-
stüme und Dekorationen, als Darsteller und bei organisatorischen
Aufgaben. Autor und Dramaturg ist Steiner selbst. So nehmen die

Anfänge einer anthroposophischen Bühnenkunst Gestalt an. Die vielseitige positive Resonanz ermutigt nicht nur zur Fortführung des Begonnenen. Waren die Steinerschen Dramen in Münchner Schauspielhäusern, etwa im Theater am Gärtnerplatz oder im Volkstheater, aufgeführt worden, so wird der Wunsch laut, einen eigens dafür konstruierten Saalbau zu errichten, ein »Haus des Wortes«. Auch Eurythmie, die von Steiner etwa gleichzeitig entwickelte Bewegungskunst, bedurfte einer entsprechenden Pflegestätte.

Der Gedanke eines am Bild des Menschen ausgerichteten Tempels wird erwogen. Steiner gibt die Losung aus:

»Dazu ist unser Zeitalter da, daß es den Anfang macht mit einer Tempelkunst, die laut zu den Menschen der Zukunft sprechen kann: ›Der Tempel, das ist der Mensch, der in seiner Seele den Geist empfängt.‹«

München, die Metropole so vieler künstlerischer und anderer kultureller Bestrebungen, wird als Standort ausersehen. Hatte vor Steiner nicht auch Richard Wagner für sein »Bühnenweihfestspiel« in der Stadt an der Isar einen Bau errichten wollen, ehe er sich für Bayreuth entschied? Aber so wie vor ihm Wagner, scheiterte auch Steiner. Einen »Anthroposophen-Tempel« wollte man in der bayerischen Landeshauptstadt nicht haben, auch im Stadtteil Schwabing nicht, wo bereits das Grundstück ausgesucht war.

Unter erheblichen Opfern der Mitglieder kam der Mysterienbau dennoch zustande, und zwar auf der Höhe von Dornach, einer Ortschaft unweit von Basel in der Schweiz, ein imposanter Doppelkuppelbau aus Holz, das Goetheanum. Das spezifisch Goetheanistische daran war die Formgebung. Die Impulse des Wollens, des Fühlens und des Denkens, die im Menschen leben, sollen im Bau ihren künstlerischen Ausdruck finden.

Es gehe nicht darum, irgendwie in Abstraktionen verharrende Symbolik nachzubilden, sondern das Lebendige, das Lebenschaffende, die Tendenzen der Menschheitsrevolution Sichtbarmachende ist gefragt. Es soll bereits im Entstehungsprozeß erlebbar werden.

Ein Großteil der zu leistenden Arbeit bestand darin, aus den Holzmassen lebendige Formen herauszugestalten. Aus vielen Ländern

kamen die Helferinnen und Helfer, unter ihnen namhafte Künstler.
Die Russin Assja Turgénieff, die Frau des Literaten Andrej Belyi
(sprich: Bjeli) berichtet:

»Es war eine bunte, vielseitige, vielsprachige Gesellschaft ... Unsere Schnitzergruppe wuchs auf etwa 70 Menschen an, abgesehen
von denjenigen, die nur kurze Gastspiele gaben. Es wollte jeder, der
nach Dornach kam, wenigstens ein paar Späne für den Bau abge-
hauen haben.«

Steiners eigener Beitrag ist vielfältiger Natur. Er reicht von der spi-
rituell-künstlerischen Konzeption und der Ausformung des in
Wachs gearbeiteten Modells bis hin zur Bestimmung der Hölzer,
wie sie zu verwenden und wie sie zu formen seien. Auf Steiner
gehen selbst technische Anregungen aller Art zurück.
Wenn Steiner dann selbst den Hammer schwang und das Stemmei-
sen ansetzte, brachte er seine Mitarbeiter in Schwung. Die russische Malerin Margarita Woloschina erinnert sich:

»Wir standen hinter ihm, und ich konnte sein Profil und seine
Hände sehen. Lange schnitzte er schweigend, seine Züge waren
konzentriert und froh, als ob er innerlich auf etwas Schönes
lauschte; es war ein Zwiegespräch mit dem Holz. Behutsam und sicher nahm er das Holz schichtweise ab, als ob er ganz genau die
Grenze der am Holz verborgenen Form sähe und sie nur von dem
überflüssigen Stoffe befreien wolle. Dann sagte er etwa: Bei der Plastik muß man die Fläche fühlen, auf die Fläche im Raum bedacht
sein. Die Kanten in der Plastik müssen als Ergebnis, als Grenze zwischen zwei Flächen entstehen, man darf sie nicht vorher bestimmen; auf die Kanten muß man neugierig sein.«

Während dieser Aufbauarbeit tobte der Erste Weltkrieg. In den Ma-
terial- und Vernichtungsschlachten an der West- wie an der Ost-
front, im See- und Luftkrieg wurden nicht nur unerhörte sinnlose
Opfer gebracht. Es zerbrachen nicht nur König- und Kaiserreiche.
Die bis dahin gültigen Ideale der bürgerlichen Gesellschaft, die es in
jeder Hinsicht »so herrlich weit gebracht« zu haben schien, erwie-

sen sich als fragwürdig. Die »Welt von gestern« ging endgültig in die Brüche. Neue, praktikable Ideen waren nötig, um den Aufgaben des 20. Jahrhunderts gewachsen zu sein, Ideen für das soziale Zusammenleben der Menschen, für die Erziehung der heranwachsenden Generation, aber auch für die verschiedenen anderen Gebiete des kulturellen Lebens.

»Lassen Sie drei Jahrzehnte noch so gelehrt werden, wie an unseren Hochschulen gelehrt wird, lassen Sie noch durch dreißig Jahre so über soziale Angelegenheiten gedacht werden, wie heute gedacht wird, dann haben Sie nach diesen dreißig Jahren ein verwüstetes Europa.«

Die Gültigkeit dieses Wortes von Rudolf Steiner – er sprach es im Jahre 1919 – steht außer Frage. Anthroposophie konnte sich nicht aufs bloße Deklamieren und auf die Pflege einer abseitigen Esoterik beschränken. Nicht wenige der ersten Anhänger Steiners, die noch von der Theosophischen Gesellschaft her ans bloße Konsumieren spiritueller Mitteilungen ihres »Herrn Doktor« gewöhnt waren, wären damit zufrieden gewesen: Möge Karma wirken; nur störe man unsere Kreise nicht! Dabei war die Zeit der Bewährung gekommen. Es galt, die anthroposophische Lehre von Mensch und Welt ins praktische Leben umzusetzen. Die Feuerprobe des Goetheanismus stand unmittelbar bevor.

Steiner nahm die Herausforderung an. Bemerkenswerterweise drängte er seine Initiativen nicht etwa den Zeitgenossen auf. Was er riet, was er tat und wozu er seine Mitarbeiter anleitete, das stellte vielfach die Antwort auf deren Fragen dar. Dafür gibt es verschiedene Beispiele. Die größte Herausforderung war die Tatsache des Versagens der politisch Verantwortlichen, an dessen Folgen die politisch-gesellschaftliche Ordnung Mitteleuropas zerbrach. Noch während des Krieges ging Steiner daran, an die politische Exekutive zu appellieren und Vorschläge für eine Dreigliederung zu unternehmen und an die Kulturwelt zu appellieren.

Unter der Dreigliederung des sozialen Organismus verstand er eine Ordnung, in der das politische, das wirtschaftliche und das geistige Leben die ihnen gemäße Eigenständigkeit erhalten. Es ist eine Eigenständigkeit, die beispielsweise die Schule und das gesamte Bildungswesen aus der Bevormundung durch Staat und Wirtschaft befreit. Wer an die Kette politischer Korruptionsfälle in der Gegenwart denkt, dem leuchtet ein, daß eine derartige Entflechtung von politischen Aktivitäten und von wirtschaftlichen Interessen unumgänglich sein sollte. Steiner schärfte seinen Zuhörern ein:

»Eine fruchtbare Weltanschauung kann in unserem Zeitalter der Bewußtseinsseelen-Entwicklung nicht anders sein als eine solche, die auch Impulse gibt für das Zusammenleben der Völker. Ja, das war es, was von allem Anfange an unsere geisteswissenschaftliche Bewegung durchpulste: nicht sollte sie nur irgendeine sektiererische Bewegung sein ... Und so muß gerade im sozialen Leben aus dem Spirituellen heraus eine viel tiefergreifende, eine viel intensivere Idee den Menschen eigen werden.«

In Dutzenden von öffentlichen und internen Vorträgen, sodann in Beratungen mit Menschen, die in politisch-gesellschaftlichen und in wirtschaftlichen Zusammenhängen tätig waren, legte er dar, was seiner Überzeugung nach zu geschehen hätte. Es kam dabei auch zur Umsetzung in die Praxis. Eine Reihe von Industriebetrieben arbeitete im Sinne der Dreigliederung zusammen und schuf die wirtschaftliche Voraussetzung für assoziierte Kliniken und Forschungsstätten. Doch aufs Ganze gesehen muß man sagen: Steiners Idee von der Dreigliederung des sozialen Organismus scheiterte. Sie war nicht lebensfähig, noch nicht. Schuld daran waren sicher nicht allein die traditionellen Sozialpartner, sondern auch die Größe der Aufgabe und – mit allem Respekt vor dem Engagement der Gefolgsleute Steiners – deren Inkompetenz. Dafür gibt es genügend Belege. Hier wenigstens die Stimme eines der Aktiven aus dem Kreis Steiners, Hans Kühn:

»Wir kleinen Werkzeuge bei dem großen Unternehmen waren uns der Schwere dieser Aufgabe in keiner Weise bewußt. Unser Vertrauen in die Weisheit des Lehrers war so groß, daß wir nur glaubten, ihm dienen zu sollen. Wir waren uns nicht genügend klar darüber, daß er zwar der Lehrer war, daß aber diejenigen die volle Verantwortung übernahmen, denen all dies übergeben wurde, um es in die Welt hinauszutragen ...«

Ob sich Rudolf Steiner selbst bewußt war, wie sehr er seine engsten Mitarbeiter überforderte? Ob er seine eigene Leistungsfähigkeit nicht bei weitem überschätzte? Wer sich näher auf die Biographie Steiners und auf die Geschichte der anthroposophischen Bewegung einläßt, dem bleibt nicht verborgen, daß in dem Mangel an qualifizierten Mitarbeitern, nicht zuletzt an konstruktiven Kritikern innerhalb der Anthroposophenschaft, die tiefe Tragik Steiners zu sehen ist. Wenn seine Frau bisweilen den Vergleich auf ihn anwandte, er sei wie eine Kerze, die sich selbst verzehrt, dann trifft das Bild zu. Um so erstaunlicher bleibt der praktische Ertrag der Steinerschen Lebensleistung. Das in den Krisenjahren nach dem Ersten Weltkrieg geistig Errungene, angesichts erheblicher Widerstände und mit beachtlichen Opfern Verwirklichte liegt heute als kultureller Beitrag vor aller Augen.

So gesehen hat Anthroposophie in mehrfacher Hinsicht ihre Bewährungsprobe bestanden.

An erster Stelle ist die Steinersche Waldorfpädagogik zu nennen, eine Erziehungskunst, die die Richtlinien für ihr Tun nicht von den Konferenzzimmern der Kultusministerien erwartet, auch nicht von den Planungsbüros der Wirtschaft. Es ist die Natur, es ist die im Geistigen gegründete Natur des werdenden Menschen, die das Wesen der Waldorfschule, eigentlich jeder Schule bestimmen soll. Dazu bedarf es freilich einer entsprechenden Menschenkunde. Anthroposophie bietet eine solche, indem sie den Menschen als eine leiblich-seelisch-geistige Ganzheit begreift und die Rhythmik ihres Wachstums respektiert. Daher der Leitgedanke, der sich schon in einer Schrift Steiners aus den ersten Jahren dieses Jahrhunderts findet, lange bevor an eine Schulgründung gedacht werden konnte. Da heißt es:

»Nicht allgemeine Redensarten, wie etwa ›harmonische Ausbildung aller Kräfte und Anlagen‹ und dergleichen, können die Grundlage einer echten Erziehungskunst sein, sondern nur auf einer wirklichen Erkenntnis der menschlichen Wesenheit kann eine solche

aufgebaut werden ... Man muß wissen, auf welchen Teil der
menschlichen Wesenheit man in einem bestimmten Lebensalter
einzuwirken hat und wie eine solche Einwirkung sachgemäß geschieht.«

Wie weit Steiner die Sachgemäßheit in der Pädagogik faßt, wird
deutlich, wenn man sich erinnert, daß er seit Jahrhundertbeginn auf
die Wirksamkeit des Christusimpulses hinwies. Sollte diese Chri-
stusanschauung lediglich Inhalt für den Gottesdienst sein oder in
der Schule für den Religionsunterricht als Fach neben den vielen anderen Fächern? Davon kann keine Rede sein. In seinen in England
gehaltenen Vorträgen über »Gegenwärtiges Geistesleben und Erziehung« kommt er darauf zu sprechen, wenn er sagt:

»Wir haben ganz gewiß damit nicht irgendwie nach einem blind ra-
tionalistischen Christentum hinarbeiten wollen, sondern gerade
nach dem richtigen Erfassen des Christusimpulses in der ganzen Er-
denentwicklung der Menschheit ... Der Lehrer muß eigentlich
dazu kommen, daß alles Unterrichten für ihn eine sittliche, eine religiöse Tat werde, daß er sozusagen in dem Unterrichten selber eine
Art Gottesdienst sehe ... Den ganzen Menschen erziehen, diesen
als ganzen Menschen erzogenen Menschen religiös zu vertiefen,
das haben wir als eine der bedeutsamsten Aufgaben des Waldorf-
schul-Prinzips zu erfassen gesucht.«

Bedenkt man, daß Steiners Lehre vom Christus-Impuls einen geradezu substantiellen Aspekt hat, wonach sich der Christusgeist dem
Organismus dieses Erdplaneten mitgeteilt hat, dann liegt es nahe,
auf seine Anregungen für eine biologisch-dynamische Landwirt-
schaft in diesem Zusammenhang noch gesondert kurz einzugehen,
obwohl dieses Tun in seine allerletzte Lebenszeit fällt. Nach Steiner
ist das Christentum neben der historischen und der mystischen Tatsache auch ein irdisch-kosmisches Ereignis. Wenn dem so ist, dann
muß das für den Umgang mit der Erde, mit allem Lebendigen Konsequenzen haben. Lange bevor man erkannte, wie sehr in dieser
Hinsicht an der Erde als einem großen Lebewesen gesündigt worden
ist, leistete Steiner seinen Beitrag zu einer Gesundung des Bodens.

Er tat es, indem er sich von einer größeren Anzahl Bauern und Gärtnern auf das Landgut des Grafen Carl Keyserlingk zu einem landwirtschaftlichen Kursus samt dazugehörigen Demonstrationen einladen ließ. Das war an Pfingsten 1924, nur wenige Monate vor Ausbruch seiner letzten Krankheit.

Steiner verzichtete darauf, die besonderen christologischen Bezüge herzustellen. Aber er orientierte sich über die mikrokosmisch-makrokosmischen Wechselbezüge und Rhythmen, in die Mensch, Tier und Pflanze je in einer bestimmten Weise eingebunden sind. Er machte konkrete Angaben zur Bodenbearbeitung, bis zu Fragen des Umgangs mit Mist und Kompost, mit Unkraut, Schädlingen, Pflanzenkrankheiten und dergleichen. Er stellte sich den Sorgen und Problemen der Praktiker.

Seine Antworten enthalten auch exakte Angaben darüber, wie spezielle Düngerpräparate selbst hergestellt werden können, was in welchem Fall zu welcher Zeit zu geschehen habe. Das Erstaunen ist groß. Denn selbstverständlich taucht die Frage auf, woher dieser Mann dieses umfassende, oftmals auf den konkreten Einzelfall zugemessene Wissen habe, der bald Medizinern, bald Theologen, bald Pädagogen und Heilpädagogen, hier nun Landwirten und Gärtnern Rede und Antwort steht. Doch zum Spekulieren bleibt ihm selbst keine Zeit. Er weiß, wie sehr die Zeit drängt, seine eigene Schaffenszeit, die sich in diesem Moment nur noch nach Wochen bemißt, aber auch die geringe Zeitspanne, die die zivilisationsgeschädigte Menschheit vor sich hat. So überliefert der Agrarfachmann Ehrenfried Pfeiffer folgenden Satz, den Rudolf Steiner in den zwanziger Jahren ausgesprochen hat:

»Um die Mitte des Jahrhunderts muß die geisteswissenschaftliche Erkenntnis Lebenspraxis geworden sein, um unsagbares Unheil an der Gesundheit der Natur und des Menschen zu verhindern ...«

Pfeiffer ist selbst schon seit einigen Jahrzehnten tot. Aber heute wissen wir, wie es um den Wahrheitsgehalt des Steinerschen Satzes bestellt ist.

Als Rudolf Steiner am 30. März 1925 im Alter von vierundsechzig Jahren nach monatelanger Krankheit in Dornach verstarb, hinterließ er ein großes und anspruchsvolles Erbe. Anspruchsvoll ist sein Vermächtnis in mehrfacher Hinsicht. Allein die literarische Hinterlassenschaft ist umfangreich und vielschichtig. Es gibt nun nicht wenige Steiner-Begeisterte, die ein Wort, ein Urteil, eine Mitteilung ihres Lehrers bereits für Erkenntnisse der höheren Welten halten. Aber Steiner-Worte ersetzen die eigene Bemühung nicht. Er selbst wollte nicht »geglaubt«, sondern geprüft werden – gewiß eine große Forderung.

Auf der anderen Seite ist die Faszination, die von dem Werk Steiners ausgeht, groß. Meist sind es die praktischen Ergebnisse anthroposophischer Kulturerneuerung, die man sich gerne zunutze macht. Anthroposophie als Alternative ist gefragt: in der Erziehung, in der Medizin, wenn es darum geht, gesunde Nahrungsmittel zu erhalten, wenn künstlerische Angebote gemacht, heilpädagogische Hilfen gegeben werden. Anthroposophie für bloße Konsumenten?

Doch vor den Genuß anthroposophischer Erkenntnisfrüchte hat Steiner eine ernsthafte Erkenntnisarbeit gesetzt. Gemeint ist der anthroposophische Schulungsweg mit seinen meditativen Übungen, mit seiner Disziplinierung des Denkens, Fühlens und Wollens.[1]

Diese Erkenntnisarbeit wird sicher nur einem verhältnismäßig kleinen Kreis von geistig Forschenden vorbehalten bleiben. Das liegt in der Natur eines jeden spirituellen Exerzitiums, das diese Bezeichnung verdient. Denn – so drückt es Rudolf Steiner in seinen vermächtnishaften Leitsätzen aus:

»Anthroposophie ist ein Erkenntnisweg, der das Geistige im Menschenwesen zum Geistigen im Weltall führen möchte ...«

Mag die Zahl derer, die diesen Weg gehen, klein sein, klein bleiben, eine ernsthafte moralische Herausforderung stellen Denken und Tun Rudolf Steiners allemal dar, wie immer sich der einzelne in Freiheit entscheidet.

---

[1] ausführlicher in: Gerhard Wehr: Der innere Weg. Anthroposophische Erkenntnis und meditative Praxis. Reinbek 1983.

Carl Gustav Jung

Seine Bedeutung für das geistige Leben heute

Die von Carl Gustav Jung begründete Analytische Psychologie ist in erster Linie eine Erkenntnisart und eine therapeutische Methode, mit deren Hilfe psychisch gefährdeten Menschen geholfen werden kann. Darüber hinaus aber darf ihr eine allgemeine kulturelle Bedeutung zugesprochen werden. Diese Bedeutung zu erhellen, sie grundsätzlich anzuerkennen, stößt jedoch auf mancherlei Schwierigkeiten. So gibt Marie-Louise von Franz in ihrem Werk über Jungs Mythos in unserer Zeit zu bedenken:

»Es ist eine ungewöhnlich schwierige Aufgabe, C. G. Jungs Wirkung in und auf die Kultur unserer Zeit darzustellen. Während nämlich die meisten Persönlichkeiten zuerst und fast ausschließlich in ihrem eigenen Fachbereich Einfluß gewinnen, gehen Jungs schöpferische neue Konzeptionen den Menschen als Ganzes an und haben deshalb auch in den verschiedensten Fachgebieten außerhalb der Psychologie ein Echo gefunden … Sein Werk ragt aus der akademischen Sphäre in alle anderen Lebensbereiche hinüber, denn Jung interessierte sich nicht nur für die spezifischen Krankheiten der Seele, sondern mehr noch für das Geheimnis der Psyche an sich, und dieses letztere steckt schlechthin hinter *allen* Tätigkeiten des Menschen. Kein Haus wurde je gebaut, kein Kunstwerk geschaffen, keine wissenschaftliche Entdeckung gemacht, kein religiöser Ritus begangen ohne die menschliche Seele.«

Einen derartigen Hinweis aus der Feder der langjährigen Mitarbeiterin des Schweizer Tiefenpsychologen versteht man erst dann richtig, wenn man »Seele« nicht einfach mit Bewußtsein gleichsetzt. Der besondere Ertrag der modernen Psychologie besteht – spätestens seit Freud – darin, herausgefunden zu haben, daß die Reichweite des als normal angesehenen Alltagsbewußtseins durchaus begrenzt ist. Der Gesamtumfang seelischer Wirklichkeit ist erfahrungsgemäß sehr viel größer. Dies entspricht übrigens einer Einsicht, von der bereits Heraklit von Ephesus wußte, der ein halbes Jahrtausend vor unserer Zeitrechnung den Satz geprägt hat:

»Der Seele Grenzen kannst du im Gehen nicht ausfindig machen, auch wenn du jegliche Straße abschreitest, so tiefen Logos (das heißt: einen so tiefen Sinngehalt) hat sie.«

Damit ist auf das letztlich nicht abmeßbare Kraftfeld des Unbewußten hingewiesen, das zusammen mit dem alltäglichen Bewußtsein erst psychische Ganzheit ausmacht. Und wenn in diesem Zusammenhang ein Vergleich angebracht ist, dann verhält sich das relativ überschaubare Terrain des menschlichen Bewußtseins zum Unbewußten im Sinne C. G. Jungs wie die Spitze eines Eisbergs zu jener Masse, die sich unterhalb der Wasseroberfläche befindet. Aber was ist dieses Unbewußte eigentlich, das in Jungs Leben und Werk eine so unabsehbar große Rolle gespielt hat? Um es nochmals mit den Worten von Marie-Louise von Franz zu sagen:

»Es ist ein modern-sachlicher Ausdruck für eine innere Erfahrung, welche der Menschheit von jeher bekannt war, für die Erfahrung, daß uns aus unserer eigenen Innenwelt Fremdes und Unbekanntes zustößt, daß uns Wirkungen von innen plötzlich verändern können, daß wir Träume und Einfälle haben, von denen wir fühlen, daß wir sie nicht machen, sondern die fremd und übermächtig in uns auftauchen.«

Kein Wunder, daß derartige Wirkungen in früheren Zeiten einem göttlichen Fluidum, einem Gott oder Dämon, einem guten oder einem bösen Geist zugeschrieben wurden. Damit ist zugleich die Macht dessen angedeutet, was sich dem Menschen bald in seinem positiven, bald in seinem negativen Aspekt, bald als schöpferischer, bald als zerstörerischer Faktor manifestiert.
Suchen wir an dieser Stelle nach einer knappen Formel, die Jungs Bedeutung markiert und die andererseits zeigt, von welchen Resultaten aus der Begründer der Analytischen Psychologie wirksam

werden konnte, dann bietet sich ein kurzer Text aus dem Jahr 1955 an. In der Urkunde, die Carl Gustav Jung anläßlich der Verleihung der Ehrendoktorwürde von der Eidgenössischen Technischen Hochschule in Zürich ausgestellt wurde, finden sich die folgenden Worte der Würdigung:

»Dem Wiederentdecker der Ganzheit und Polarität der menschlichen Psyche und ihrer Einheitstendenz / dem Diagnostiker der Krisenerscheinungen des Menschen im Zeitalter der Wissenschaften und der Technik / dem Interpreten der Ursymbolik und des Individuationsprozesses der Menschheit.«

Das unbestrittene Verdienst, die wissenschaftlichen Grundlagen für die moderne Tiefenpsychologie gelegt zu haben, kommt zweifellos Sigmund Freud zu. Er ist es gewesen, der – seinem eigenen Urteil zufolge – nach Kopernikus und Darwin dem modernen Menschen eine dritte große Kränkung zugefügt habe, nämlich durch die Aufdeckung der menschlichen Triebstruktur und durch die Zerstörung eines einseitig-idealistischen, allein vom Bewußtsein beherrschten Menschenbildes. Freuds analytische Einsicht war – mit Thomas Mann zu reden –

»weltverändernd; ein heiterer Argwohn ist mit ihr in die Welt gesetzt worden, ein entlarvender Verdacht, die Verstecktheiten und Machenschaften der Seele betreffend, welcher, einmal geweckt, nie wieder daraus verschwinden kann …«

Daneben steht Jung. Man wird ihm wohl kaum gerecht, wenn man seine Lebensleistung im Gegenüber zu dem Schöpfer der Psychoanalyse lediglich aus einem Lehrer-Schüler-Verhältnis heraus zu bewerten sucht. Ganz zu schweigen von der frühen tragischen Trennung der beiden ungleichen Geister. Der eigenständige, völlig neue Dimensionen seelischer Wirklichkeit erschließende Forschungsbeitrag Jungs wird schon durch die sehr viel größere Tiefe dessen gekennzeichnet, was er als das »kollektive Unbewußte« bezeichnet. Denn während die klassische Psychoanalyse sich im wesentlichen auf das persönliche Unbewußte beschränkt, dessen vergessene oder verdrängte Inhalte zur Lebensgeschichte eines Individuums gehören, bezieht die Analytische Psychologie Jungs auch noch jene Bereiche in ihre Forschung ein, die über das Unbewußte des Einzelmenschen weit hinausgehen: das kollektive Unbewußte.

Infolge dieser Sichtweise eröffnen sich neue, tiefere Horizonte, nicht zuletzt solche des Religiös-Geistigen.

Dieser spezifische Beitrag Jungs neben Freud kommt nicht – noch nicht – in dem Maße zur Geltung, wie aus der zitierten Würdigung erwartet werden dürfte. Hierfür ein Beispiel:

Der Vorsitzende des C. G.-Jung-Instituts in Stuttgart, Theodor Seifert, weist in dem Sammelband »Aspekte Analytischer Psychologie« darauf hin, daß Jungs Lehre heute bestenfalls nur teilweise bekannt sei und in der akademischen Lehre »kaum« weitergegeben werde. An den Hochschulen und Instituten sei die Jungsche Psychologie in zahlenmäßiger Hinsicht auffallend schwach repräsentiert. Und ein Blick in die tiefenpsychologische Literatur, soweit sie nicht ausdrücklich an der Jung-Schule orientiert ist, liefert entsprechende Parallelen. Theodor Seifert bemerkt:

»Leider kann man jeweils nur voraussetzen, daß die damit zusammenhängenden Fragen den der Analytischen Psychologie nahestehenden Personen bekannt sind. Kollegen anderer tiefenpsychologischer Schulen wissen wenig (von Jungschen Methoden), klinische Psychologen oder andere Fachvertreter in der Regel gar nichts davon.«

Bei solchen Feststellungen fühlt man sich an Äußerungen Jungs erinnert. Noch im Briefwechsel seiner letzten Lebensjahre – er starb 1961 – klagt er darüber, daß er mit seinen Gedanken »überall auf eine undurchdringliche Wand« stoße und daß man sich auch heute noch in völliger Unkenntnis seines Werkes mit falschen Auffassungen, ja mit Verdrehungen und Vorurteilen begnüge.

Es darf jedoch sogleich hinzugefügt werden, daß das Interesse an den Fragestellungen, an den Methoden und Ergebnissen der Analytischen Psychologie von Jahr zu Jahr zunimmt. Dafür gibt es mancherlei Indizien, z. B. aus den Vereinigten Staaten, wo die Edition der Gesammelten Werke in englischer Übersetzung raschere Fortschritte gemacht hat als die deutschsprachige Originalausgabe. In einer Studie über den wachsenden Einfluß der Analytischen Psychologie in den USA kommt der amerikanische Psychiater und Analytiker Harry A. Wilmer zu dem Ergebnis:

»Unter psychoanalytisch vorgebildeten Dozenten läßt sich das wachsende Interesse für die Jungsche Psychologie feststellen. Unglücklicherweise scheint Jungs Werk extravertierte und die Logik verabsolutierende Geister, also den technologisch und naturwissenschaftlich orientierten Menschen des Westens, eher abzustoßen – die Psychiater machen dabei keine Ausnahme … Unzweifelhaft hat eine Aura der Mystifikation und religiöser Entrücktheit das Bild Jungs und seiner Psychologie beeinträchtigt und verzerrt. Doch heute beginnt sich auch die Psychiatrie weiter zu öffnen. Wenn sich erst einmal der Staub gelegt hat, den eine Vielzahl mehr oder weniger kurioser (sich so nennender) ›Psychotherapien‹ heute noch aufwirbelt, wird Jung die ihm zustehende Position einnehmen – ebenso anerkannt für seine praktischen Anregungen bei der Heilung leidender Menschen wie auch für den von ihm eingeleiteten Fortschritt im wissenschaftlichen Denken der westlichen Welt.«

Dafür gibt es eine Reihe von Beispielen aus dem Bereich verschiedener Erkenntnisgebiete. Aber bevor wir uns Einzelfragen zuwenden, sei in Erinnerung gerufen, von welchem Ausgangspunkt her Jungs Bedeutung zu betrachten ist.

Es ist oft darauf hingewiesen worden, daß die menschliche Ratio im Laufe der letzten Jahrhunderte ein vielbestauntes Bild von Mensch und Welt, ein imposantes Wirklichkeitsbild aufgerichtet habe. Nahezu alles, was meßbar, zählbar, wägbar ist, hat darin seinen Platz gefunden. Und was sich dem quantifizierenden Verstand zu entziehen schien, das wurde und wird meßbar gemacht. Was sich dagegen unterhalb und vor allem oberhalb der als normal angesehenen Bewußtseinslage des modernen Menschen manifestiert – was etwa mit übersinnlicher Wahrnehmung oder mit geistiger Schau zusammenhängt –, das wurde zumeist skeptisch beurteilt oder offen abgelehnt. Dabei hat es nicht an Hinweisen gefehlt, wonach es sich bei dem von Wissenschaft und Technik vertretenen Modell der Wirklichkeit gleichsam nur um ein »einstöckiges Vernunfthaus« handle, in dem es kein Darunter und kein Darüber geben dürfe. Der frühere Marburger Religions- und Geistesgeschichtler Ernst Benz bemerkt daher:

»Unsere heutige Zeit schützt sich so ängstlich gegen alle Erschütterungen vom Transzendenten her, daß sie die zeitgenössischen Träger einer visionären Begabung zunächst einmal in die Nervenklinik einliefert, mit dem redlichen Ziel, sie dort von ihren visionären ›Störungen‹ zu befreien, und auch die früheren Träger derartig ›anomaler‹ seelischer Fähigkeiten zu Psychopathen erklärt und sie so wenigstens noch nachträglich und in effigie in die Nervenklinik einliefert.«

Soweit Ernst Benz. Für Carl Gustav Jung ist es nun charakteristisch, daß er sich ganz bewußt in dieses Zeitenschicksal hineinstellt. Er macht die Erkenntnisaufgabe der modernen Naturwissenschaft zu seiner eigenen. Er wird Psychiater. Jahrelang wirkt er als Arzt dort, wo Menschen, mit bestimmten psychischen Störungen behaftet, eingeliefert werden, nämlich in der großen Züricher Nervenheilanstalt Burghölzli. So ist sein Ausgangsort klar.

»Ich bin ein Arzt, der es mit der Krankheit des Menschen und seiner Zeit zu tun hat und auf Heilmittel bedacht ist, die der Wirklichkeit seines Leidens entsprechen. Psychopathologische Untersuchungen haben mich veranlaßt, historische Symbole und Figuren aus dem Staub ihrer Gräber zu erwecken. Ich habe gesehen, daß es nicht genügt, meinen Patienten die Symptome wegzukurieren ...«

Und nun fährt Jung fort, indem er seine Sichtweise präzisiert und damit seinen Ausgangsort markiert:

»Wir brauchen nicht so sehr Ideale als ein wenig Weisheit und Introspektion, eine sorgfältige religiöse Berücksichtigung der Erfahrungen aus dem Unbewußten. Ich sage absichtlich: ›religiös‹, weil mir scheint, daß diese Erfahrungen, die dazu helfen, das Leben gesunder oder schöner zu machen oder vollständiger oder sinnvoller zu gestalten, für einen selber oder für die, die man liebt, genügen, um zu bekennen: es war eine Gnade Gottes.«

Dieses Selbstzeugnis C. G. Jungs, dem andere, ähnliche an die Seite gestellt werden könnten, zeigt an, welche Wendung er immer wieder vollziehen mußte, und zwar gerade als naturwissenschaftlich Gebildeter. Schon von seiner spezifischen Aufgabenstellung her war er genötigt, als Arzt und als Psychologe die Grenzen seiner Disziplin zu überschreiten. Er wurde zum Grenzgänger. Hier ist im besonderen an solche Hervorbringungen des Unbewußten gedacht, die sich nicht im Freudschen Sinne als vergessene oder verdrängte Bestandteile des individuellen Unbewußten beschreiben lassen, sondern die z. B. auf Motive hinweisen, welche sich in der Religions- und Geistesgeschichte der Menschheit vorfinden und auf ein urbildartiges, auf ein kollektives Seelenerbe hindeuten.

Sosehr er als Psychologe bestrebt war, sich innerhalb der Grenzen der Empirie zu bewegen und als Forscher auf metaphysische Aussagen jeglicher Art zu verzichten, so mußte er doch die gewohnten und akzeptierten Erfahrungsbereiche des Alltagsbewußtseins immer wieder verlassen, um sich für das offenzuhalten, was sich in Gestalt bestimmter Erfahrungen darstellte – bei sich selbst ebenso wie bei seinen Patienten oder Analysanden. In einer Äußerung aus dem Jahre 1926 heißt es einmal:

»Ich bin kein Philosoph, sondern ein bloßer Empiriker, und in allen schwierigen Fragen bin ich geneigt, nach der Erfahrung zu entscheiden. Wo aber keine Erfahrungsgrundlage vorhanden ist, da lasse ich aufgeworfene Fragen lieber unbeantwortet.«

Das war freilich nicht immer möglich. Entsprechende Äußerungen finden sich auch in Jungs Briefwechsel, besonders dort, wo er seinen Standort der Theologie gegenüber deutlich zu machen hat. Die naturwissenschaftliche Empirie erscheint ihm zwar als ein »gewaltiger Versuch«, die Seele von außen nach innen zu begreifen. Er weiß aber auch, daß beispielsweise die »religiöse Gnosis«, im weiteren Sinn des Wortes: die religiöse Erfahrung, »ein ebenso gigantisches

Unternehmen des menschlichen Geistes ist, Erkenntnis aus dem Innersten zu schöpfen.«

Es ist an dieser Stelle nur eben zu erwähnen, was in Jungs Autobiographie »Erinnerungen, Träume, Gedanken« zutage tritt, nämlich die Tatsache, daß sich der Tiefenpsychologe und Erforscher archetypischer Bildgehalte über viele Jahre hinweg der Erforschung sehr spezieller, ja abseitig erscheinender Gebiete gewidmet hat, um die Sprache des Unbewußten besser zu verstehen. Dazu gehörten religions- und völkerkundliche Studien, die Beschäftigung mit der frühchristlichen Gnosis ebenso wie das Studium von Texten der christlichen wie der außerchristlichen Mystik. Dazu gehörten die esoterischen Überlieferungen des Fernen Ostens, die ihn wiederum angeregt haben, ein spezielles, eher vernachlässigtes Gebiet der abendländischen Esoterik zu erkunden, nämlich das der mittelalterlichen Alchimie. Daß diese Alchimisten, die nach dem Stein der Weisen suchten, nicht einfach mit fragwürdigen »Goldmachern« zu verwechseln sind, wußte man wohl. Jung war auch nicht der erste, der das alchimistische Experimentieren psychologisch betrachtete. Aber erst seine auf profunder Kenntnis der maßgeblichen Texte basierenden Studien erbrachten den Nachweis der Parallelität wie der Gegensätzlichkeit zu christlichen Vorstellungen, wie sie sich bisweilen in den Träumen heute Lebender manifestieren können.

Sehen wir einmal davon ab, daß Jung den auf diesen Gebieten Forschenden – Religionswissenschaftlern, Volkskundlern oder Kulturhistorikern – eine Fülle von Anregungen gegeben hat, dann stellt sich die Frage nach dem Ertrag dieser Bemühungen im allgemeinen. Er liegt weniger auf dem Feld der jeweiligen Fachrichtung selbst als vielmehr auf dem zentralen, alle Lebens- und Erkenntnisbereiche berührenden Feld der Selbst- und der Welterkenntnis. Oder, um es bereits an dieser Stelle zu sagen: Die analytische Psychologie stellt sich in erster Linie als ein Beitrag zu einem universalen, Mensch und Welt, Psyche und Materie umfassenden Wirklichkeitsbild dar. In einem Aufsatz aus dem Jahre 1929, in dem er seine Position im Gegenüber zu derjenigen Sigmund Freuds näher bestimmt, findet sich der Satz:

»In meinem Weltbild gibt es ein großes Außen und ein ebenso großes Innen, und zwischen diesen Polen steht mir der Mensch, bald dem einen, bald dem anderen zugewandt, um je nach Temperament und Veranlagung bald das eine, bald das andere für diese absolute Wahrheit zu halten und je nachdem das eine für das andere zu leugnen oder zu opfern.«

Sowohl die Begegnung mit der fernöstlichen Spiritualität der altchinesischen Mantik, die ihm der Sinologe Richard Wilhelm erschließen half, als auch der Zugang zu den erwähnten alchimistischen Zusammenhängen verwiesen den Psychologen auf die eine Wirklichkeit, die Jung fortan mit dem alchimistischen Terminus »Unus mundus«, eine Welt, bezeichnet hat. Gemeint ist die Wirklichkeit, die sich bald als eine psychische Dynamik, bald als Objekt physikalischer Untersuchung beschreiben läßt. Vor allem im Jungschen Spätwerk sollte diese Unus mundus eine Rolle spielen, als es zwischen dem Psychologen Jung und dem Physiker Wolfgang Pauli zu einem fruchtbaren Austausch kam. In diesem Zusammenhang ist das sogenannte Prinzip der »Synchronizität« zu erwähnen, das akausaler Natur ist. Diese Synchronizität liegt beispielsweise dann vor, wenn eine nur innerseelische Wahrnehmung sich wenig später oder gar gleichzeitig in der Außenwelt abspielt. Akausalität liegt insofern vor, als die innere Wahrnehmung nicht die Ursache für die äußere Begebenheit sein kann, geschweige denn umgekehrt. Hier muß die Feststellung genügen, die Jung 1954 folgendermaßen umriß:

»Die Mikrophysik tastet sich in das Unbekannte der Materie vor, wie die Komplexe Psychologie in das Unbekannte der Psyche. Beide Forschungsrichtungen gelangen zu Befunden, die sich nur durch Antinomien veranschaulichen lassen, und entwickeln Begriffe, die in mehr als einer Hinsicht merkwürdig analog sind.«

Demnach ergibt sich ein Zweifaches: Einerseits kann vermutet werden, daß Physik und Psychologie unter diesem Aspekt letztlich ein und denselben Forschungsgegenstand bearbeiten. Zum anderen wird der Blick frei für einen einheitlichen, jenseits der Kausalität liegenden Welthintergrund, der sich bald physisch, bald psychisch manifestieren kann. Die Bedeutung der Jungschen Psychologie für die exakten Wissenschaften ergibt sich von daher. Carl Alfred Meier, Professor an der Eidgenössischen Technischen Hochschule in Zürich, ging daher so weit zu sagen:

»Die Leistung Jungs ist so bedeutend, daß ich nicht zögere, sie als eine psychologische Analogie zur ungefähr gleichzeitig erfolgten Entdeckung des Wirkungsquantums durch Max Planck und der Lichtquanten durch Einstein zu sehen.«

Bleiben wir noch einen Augenblick bei dem Faktor, den Jung das »große Innen« genannt hat, dann ist es für unsere Zeit sicher von großer Wichtigkeit, daß das in früheren Kulturepochen wohl erfahrene, jedoch unreflektierte Wissen um die Urbilder allen Seins und Tuns unter der Bezeichnung des kollektiven Unbewußten wiederentdeckt und ins Bewußtsein des naturwissenschaftlich denkenden Menschen heraufgehoben worden ist.

»Nicht philosophische Deduktion oder metaphysische Schau, aber auch nicht äußere Tatsachenforschung und naturwissenschaftliche Induktion sind die Sphäre gewesen, in der jenes Wissen um die geheimnisträchtigen Beziehungen von Besonderem und Allgemeinem, von Persönlichem und Überpersönlich-Objektivem wieder neu erfahren und ausgesprochen worden ist, sondern die eigentümliche psychische Innenwahrnehmung.«

Der Psychologe Friedrich Seifert, der in seinem Werk »Seele und Bewußtsein« eigens auf diesen Umstand aufmerksam gemacht hat, fügt dort hinzu:

»Wer die neuere Psychologie des Unbewußten nicht nur literarisch und von kritisch-intellektueller Beurteilung her, sondern aus lebendiger Erfahrung kennt, dem ist klar, daß von der reichen, wenn auch gewiß zum Teil noch ungeläuterten Empirie der Tiefenpsychologie und Psychotherapie der Gegenwart mehr echte Kraft ausgeht als von den meisten Problemstellungen der ›reinen‹ Philosophie ... Der psychologische Forscher, allerdings in einem viel umfassenderen als dem üblichen Sinn, ist in unserer Gegenwart zu dem geworden, dem Schlüsselgewalt für diese Grundeinsicht anvertraut worden ist – der Psychologie nämlich, für die die ›Wirklichkeit der Seele‹ Evidenz erlangt hat.«

Fragen wir, inwiefern dieses Votum auf die Analytische Psychologie C. G. Jungs zutrifft, dann wird folgendes zu bedenken sein: Jungs Werk gründet nicht primär auf einer Lehre, etwa auf dem Ergebnis der konstruierenden, analysierenden Ratio, sondern sein Werk ist aus originärer seelischer Erfahrung herausgewachsen. Deshalb kann er seine autobiographischen Aufzeichnungen mit dem Satz beginnen:

»Mein Leben ist die Geschichte einer Selbstverwirklichung des Unbewußten.«

Und weil dieses Unbewußte eben nicht nur Materialien birgt, die auf individuell Erlebtes oder Erlittenes zurückgehen, deshalb kann der Autobiograph an der gleichen Stelle von seinen Träumen und Imaginationen sagen:

»Sie bilden zugleich den Urstoff meiner wissenschaftlichen Arbeit. Sie waren wie feurig-flüssiger Basalt, aus welchem sich der zu bearbeitende Stein auskristallisiert.«

Schon allein aus diesem Grund hielt er die Ereignisse seines äußeren Lebens nur dann und in dem Maße für erzählenswert, wie in ihnen die »unvergängliche Welt« psychischer Wirklichkeit in die vergängliche einbrach, ihr Tiefe und Sinn verlieh und den Erlebenden durch Erfahrung bereicherte. So gesehen ist Jungs Wirkung auf das heutige kulturell-geistige Leben aufs tiefste in ganz bestimmten seelischen Eigenerfahrungen gegründet, die er selbst eingehend geschildert hat. An sie kommt am ehesten derjenige heran, der sich nicht damit begnügt, das einschlägige Schrifttum zu studieren, sondern der darüber hinaus den Weg der Selbstwerdung betritt, den Jung gegangen ist und den er in Wort und Schrift dargestellt hat. Es ist der Prozeß der sogenannten Individuation, ein Vorgang mensch-

licher Reifung und Ganzwerdung, letztlich Aufgabe und Ziel der
Analytischen Psychologie.

An dieser Stelle ist eine Zwischenbemerkung angebracht. Die Bezeichnungen »Analyse« oder »Analytische Psychologie« für die
Jungsche Forschungsrichtung und psychotherapeutische Praxis
sind eher irreführend. Dieses Vokabular erinnert noch zu stark an
die Psychoanalyse Sigmund Freuds. Es wird ja nicht allein »analy-
siert«, in Bestandteile, psychische Tatbestände, Faktoren oder Prozesse zerlegt. Die Hauptsache des psychotherapeutischen Geschehens in einer sogenannten Jungschen Analyse ist eher ein Vorgang
der Synthese. Denn es kommt auf die Integration solcher psychischer Inhalte an, die zuvor unbewußt waren, die etwa mit der eigenen Schattenhaftigkeit zu tun haben und die auf den problematischen Mitmenschen projiziert werden, auf die Verhältnisse, die
nicht so sind, wie sie sein sollten, oder auf die vielberufene, veränder-
rungsbedürftige »Gesellschaft«. Andere Integrationserlebnisse
können sich mit der Freisetzung schöpferischer Fähigkeiten beschäftigen, mit der Erschließung des Lebenssinnes und dergleichen.
Kurz, es gilt beim so apostrophierten »Analysanden« Prozesse der
Ganzwerdung in Gang zu bringen. Das reiche Feld der Symbole, der
mythischen Bilder oder der religiösen Heilszeichen ist in diesem Zusammenhang von großer Wichtigkeit, gilt es doch, das in Träumen,
Gedankenverbindungen oder Phantasien Hervorgebrachte – eben
die Produktionen des kollektiven Unbewußten – verstehen zu lernen und des größeren geistig-seelischen Zusammenhangs innezu-
werden, in dem man selbst darinnen steht, ohne sich dessen norma-
lerweise bewußt zu sein.

Die Beschäftigung mit jenen außerhalb des allgemeinen Interesses
liegenden Gebieten und die Erweckung jener »historischen Symbole und Figuren aus dem Staub der Gräber«, von der wir bereits gehört haben, war für Jung eben nicht Selbstzweck. Er unterzog sich
diesen speziellen Forschungen nicht etwa, um den mit diesen Problemen Beschäftigten eine Hilfestellung zu bieten; noch weniger
legte er es darauf an, zu einem Symbolkundler oder gar – wie bisweilen vermutet wurde – zu einem Mystiker oder Magier zu werden. Gänzlich unverständlich ist eine derartige Einschätzung freilich nicht, berücksichtigt man, wie auf uns die Konfrontation mit ar-

chetypischen Bildern wirkt, die sich völlig spontan in unseren Träumen einstellen können. Welchen Eindruck muß dann ein Arzt oder Psychotherapeut auf einen Patienten machen, der ihm zu helfen vermag, das nahezu Unverständliche so seinem bewußten Leben zu integrieren, daß es heilend und sinnerhellend aktiv werden kann.

Als »Interpret der Ursymbolik der Menschheit« schuf Jung so etwas wie eine Sprachlehre und eine Hermeneutik oder Verstehenslehre, die es ermöglichen, die Sprache des Unbewußten zu entschlüsseln und den im Prozeß der Individuation oder Selbstwerdung befindlichen Menschen Führung und Geleit zu geben, also in einem weiteren Sinn des Wortes therapeutisch zu wirken. So gesehen ist der Jungsche Beitrag im besonders ein anthropologischer, ein zu einem vertieften Menschenbild verhelfender Beitrag.

Damit ist zunächst der primäre, die Tiefenpsychologie und Psychotherapie betreffende Gesichtspunkt genannt. Darüber hinaus läßt sich der Jungsche Beitrag noch unter zwei weiteren Aspekten näher bestimmen, nämlich einmal unter dem des Dynamischen, zum anderen unter dem Aspekt der Korrespondenz:

Unter dem Gesichtspunkt des Dynamischen ist der Umstand zu verstehen, wonach sich die Analytische Psychologie nicht darauf beschränkt, bestimmte Seeleneinstellungen lediglich zu beschreiben. Zu den ersten großen Werken aus Jungs Feder gehört bekanntlich »Psychologischen Typen«, eine psychologische Typenlehre, in der er zu Beginn der zwanziger Jahre jene Wesensbestimmungen publik machte, die inzwischen als der Typus des introvertierten und des extravertierten Menschen bekannt geworden sind. Es handelt sich um ein Begriffspaar, das wie eine Reihe anderer Termini der Psychologensprache Allgemeingut geworden ist, ohne daß man sich seiner Herkunft stets bewußt bleibt. Die Jungsche Analyse und Therapie begnügt sich auch nicht etwa damit, psychisch gestörte Menschen lediglich an die vorgegebenen Verhältnisse in Umwelt und Gesellschaft aufs neue anzupassen oder ihnen die zeitweilig verlorene Funktionstüchtigkeit zurückzugeben. Das wäre ein mehr oder minder deskriptives oder auch nur ein restauratives Verfahren, dessen Eigenwert gar nicht grundsätzlich unterschätzt werden soll.

Als dynamisch darf das Jungsche Verfahren angesprochen werden, insofern es den Menschen nicht nur interpretiert oder in seinem

Sosein bestätigt, sondern insofern es ihn verändert. Gemeint ist dabei die Veränderung im Sinne einer Persönlichkeitsreifung, wie sie namentlich um die Lebensmitte beziehungsweise in der zweiten Lebenshälfte in ein entscheidendes Stadium tritt. Lange bevor eine publizistisch forcierte Diskussion über die sogenannte »Midlife crisis« die Gemüter bewegte, hatte Jung mit seinem Werk die erforderlichen menschenkundlichen und psychologischen Voraussetzungen für eine sachgemäße Behandlung dieses Lebensproblems geschaffen. Vereinfachend könnte man sagen: Während die Freudsche Psychoanalyse schwerpunktmäßig frühkindliche und pubertäre Konfliktzusammenhänge zu klären sucht, kann die Analytische Psychologie von C. G. Jung als eine Psychologie der Lebensmitte, des Alterns und der zweiten Lebenshälfte gelten. Die Aktualität dieser Thematik bedarf keiner besonderen Hervorhebung; allzu lange waren ja Altern und Tod ausgeklammert.

Deshalb ist das große Thema dieser Analytischen Psychologie das der Wandlung. Und es ist gewiß kein Zufall, daß sich Jung angesichts dieses Themas von Freud hatte trennen müssen, um von da an endgültig seinen individuellen Weg zu gehen. Sein Programm legte er unter anderem in dem frühen Werk »Wandlungen und Symbole der Libido« nieder. Die spätere Fassung dieses Frühwerks – nun betitelt »Symbole der Wandlung« – unterstreicht noch den Geist-Charakter des Vorgangs. Denn, so schreibt Jung einmal in »Wirklichkeit der Seele«:

»Was in der geheimen Stunde des Lebensmittags geschieht … ist die Geburt des Todes … Werden und Vergehn ist dieselbe Kurve … Für den jugendlichen Menschen ist es beinahe eine Sünde, zuviel mit sich selber beschäftigt zu sein, für einen alternden Menschen ist es eine Pflicht und eine Notwendigkeit, seinem Selbst ernsthafte Betrachtung zu widmen.«

Schon von daher ergibt sich für Jung die Notwendigkeit, das von einer höheren Warte aus zu bewertende Leben stets auch im Kontext der religiösen Traditionen der Völker zu sehen. Schließlich ist das zentrale Thema des Christentums das der »Metánoia«, das heißt der Umkehr und der Wandlung des Menschen aus den Tiefen seines

Wesens heraus. Und diese Wandlung, die in der spirituellen Exerzitienliteratur, in Mystik und geistlicher Übung eine so zentrale Stellung einnimmt, bedingt letztlich auch den dynamischen Gesichtspunkt, durch den die Analytische Psychologie ihr besonderes Gepräge bekommt. In einer ständiger Veränderung unterworfenen Welt bedarf der heutige Mensch einer Erkenntnishilfe, um den Prozeß seiner eigenen Wandlung verstehen und gestalten zu können.

Der andere Gesichtspunkt, unter dem die Jungsche Psychologie im Blick auf unser Thema betrachtet werden kann, ist der der Korrespondenz:

In seiner Darstellung zu einer philosophischen Anthropologie »Was ist der Mensch?«, in der der Erlanger Geistesgeschichtler Hans-Joachim Schoeps Entwürfe seit Marx und Kierkegaard nebeneinanderstellt, findet sich folgendes Resümee, wiedergegeben mit Worten des Freiherrn von Gebsattel:

»Die anthropologischen Versuche der Gegenwart sind als jeweils verschiedene ›Aspektlehren‹ vom Menschen zu verstehen. Das heißt, irgendein allerdings konstitutiver Grundzug des Menschen wird in möglichster Vollständigkeit herausgearbeitet.«

Und Hans-Joachim Schoeps fügt hinzu:

»Daß diese Aspektlehren zumeist beziehungslos nebeneinanderstehen, oft sich auch in ihrem Deutungsgehalt überschneiden, gehört zur geistigen Signatur unserer Zeit und ist schon selbst ein geschichtliches Datum der philosophischen Anthropologie.«

Wie steht es nun in dieser Hinsicht mit Jung und mit seinem Werk? Ist er, der bisweilen als Außenseiter Gebrandmarkte, in die Nähe der Gnostiker, Mystiker und Esoteriker Gerückte, nicht auch diesem Verdacht ausgesetzt?

Die Vermutung liegt nahe. Es soll auch gar nicht geleugnet werden, daß Jung natürlicherweise durch seinen geistesgeschichtlichen Ort geprägt ist. Schicksalsmäßig-existentielle Voraussetzungen bedingen sein Leben wie sein Werk. Der Behauptung, er biete ebenfalls eine sogenannte »Aspektlehre«, die mehr oder weniger beziehungslos neben anderen Psychologien und vergleichbaren Anschauungen stehe, soll aber an dieser Stelle widersprochen werden. Und zwar aus folgendem Grund: Jungs Werk ist schon im Ansatz auf Korrespondenz hin angelegt. Das drückt sich bereits in der therapeutischen Praxis, die der Übung des Meisters folgt, in markanter Weise aus. Die sprichwörtlich gewordene Analytiker-Couch ist entbehrlich geworden. Will man die herkömmlichen Bezeichnungen »Analytiker« und »Analysand« beibehalten, dann sind sie hier zu ebenbürtigen Partnern geworden, die an einem Dialog teilhaben. Das heißt: An die Stelle des freien Assoziierens, das der eine von sich gibt und das der andere scheinbar unbeteiligt, jedenfalls schweigend entgegennimmt, ist eine volle Wechselseitigkeit von Frage und Antwort, von Bericht und neue Gesichtspunkte anbietender Stellungnahme getreten.

Korrespondieren, ins Gespräch eintreten, dem Fragenden antworten, das heißt immer auch: sich selbst verändern lassen und bereit sein, die eigene Ausgangsposition zu überprüfen. Wer lediglich auf die Worte des Meisters schwören wollte, der hätte – im Falle Jungs – weder den dynamischen Aspekt noch das auf volle Korrespondenz angelegte Werk dieses Psychologen verstanden. Im übrigen wird man ernst nehmen müssen, was Jung einmal an einen holländischen Adressaten geschrieben hat:

»Ich kann nur hoffen und wünschen, daß niemand ›Jungianer‹ wird. Ich vertrete ja keine Doktrin, sondern beschreibe Tatsachen und schlage gewisse Auffassungen vor, die ich für diskussionswürdig halte …«

Sollte der wohlmeinende Diskutant und Dialogpartner nicht längst durch übereifrige »Jungianer« widerlegt worden sein? – Wie auch immer, die tatsächliche therapeutische Praxis sollte ein überzeugenderer Indikator sein als das Gehabe von Anhängern, von denen sich der Meister nicht mehr distanzieren kann …

Jedenfalls wird man sagen können, daß Jung seine Psychologie aus der Gesprächsbereitschaft und aus dem Dialog mit Vertretern anderer Disziplinen heraus entwickelt hat. Und wo er es für geraten hielt, empfahl er Patienten in konkreten Fällen an Kollegen anderer

Schulrichtungen, und sogar an Freud selbst. Der eigentliche Korrespondenz-Charakter der analytischen Psychologie aber kommt überall dort zum Ausdruck, wo die Jungsche Psychologie in einen geistigen Austausch eintritt, Anregungen aufnimmt und ihrerseits weiterführende Impulse vermittelt. Hierfür einige Beispiele:
Da ist Richard Wilhelm, der bekannte Sinologe und Interpret ostasiatischen Geistes. Mit ihm zusammen edierte und kommentierte Jung die altchinesische Einweihungsschrift »Das Geheimnis der Goldenen Blüte«. Noch bekannter ist das als Orakel auch von heutigen Benützern hochgeschätzte »I Ging – Buch der Wandlungen«. Auch hierfür hat Jung eine verständnisbereitende Einführung geschrieben.
Auf den ersten Blick mag es verwundern, daß ein heute lebender, naturwissenschaftlich denkender Mensch diesen alten fernöstlichen Traditionen so große Aufmerksamkeit geschenkt hat wie Jung. In einer dem Gedächtnis Richard Wilhelms gewidmeten Rede hebt Jung hervor, welches Ausmaß und welche Bedeutung die Zusammenarbeit gerade mit ihm gehabt habe:

»Wilhelms Lebenswerk ist mir darum von so hohem Wert, weil es mir so vieles erklärte und bestätigte, was ich versuchte, erstrebte, dachte und tat, um dem seelischen Leiden Europas zu begegnen. Es war mir ein gewaltiges Erlebnis, durch ihn in klarer Sprache zu hören, was mir aus den Wirrnissen des europäischen Unbewußten dunkel entgegendämmerte.«

Das ist die eine Seite. Dank dieser hohen Wertschätzung der chinesischen Spiritualität, die im »I Ging« ihren Niederschlag gefunden hat, fühlt sich Jung seinerseits aufgerufen, interpretierend und sinnerhellend als Psychologe tätig zu werden.
Es geht um nichts weniger als um den Versuch eines geistigen Brückenschlags zwischen West und Ost, zwischen westlicher Wissenschaftlichkeit und östlicher Intuition, wenn man die beiden unterschiedlichen Erkenntnisweisen einmal so charakterisieren darf. Jung kommt nochmals auf das Phänomen synchronistischer und somit akausaler Wirkweisen zu sprechen, wenn er sagt:

»Die Wissenschaft des ›I Ging‹ beruht nämlich nicht auf dem Kausalprinzip, sondern auf einem bisher nicht benannten – weil bei uns nicht vorkommenden – Prinzip, das ich versuchsweise als synchronistisches Prinzip bezeichnet habe.«

Er habe sich nach einem anderen Erklärungsprinzip umsehen müssen, weil das Kausalprinzip ihm nicht ausreichend erschien, um gewisse merkwürdige Erscheinungen der unbewußten Psyche zu erklären. Es handelt sich um Erscheinungen, die gemeinhin als »Zufälle« bezeichnet werden. Und Jung fährt fort:

»Ich fand nämlich zuerst, daß es psychologische Parallelerscheinungen gibt, die sich kausal schlechterdings nicht aufeinander beziehen lassen, sondern in einem andern Geschehenszusammenhang stehen müssen. Dieser Zusammenhang erschien mir wesentlich in der Tatsache der relativen Gleichzeitigkeit gegeben, daher der Ausdruck ›synchronistisch‹. Es scheint nämlich, als ob die Zeit nichts weniger als ein Abstraktum, sondern vielmehr ein konkretes Kontinuum sei, welches Qualitäten oder Grundbedingungen enthält, die sich in relativer Gleichzeitigkeit an verschiedenen Orten in kausal nicht zu erklärendem Parallelismus manifestieren können, wie zum Beispiel in Fällen von gleichzeitigem Erscheinen von identischen Gedanken, Symbolen oder psychischen Zuständen.«

Und weil auch die moderne Physik von ihrem speziellen Arbeitsfeld her auf diese Problematik gestoßen ist, ergibt sich die bemerkenswerte Dialogsituation, daß der Kenner der uralten chinesischen Orakelkunst und der zeitgenössische Physiker – unterstützt durch den Analytischen Psychologen – in ein Sachgespräch einzutreten vermögen, das freilich immer noch ungewohnt, wenn nicht sogar befremdend erscheinen mag.
Es ist daher verständlich, daß der Gedankenaustausch zunächst abseits des akademischen Rahmens erfolgt ist. Als eine solche Stätte des Gesprächs und der Begegnung bot sich die Casa Eranos an, ein idyllisch gelegenes Landhaus am Ufer des Lago Maggiore in Ascona. Hierher lud Olga Fröbe-Kapteyn seit 1933 zu den alljährlichen Eranos-Tagungen ein. Jung war nicht nur von Anfang an

dabei; ohne es zu wollen, wurde er der Spiritus rector des Kreises von Rednern und Hörern, vor allem von Gesprächspartnern. Denn – so erläuterte Olga Fröbe als Initiatorin und Gastgeberin einmal das Wesen dieser Sommertagungen:

»Im Eranos begegnen sich Forscher ersten Ranges, aus vielen Forschungsgebieten. Ihr Zusammenspiel, das ein Beziehungsspiel ist, ergibt ein dynamisches Ganzes, ein wissenschaftliches Beziehungsgefüge, zu dem auch der Kreis der Zuhörer gehört ... Das überpersönliche Urbild des inneren Menschen, seines Weges und dessen Ziel steht beim Eranos-Spiel im Zentrum.«

Jung war damit ein international zusammengesetztes und doch intimes Forum geboten, dem er jeweils zum ersten Mal die Ergebnisse seines tiefenpsychologischen Forschens mitteilen und im Kreis von Natur- und Geisteswissenschaftlern zur Diskussion stellen konnte, ehe er diese Resultate in seinen Büchern an die Öffentlichkeit herantrug. Seine insgesamt vierzehn großen Eranos-Vorträge beginnen – wie gesagt im Sommer 1933 – mit der Abhandlung »Zur Empirie des Individuationsprozesses« und enden mit dem Eranos-Vortrag des Sechsundsiebzigjährigen »Über Synchronizität« im Jahre 1951. Da in den ersten Jahren die Behandlung von religiös-spirituellen und religionswissenschaftlichen sowie tiefenpsychologischen Fragen überwog, sei der Eindruck eines bekannten Naturwissenschaftlers wiedergegeben. Der Basler Biologe Adolf Portmann, der seinerseits dazu beigetragen hat, der Tagung immer wieder neue inhaltliche Impulse zu vermitteln, beschreibt, wie er Jung als Dialogpartner erlebt hat:

»Jung kennenzulernen, das unablässige Arbeiten seines Geistes im täglichen Gespräch zu erfahren, die Wucht zu erleben, mit der er sich neuer Einsichten bemächtigte, mit dabeizusein, wenn er die einzelnen Redner, die mit neuen Themata in unseren Kreis eintraten, an sich zog und befragte – das waren Eindrücke von bleibender Größe. Den Mann zu erleben, der von den einen aufs höchste gepriesen, von den anderen mit ebenso großer Skepsis beurteilt wird, das war die glückliche Möglichkeit, sich mit einem so reichen Geist

auseinanderzusetzen und sein Wollen tiefer zu verstehen … Wir er-
fuhren eine schöpferische Macht, die aus den Verflechtungen des
Seelischen und des Geistigen immer und immer wieder neue Bilder
und Vergleiche ans Licht brachte.«

Andere Beispiele einer lebendigen Korrespondenz sind zu nennen,
so die Begegnung mit dem Indologen Heinrich Zimmer. Lange
bevor sich das Interesse an der östlich-fernöstlichen Geistigkeit und
Religiosität ausgebreitet hat, entstanden Jungs Kommentare zum
»Tibetischen Buch der Großen Befreiung«, zum »Tibetanischen To-
tenbuch« sowie eine Reihe einschlägiger Arbeiten. Fragen wir nach
Zweck und Aufgabe dieser Kommentare und Interpretationsversu-
che, dann lesen wir im Schlußwort zu »Das Geheimnis der Goldenen Blüte«:

»(Es) ist der Versuch, die Brücke eines inneren, seelischen Verständ-
nisses zwischen Ost und West zu schlagen … Das abendländische
Bewußtsein ist unter keinen Umständen das Bewußtsein schlechthin. Es ist vielmehr eine historisch bedingte und geographisch beschränkte Größe, welche nur einen Teil der Menschheit repräsentiert. Die Erweiterung unseres Bewußtseins soll nicht auf Kosten
anderer Bewußtseinsarten gehen, sondern soll durch die Entwicklung jener Elemente unserer Psyche, die den Eigenschaften der
fremden Psyche analog sind, zustande kommen, wie der Osten unserer Technik, Wissenschaft und Industrie auch nicht entraten
kann …«

Und nun ein wichtiger Hinweis, der weiterer Betrachtung bedarf:

»Die europäische Invasion im Osten war eine Gewalttat großen Sti-
les. Sie hat uns – noblesse oblige – die Verpflichtung hinterlassen,
den Geist des Ostens zu begreifen. Das ist uns vielleicht nötiger, als
wir derzeit ahnen.«

Diese Sätze wurden im Jahre 1929 niedergeschrieben und veröffentlicht! Wer aber aus ihnen und aus all diesen Forschungsbeiträgen
des Tiefenpsychologen den Schluß ziehen wollte, Jung sei etwa ein

Schrittmacher eines Yoga- oder Zen-Snobismus im Westen geworden, der übersieht den besonderen Akzent, den dieser Brückenbauer zwischen West und Ost gesetzt hat oder doch setzen wollte. Es stimmt natürlich, daß Jung die Feststellung traf:

»Der Geist des Ostens ist wirklich ante portas«,

und daß er gleichzeitig zu bedenken gab:

»Europäische Kanonen haben die Tore Asiens gesprengt, europäische Wissenschaft und Technik, europäische Diesseitigkeit und Begehrlichkeit überfluten China. Wir haben den Osten politisch überwunden. Was geschah, als Rom den Nahen Osten politisch unterworfen hatte? Der Geist des Ostens zog in Rom ein. Mithras wurde der römische Militärgott, und aus dem unwahrscheinlichsten Winkel Vorderasiens kam ein neues geistiges Rom. Wäre es nicht denkbar, daß heutzutage Ähnliches geschieht und wir ebenso blind wären wie die gebildeten Römer, die sich über den Aberglauben der ›Christianoi‹ wunderten ... So dringt der Geist des Ostens durch alle Poren ein und erreicht die wundesten Stellen Europas. Es könnte eine gefährliche Infektion sein, vielleicht ist es aber auch ein Heilmittel ...«

Was also liegt vor, Infektion oder Heilmittel? Ist nicht eine sehr viel präzisere Situationsbeschreibung nötig angesichts des immer noch anhaltenden Überangebots an östlichen Einweihungspraktiken und Übungsprogrammen? In seinem Kommentar zu »Das Geheimnis der Goldenen Blüte« lesen wir aber auch dies:

»Die wachsende Bekanntschaft mit dem geistigen Osten darf uns nur symbolischer Ausdruck der Tatsache bedeuten, daß wir anfangen, mit dem noch Fremden in uns in Verbindung zu treten. Verleugnung unserer eigenen historischen Vorbedingungen wäre reine Torheit und wäre der beste Weg zu einer nochmaligen Entwurzelung. Nur indem wir fest stehen auf eigener Erde, können wir den Geist des Ostens assimilieren.«

Indessen seien »die geistigen Bettler unserer Tage« – wie er sich sar-
kastisch ausdrückt – leider allzu geneigt, sich das Almosen des
Ostens anzueignen und seine Art und Weise blindlings nachzuahmen. Alles in allem: eine Gefahr, vor der nicht genug gewarnt werden könne. Der Weg des westlichen Menschen beginne bei der europäischen Wirklichkeit, bei der *hier* gewachsenen Bewußtseinsverfassung. Der Begegnung und der echten Korrespondenz ist nur
fähig, der zuvor *er selbst* geworden ist.

Im Zeichen der Begegnung und des geistigen Brückenschlags läßt
sich das Jungsche Werk auch in anderer Hinsicht fruchtbar machen.
Das zeigt die langjährige Zusammenarbeit mit dem Gräzisten und
Kenner der antiken Mythologie, Karl Kerényi. Mit ihm zusammen
brachte C. G. Jung das Werk »Einführung in das Wesen der Mythologie« heraus. Aus der Zusammenarbeit zwischen den beiden Wis-
senschaftlern konnte deutlich werden, inwiefern der Mythos der
Alten mit *dem* existentiell zu tun hat, was der heute lebende
Mensch in den Tiefen seines Unbewußten erfährt. Nicht umsonst
schreibt die psychotherapeutische Ausbildung, namentlich der
Jung-Schule, eine gründliche Bekanntschaft mit der mythologi-
schen Bildwelt vor. Im Vorwort zum ersten Band seiner Werkausgabe schreibt Karl Kerényi:

»Ich wählte zum Titel dieses Bandes ›Humanistische Seelenfor-
schung‹, um die Richtung, von der ich lange noch nicht wußte, daß
sie mich mit Carl Gustav Jung zusammenbringen würde, in ihrer
Besonderheit zu charakterisieren. Sie behielt diese Besonderheit
auch nach der Bekanntschaft mit dem großen Mediziner und Psychologen ... (Durch die Begegnung mit Jung) wurde mir erst bewußt, wie weit meine mythologische Forschung auch ›Seelenfor-
schung‹ ist.«

Karl Kerényi war übrigens auch beteiligt, als Jung zusammen mit
dem Ethnologen Paul Radin einen indianischen Mythen-Zyklus –
das Buch »Der göttliche Schelm« – herausgab und interpretierte.
Hier, aber auch in seinem kurz zuvor veröffentlichten Werk »Gott
und Mensch in der primitiven Welt«, legt der Anthropologe und
Ethnologe dar, in welcher Weise sich die Analytische Psychologie

für sein Forschungsgebiet als fruchtbar erwiesen habe. Darüber sei nicht vergessen, daß schon Freud – etwa mit »Totem und Tabu« aus dem Jahr 1913 – wesentliche Vorarbeiten geliefert hatte. Ohne an dieser Stelle auf den Versuch eines Vergleichs oder einer Wertung eingehen zu wollen, sei doch angemerkt, welch unterschiedliche Akzentsetzungen bei den beiden Psychologen – Freud und Jung – vorliegen. Freud bestimmt seine Aufgabenstellung etwa dadurch, daß er seine Aufsätze in »Totem und Tabu« mit dem Untertitel versieht: »Einige Übereinstimmungen im Seelenleben der Wilden und Neurotiker«.

Jung hingegen richtet seinen Blick im besonderen auf die symbolschaffende Funktion des Unbewußten. Auf diese Weise gelang es ihm, jene archetypischen Mächte zu beobachten, die teils schöpferisch, teils zerstörerisch das menschliche Bewußtsein beeinflussen, und zwar eben nicht nur das des Neurotikers. Marie-Louise von Franz hat daher wohl mit Recht darauf aufmerksam gemacht, daß die Entdeckung des Unbewußten, namentlich die des kollektiven, an die archetypische Bildmächtigkeit heranreichenden Unbewußten, nichts weniger als eine Verdoppelung unserer Weltsicht bewirke,

»... denn von nun an müssen wir bei allem fragen, ob ein psychologisches Phänomen bewußt oder unbewußt anzusehen sei und sogar ob und wieweit jede ›äußere‹ Tatsache von uns bewußt oder unbewußt wahrgenommen wird. Kein Wunder, daß diese archetypischen Mächte nicht nur in den Erzeugnissen, die in einer seelischen Behandlung auftauchen, sichtbar werden, sondern auch in den sonstigen kulturellen Tätigkeiten der Menschheit aufweisbar sind. Da alle Menschen solche gemeinsam ererbten seelischen Verhaltensweisen besitzen, ist es nicht zu verwundern, daß ihre Erzeugnisse, das heißt: ihre symbolischen Gedanken, Phantasien und Tätigkeiten, in allen Gebieten aufweisbar sind.«

Frau von Franz folgend, könnte man mit gutem Grund sagen: Es ist die genannte »Verdoppelung unserer Weltsicht«, die wir in hohem Maße der Lebensarbeit C. G. Jungs verdanken. Und die damit verbundene qualitative Erweiterung unseres Bewußtseins macht die Bedeutung Jungs für unser kulturelles und geistiges Leben aus; je-

denfalls ist damit ein besonderer Aspekt bezeichnet. Ihn haben sich
viele zu eigen gemacht, und zwar auch solche Wissenschaftler,
deren Fachrichtung der Psychologie fernzuliegen scheint. Als Beispiel sei der Schweizer Volkswirtschaftler Eugen Böhler angeführt.
Er lenkte die Aufmerksamkeit von Unternehmern auf die Jungsche
Psychologie und versuchte in zahlreichen Veröffentlichungen,
Jungs Konzepte auf die Wirtschaftswissenschaft anzuwenden. Nach
Böhler werde das Wirtschaftsleben nicht so sehr von nationalen Zielen beherrscht, sondern von kollektiven Impulsen, die ihren Ursprung in der Phantasie und im Mythos haben. Während die Pro-
duktion das Ergebnis eines rationalen Prozesses sei, hänge der Kon-
sum von einem irrationalen Impuls ab. So liegt der sicher nicht alltägliche Fall vor, daß ein Volkswirtschaftler – eben Professor Eugen
Böhler – ein inzwischen weitverbreitetes Taschenbuch mit Jung-Tex-
ten eingeleitet hat, ein Buch, das sich mit den Archetypen des kollektiven Unbewußten und mit religionspsychologischen Problemstellungen beschäftigt.

Auch auf dem Gebiet der politischen Wissenschaften, der Rechts-
philosophie und der Staatslehre fanden Ergebnisse der tiefenpsychologischen Forschungen Jungs Anwendung. Schon 1931 trat Diet-
rich Schindler mit einer Studie über Verfassungsrecht und soziale
Struktur hervor. Und bei seinem Versuch einer psychologischen
Deutung staatsrechtlicher Dogmen kommt Max Imboden zu dem
Schluß, daß die drei klassischen Staatsformen: Monarchie, Aristo-
kratie und Demokratie, letztlich verschiedenen Entwicklungsstufen
des kollektiven Bewußtseins entsprächen. Er stellt die Forderung
auf, Demokratie sollte die Staatsform von Bürgern sein, die zumindest mehrheitlich einen ausreichenden Grad von Individuation, das
heißt von Selbstverwirklichung, erreicht haben. Wie weit Wunsch
und Wirklichkeit auseinanderzuklaffen pflegen, steht freilich auf
einem anderen Blatt.

Genug der Beispiele, die etwas über die Breiten- und auch Tiefenwirkung der Jungschen Psychologie aussagen. Ein Lebens- und Er-
kenntnisgebiet blieb bisher unberücksichtigt. Von ihm soll abschließend die Rede sein, zumal es im Leben und Schaffen Jungs wie
kaum ein anderes eine dominierende Rolle gespielt hat, nämlich das
Feld der religiösen Erfahrung. Und in diesem Zusammenhang ist

von der Wechselbeziehung zwischen Tiefenpsychologie und Theologie zu sprechen.

Auf den ersten Blick scheint Jungs starke Affinität zur Welt des Religiösen auf die Tatsache zurückzuführen zu sein, daß er als Sohn eines reformierten Schweizer Pfarrers im Umkreis von Kirche, Friedhof und Pfarrhaus aufwuchs und damit verbundene frühe Eindrücke empfing. Die gab es zweifellos. Aber wenn Jung in seinem Lebensrückblick sagen konnte, daß Gott, um den sein Denken und Streben lebenslang kreiste, ihm die sicherste Gewißheit darstellte, so rührte das von eigentümlichen Innenerlebnissen her. Nicht die äußere Formenwelt von Tradition und Theologie prägte den Heranwachsenden, sondern die religiöse Erfahrung als solche. Die Theologie als ein Lehrzusammenhang stellte einen ausgesprochen negativen Aspekt dar. So heißt es in einem Brief des Achtzigjährigen an den evangelischen Theologen Walter Bernet einmal:

»Die Tragik meiner Jugend war, daß ich meinen Vater sozusagen vor meinen Augen am Problem seines Glaubens zerbrechen und eines frühen Todes sterben sah. Das war das objektive Ereignis, das mir für die Bedeutung der Religion die Augen öffnete. Subjektive innere Erlebnisse haben es verhindert, daß ich aus dem Schicksal meines Vaters in bezug auf den Glauben negative Schlüsse zog, die nahegelegen hätten. Ich bin ja in der Blütezeit des Wissenschaftsmaterialismus aufgewachsen, hatte Naturwissenschaften und Medizin studiert und bin Psychiater geworden. Mein Bildungsweg einerseits hat mir nichts offeriert als Gegengründe, und andererseits war mir das Charisma des Glaubens versagt.«

Für Jung gab es demnach nur die Möglichkeit einer klaren Grenzziehung zwischen seiner religiösen Eigenerfahrung und der Theologie, genauer: jener Theologie, die sich der »Erfahrbarkeit des Geglaubten« verschließt – einst wie heute.

Wenn man sich nun vor Augen hält, daß die religiöse Überlieferung den Menschen in Wort und Schrift, in Sinnbild und Ritus mit Gestalten und Wirkkräften des Numinosen, Heiligen konfrontiert, dann liegt auf der Hand, wieviel von einer Psychologie erwartet werden darf, die sich für die Wirklichkeit des Archetypischen offenhält. Dieter Spies umreißt den vorliegenden Sachverhalt so:

»Mit Hilfe des psychologischen Instrumentariums der Archetypenlehre kann Jung Religion und religiöse Phänomene dem Verständnis ein wesentliches Stück näherbringen, und zwar ohne Banalisierung dessen, was Religion eigentlich ausmacht: (nämlich) des unbedingten, faszinierenden, aber auch ungeheuren Anspruchs einer das Ich übersteigenden totalen Macht. Religion ist für ihn weder Irrweg noch Illusion – wie für Freud –, sondern notwendiges Stadium auf dem Weg zur Vollständigkeit der Psyche, das weder beseitigt noch als überflüssig erachtet, sondern höchstens im Fortschritt der psychischen Evolution durch Bewußtwerdung des zugrundeliegenden archetypischen Geschehens überholt werden kann.«

Verständlicherweise mußte der Tiefenpsychologe wiederholt den Vorwurf entkräften, seine These von der »Wirklichkeit der Seele« leiste einem alles umfassenden »Psychologismus« Vorschub: Seine Auffassung, wonach es psychische Faktoren gebe, die göttlichen beziehungsweise religiösen Figuren entsprächen, hätte als Entwertung zu gelten. Religiöse Erlebnisse seien »nicht nur psychologisch«, somit auch nicht ausschließlich mit den Mitteln der Psychologie zu erklären, sofern »Erklärung« hier überhaupt gefragt ist. Von der Theologie wird deshalb bisweilen darauf hingewiesen, daß das Psychische »nur« Natur sei, und das heißt: irdisch, sündhaft und damit gottentfremdet, wenn nicht sogar widergöttlich. Jung hält seinen Kritikern entgegen, sie hätten ihn noch gar nicht voll zur Kenntnis genommen. Und er fragt zurück:

»Woher weiß man denn solchen Bescheid über die Seele, daß man sagen kann, (sie sei) ›nur seelisch‹? So spricht und denkt nämlich der Abendländer, dessen Seele offenbar ›nichtswürdig‹ ist. Wäre viel drin, so würde man mit Ehrfurcht davon reden ... Etwas mehr Meister Eckhart täte manchmal gut!«

Im gleichen Zusammenhang warnt Jung vor einer Entwertung der Seele durch eine »ausschließlich religiöse Projektion«, nämlich in

Kultus und Dogma. Dadurch erstarre das religiöse Leben in Äußerlichkeit und Formelkram. Deshalb sein Zusatz:

»Wenn aber die Seele nicht mehr mitspielt, so erstarrt das religiöse Leben ... Es wäre eine Blasphemie zu behaupten, daß Gott sich überall offenbaren könne, nur gerade nicht in der menschlichen Seele.«

An dieser Stelle aus seinem Werk »Psychologie und Alchemie« revidiert Jung manche im Eifer gemachten Äußerungen, wenn er fortfährt:

»Es ist vielleicht zu weit gegangen, von einem Verwandtschaftsverhältnis zu sprechen; aber auf alle Fälle muß die Seele eine Beziehungsmöglichkeit, das heißt eine Entsprechung zum Wesen Gottes in sich haben, sonst könnte ein Zusammenhang nie zustande kommen.«

Und an die Adresse seines Landsmannes, des Theologen Karl Barth, gerichtet, bringt Jung die Fußnote an:

»Es ist darum psychologisch gänzlich undenkbar, daß Gott das ›ganz Andere‹ schlechthin sein sollte; denn ein ›ganz Anderes‹ ist niemals das der Seele innigst Vertraute, was Gott eben auch ist. Psychologisch richtig sind nur paradoxe respektive antinome Aussagen über das Gottesbild.«

Worin erblickt demzufolge der Tiefenpsychologe Jung die Möglichkeit einer Beziehung zwischen Gott und Seele, worin sieht er eine Entsprechung? Jungs Antwort ist eindeutig: Es ist der Archetypus, das Urbild des Gottesbildes in der menschlichen Seele. Dieser Tatbestand ist dem westlichen Menschen in einem viel höheren Maße unbewußt als dem östlichen Menschen, der noch im Zusammenhang seiner spirituellen Tradition steht. Daher auch Jungs Hinweis, der westliche Mensch sei von den »zehntausend Dingen« bezaubert; er sei ich- und dingverhaftet und der tiefen Wurzel allen Seins unbewußt:

»Die westliche, objektbetonte Haltung neigt dazu, das ›Vorbild‹ Christus in seinem gegenständlichen Aspekt zu belassen und ihn damit seiner geheimnisvollen Beziehung zum inneren Menschen zu berauben.«

Diese Feststellung des Schweizer Psychotherapeuten hat an Gültigkeit nichts eingebüßt. Eher könnte man sagen, Jungs Diagnose einer allzu stark extravertierten, nach außen gewandten Geisteshaltung und Bewußtseinsverfassung könne erst heute in ihrer Dringlichkeit voll erfaßt werden. In dem 1944 erstmals veröffentlichten Werk »Psychologie und Alchemie« finden sich weitere Hinweise dieser Art, die Jung durch die Resultate seiner analytischen Arbeit belegen könnte. Er schreibt:

»Es kann daher der Fall eintreten, daß ein Christ, der zwar an alle heiligen Figuren glaubt, doch im Innersten der Seele unentwickelt und unverändert bleibt, weil er den ›ganzen Gott draußen‹ hat und ihn nicht in der Seele erfährt. Seine ausschlaggebenden Motive und seine maßgebenden Interessen und Impulse erfolgen aus der unbewußten und unentwickelten Seele, die so heidnisch und so archaisch wie nur je ist, und keineswegs aus der Sphäre des Christentums.«

Wenngleich eine derartige Feststellung nicht ganz neu ist, so kann doch das beunruhigende Element, das Jung hier zur Geltung bringt, nicht übersehen werden. Es irrt jedoch, wer nun annehmen wollte, die Theologen aller Konfessionen hätten sich in großer Zahl um Jung geschart, um für ihre Verkündigung und Seelsorgepraxis von ihm zu profitieren. Dem ist nicht so, jedenfalls nicht in dem zu erwartenden Ausmaß. Der Schweizer Reformierte Hans Schär sprach einmal davon, Jung werde von der Theologen-Zunft mit Vorsicht, ja sogar »mit nur allzu großer Vorsicht« genossen.
Aber auf der anderen Seite besteht auch kein Grund, den zu Lebzeiten Jungs begonnenen Dialog zwischen Theologie und Analytischer Psychologie gering zu schätzen. Allein in der dreibändigen Briefausgabe lernt man rund siebzig Theologen kennen, die mit C. G. Jung in Gedankenaustausch gestanden hatten: Protestanten, Katholiken und Orthodoxe. Seit 1949 existiert die »Internationale Ge-

meinschaft Arzt und Seelsorger« – heute: »Internationale Gesellschaft für Tiefenpsychologie«. Auf ihren alljährlichen Arbeitstagungen, bei denen die Jung-Schule neben anderen tiefenpsychologischen Richtungen vertreten ist, geht es vor allem darum, so etwas wie eine Zusammenschau der verschiedenen Disziplinen herbeizuführen und so das weitverbreitete selbstgenügsame Spezialistentum zu überwinden. Theologie und Jungsche Psychologie kommen hierbei in ein fruchtbares Gespräch. Dieser Dialog beschränkt sich keineswegs auf das Feld der praktischen Seelsorge, wo es selbstverständlich sein sollte, daß der Psychologe seine Einsicht und Erfahrung zur Verfügung stellt. Daß selbst die Dogmatik die archetypische Bildsprache ernst nehmen möchte, geht aus einem Votum hervor, das der Saarbrücker Systematiker und Religionswissenschaftler Ulrich Mann abgegeben hat.

»Wir müssen offener werden, wenn wir uns auf die Jungschen Thesen einlassen wollen, daß es eine fortgesetzte Entwicklung von Offenbarung und Dogma gibt, daß die Offenbarung nicht zu Ende ist mit der Heiligen Schrift, daß das Dogma nicht ein für allemal mit den Bekenntnisschriften und der Augsburger Konfession fix und fertig daliegt, sondern daß es weitere theologische Erkenntnisse gibt. Auch dafür kann man beachtliche Kronzeugen nennen, ich erinnere an Jakob Böhme, an die Schwabenväter und an Schelling. Wir wären damit auch nicht allzufern von Teilhard de Chardin, der ebenfalls auf diese alte Tradition zurückgreift; auch an Joachim von Fiore wäre zu denken und an Lessing mit seinen Entwicklungsstufen des christlichen Geistes. All das müßten wir akzeptieren, und vielleicht sogar den Gedanken, daß Gott sich so sehr in der Welt inkarniert und in der Psyche inanimiert hat, daß er selbst mit Welt und Psyche mitwachsen will ...«

Zweifellos ein unorthodoxes, ein mutiges, ein neue Dimensionen aufschließendes Wort aus dem Mund eines lutherischen Theologieprofessors! Für sich genommen mögen derartige Sätze provokativ erscheinen. Nimmt man jedoch den großen Kontext hinzu, in dem sie stehen und aus dem heraus sie verstanden werden wollen, dann wird man sich ihrer Fruchtbarkeit nicht entziehen können. Und aus dem Gesagten ergibt sich, daß die durch Jung gegebenen Anstöße, auch solche für die Bibelinterpretation, letztlich überkonfessioneller Natur sind.

Wie behutsam man in der Jung-Rezeption – bei aller Aufgeschlossenheit – auch auf katholischer Seite zu Werke geht, ist einer Wortmeldung des Regensburger Theologen Josef Goldbrunner zu entnehmen, der für seine Fakultät folgendes berichtet:

»Der Dialog zwischen katholischer Theologie und Tiefenpsychologie scheint immer noch am Anfang zu stehen. Es ist, als ob die Tiefenpsychologie am verschlossenen Palasttor der Theologie anklopfen würde. Aber die vornehme Dame Theologie öffnet nur ein Fenster und spricht indigniert mit dem heidnischen Kind auf der Straße. Während die Soziologie längst ein gern gesehener Gast mit Heimatrecht in der Theologie geworden ist, wird Tiefenpsychologie mißtrauisch auf Distanz gehalten. Denn mit der Soziologie kann man sich auf intellektueller Ebene treffen und argumentieren, aber wer sich mit Tiefenpsychologie einläßt, sieht sich plötzlich in ein Gespräch verwickelt, das ihn selber betrifft ...«

Damit ist abschließend noch einmal auf das Spezifische der tiefenpsychologischen Arbeit von C. G. Jung verwiesen, nämlich auf die hohe Einschätzung der Empirie, auf das Spezifikum der Selbsterfahrung. Diese Erfahrung ist nicht durch Lehrautoritäten religiöser oder wissenschaftlicher Art zu ersetzen.

Was daher der Schweizer Theologe Hans Schär bezüglich der Verhältnisbestimmung von Psychologie und Religion auf einen einfachen Nenner bringt, das läßt sich – cum grano salis – auf die Bedeutung Jungs für das geistige Leben der Gegenwart übertragen. In seinem schon 1946 erschienenen Buch »Religion und Psyche« schreibt Hans Schär:

»Wer sich mit der Religion beschäftigt, muß heute Jungs Arbeit zur Kenntnis nehmen und sich damit auseinandersetzen. Es hätte keinen Sinn, hinter ihn zurückzugehen; wir können nur auf dem eingeschlagenen Wege weitergehen.«

Damit bestätigt ein Theologe, was vor ihm Jean Gebser als Kulturphilosoph zu bedenken gab, wenn er in seinem Buch »Abendländische Wandlung« schrieb:

»Uns will scheinen, daß sich der zukunftenthaltende Charakter der
Komplexen (beziehungsweise Analytischen) Psychologie erst dann
erweisen kann, wenn die allgemeine Entwicklung des wissenschaftlichen Denkens von jenen Praktiken Abstand nehmen kann, die sich
noch zu sehr auf das Beweisbare, zu wenig aber auf das ›Stimmende‹
gründen.«

Jean Gebser

Vor dem Horizont eines neuen Bewußtseins

W erden die Flammenzeichen der drohenden Weltkatastrophe die Kraft besitzen, die Blindheit des modernen Denkens zu durchbrechen?« Schon gegen Ende der sechziger Jahre stellte Georg Picht diese besorgte Frage, zu einem Zeitpunkt, als das Wissen um das auf diesem Planeten angehäufte Vernichtungspotential vergleichsweise noch gering war. Pichts Frage bezog sich auf ein immer wieder in Erscheinung tretendes Phänomen, nämlich daß Erfahrungen, Einsichten an verschiedenen Orten mit verblüffender Gleichzeitigkeit auftauchen können, ohne daß ihre Zeugen voneinander wissen.

Lediglich von der »Duplizität der Fälle« zu reden, wiederholt bestenfalls den Tatbestand; erklärt wird er dadurch nicht. Und wer seine Zuflucht in der Phrase nimmt: »Das lag eben in der Luft«, der gesteht, daß er mit einer rationalen Begründung nicht aufwarten kann.

Gibt es denn eine solche Begründung? Muß nicht vielmehr eine überrationale – anders ausgedrückt: eine »supramentale« Erklärungsweise gefunden werden? Das hieße aber, die uns geläufige, an der Gegenstandswelt gebildete Bewußtseinsart überschreiten. Es hieße, nach einer Erkenntnis Ausschau zu halten, die sich der Dimension des Geistigen zu öffnen vermag. Des Geistigen? Was ist damit gemeint?

Gewiß nicht das, wenn wir von einem Menschen sagen, er sei »geistig auf der Höhe« oder er habe einen »wachen Geist«, und damit mental-rationale Fähigkeiten meinen, etwa die, sich des verstandesmäßigen Denkens in seinen verschiedenen Funktionsformen zu bedienen.

Nein, sich dem Geistigen öffnen, das will heißen: sich dem öffnen, was die Zonen des Denkens, des Meinens und auch des Glaubens qualitativ übersteigt. Dieses Geistige durchwirkt alles, was ist. Es

umgreift alles, was existiert. Es gründet und umfaßt. Es gewährt
Sinnfülle inmitten der Absurdität vordergründiger bloßer Zwecke.
Von diesem Geistigen geht eine Kraft der Bewahrung aus inmitten
der Vergänglichkeit, der jede Kreatur unterworfen ist. Dieses Geistige ist unverfügbar, und doch schenkt es sich. Es ist unsichtbar,
durch keinen Test dingfest zu machen, und doch zeigt es sich. Als
das Umgreifende, Durchwirkende ist es präsent. Seine Präsenz ist
seine Transparenz. Oder mit anderen Worten:

»Es gibt den Bereich des Geistigen, der es nicht zuläßt, daß man darüber mit jener begrifflichen und verstandesmäßigen Klarheit und
Genauigkeit spräche, welche uns liebenswert sind. Das besagt keinesfalls, daß uns das Klima dieses Bereiches in die Ungenauigkeit
oder die Geheimniskrämerei verwiese. Aber es fordert, daß wir mit
jeder Äußerung oder Aussage darüber behutsam sein sollten, damit
sie seinen gleichsam überstarken Gehalt nicht zerreden. Dieser Gehalt entzieht sich weitgehend jedweder Mitteilbarkeit. Seine Aner-
kennung ist dem landläufigen Denken nur dann möglich, wenn es
sich, groß- oder kleinmütig, bereit findet – was selten genug geschieht –, von der handgreiflichen Beweisbarkeit abzusehen, um
sich für seine Gültigkeit mit der bloßen Wahrscheinlichkeit oder
Möglichkeit zu begnügen ... Alles verstandesmäßig Denkbare hat
nur dann Wirklichkeitswert, wenn es Beweiskraft hat. Alles geistig
Wahrnehmbare hat nur dann Gültigkeit, wenn es Evidenzcharakter
hat. Das, wovon hier zu sprechen gewagt wird, vollzieht sich im
Übergedanklichen. Damit bleibt es für jene, welche die Grenzen des
Denkens nicht zu überschreiten wagen, bloße Vermutung, während
es für die Wahrnehmenden die Transparenz des ›Letztwirklichen‹
ist.«

Diese Gedanken entstammen dem Erfahrungs- und Intuitionsbe-
reich eines Mannes, der sich in einer bestimmten Weise der Erforschung des menschlichen Bewußtseins und dessen Entfaltung in der
Geschichte verschrieben hat: Jean Gebser.
Als der Schweizer Kulturanthropologe und Philosoph im Jahre 1973
verstarb, hinterließ er ein Werk, das einerseits die Anwesenheit
jenes Geistigen bezeugt und das andererseits einen Durchblick

durch die Kulturen der Menschheit eröffnet. Es zeigt an, welche Entwicklungsprozesse das menschlich-menschheitliche Bewußtsein durchlaufen hat, von der archaischen Frühgeschichte bis heute, in der westlichen und in der östlichen Hemisphäre. Vor allem aber verweist Gebser auf den Schritt, der heute zu tun ist, will diese Generation nicht allein die vielbeschworenen Gefahren bestehen und überleben, sondern darüber hinaus auch dem Ziel der Menschwerdung des Menschen entsprechen. Da der Philosoph gleichzeitig zu einer seelisch-geistigen Mutation, zu einer Wandlung der Bewußtseinsstruktur aufruft – Gebser spricht schlicht von »Hinweisen auf das neue Bewußtsein« –, wird sein Name neben denen von Teilhard de Chardin und Carl Gustav Jung, aber auch neben Rudolf Steiner und Sri Aurobindo genannt. Dabei teilt der auf die westöstliche Polarität blickende Gebser mit Steiner, Jung und Teilhard die Überzeugung, daß die Grundkomponente des abendländischen beziehungsweise des westlichen Menschen unleugbar im Christentum gründe, in jenem Christentum freilich, das nicht auf ein bestimmtes kirchliches Bekenntnis reduziert ist, sondern das sich je und je als impulsierende, inspirierende Kraft erweist, sei es innerhalb, sei es außerhalb kirchlicher Gemeinschaften.

Doch wer ist Jean Gebser? Zu seinen Lebzeiten wurden nur wenige biographische Daten bekannt: 1974, also ein Jahr nach Gebsers Tod, brachte eine autobiographische Skizze Licht in die Kindheits- und Jugenderinnerungen aus der Zeit vor und nach dem Ersten Weltkrieg. Unter der Überschrift »Die schlafenden Jahre« beginnt er, indem er sich unmittelbar an seinen Leser wie an einen Freund wendet:

»Ich habe viele Namen und ich wurde viele Male geboren. Geboren in ein hiesiges Leben und geboren durch ein Sterben in die Unendlichkeiten, die du die Jenseitigen nennen wirst. Diesmal habe ich schon den guten halben Weg getan ...«

Der reinkarnationsgläubige Autobiograph schreibt aus der Gewißheit heraus, der Selbstgestalter seines Schicksals zu sein. Geboren ist er am 20. August 1905 in Posen:

»Warum ich mir diese Stadt aussuchte, weiß ich nicht. Vielleicht meiner Eltern wegen? Denn Zufall kann es nicht sein. Würde ich sagen, daß es Zufall sei, so würde ich gewissermaßen schon den Beginn meines Lebens in die Sinnlosigkeit stellen, jedenfalls insoweit, als man den Zufall als etwas blind Geschehendes anspricht. Zufall also kann es nicht sein.

Es war ein heißer Sonntag im August. Damals – im Jahre neunzehnhundertundfünf – gehörte jene ursprünglich polnische Stadt seit vier Generationen zu Preußen. Es ist also eine seltsam ungesicherte Heimat, die zudem nicht die meiner Familie war, in die ich hineingeboren wurde; und ein solcher Umstand ist wohl dazu angetan, einem ganzen Leben eine gewisse Tönung und Färbung zu geben.«

Hans Gebser – so weist ihn die Geburtsurkunde aus, und so hat er seine ersten publizistischen Arbeiten gezeichnet – ist der Sohn eines Kirchenjuristen. Eine außergewöhnliche Abneigung gegen den Schulbetrieb scheint der Hauptgrund gewesen zu sein, daß Hans das Gymnasium vorzeitig verlassen hat.

Er absolviert eine Banklehre. Sehr viel wichtiger für den Bücherliebhaber wird eine Ausbildung als Buchhändler in Berlin. Als Werkstudent schreibt er sich an der Humboldt-Universität ein. Er hört Vorlesungen bei dem Volkswirtschaftler Werner Sombart, Literatur- und Geistesgeschichte bei dem jungen Romano Guardini. Zu dessen Geistigkeit und Aussage bemerkt Gebser:

»Sie beeindruckte selbst jene, die nur aus politischer Neugierde gekommen waren, da sein Lehrstuhl der erste bedeutende katholische Lehrstuhl an der Berliner Universität war. Seine Berufung in die protestantische Hauptstadt war damals ein großes Ereignis. In seinen Vorlesungen ging er mit außerordentlichem Takt auf all das ein, was in der Jugendbewegung schwelte, und wußte auf heilsame Weise an ewige Werte zu erinnern. Es waren unvergeßliche Stunden von einer seltenen Dichte, die, obwohl ich nicht allem zu folgen vermochte, mich nachhaltig beglückten und bereicherten.«

Dieses »Studium« erstreckt sich um 1924/25 über wenige Semester. Für den Vorlesungsbesuch stehen dem Banklehrling ohnehin nur die späten Nachmittags- und die Abendstunden zur Verfügung, wenn das Geschäft geschlossen ist. Und die Aufnahme eines auf eine einzige Disziplin zielenden Universitätsstudiums scheint Gebser nicht in Erwägung gezogen zu haben.

Ihm ist bereits klar, daß ihm jedes Spezialistentum fremd ist. So wird der universell Interessierte, zu universeller Weltbetrachtung Prädestinierte Autodidakt, man darf sagen: auf Lebenszeit:

»Es war eine ungeahnt intensive Welt, die ich damals zu entdecken begann, darin ich, wo und wie immer ich nur konnte, heimisch zu werden trachtete. Einige Monate nach Antritt meines Studiums fielen mir in einer Buchhandlung, es war um Weihnachten des Jahres 1923, die damals gerade erschienenen ›Duineser Elegien‹ und ›Die Sonette an Orpheus‹ in die Hände. Ich weiß noch, daß mich bei ihrer Lektüre eine Verzauberung ohnegleichen ergriff; diese Elegien strömten eine das Herz verwandelnde, und es aus sich selber heraushebende Kraft aus; der Duft und die Luft ihrer neuartigen Weltgestimmtheit legte einen Weg frei und rief den eigenen Mut wach, ihn zu gehen und jenen zu verlassen, den ich seit zwei, drei Jahren einzuhalten versucht hatte und der weniger durch Nietzsche als durch kleinere Schriften Schopenhauers und durch Georg Trakl bestimmt worden war.«

Hier nur einige der wichtigen Stationen dieses nach innen wie nach außen überaus bewegten Lebens, in dem sich Gebser zunächst als Dichter und als Übersetzer, zeitweise auch als Drucker und als Buchhändler betätigt hat: Ende der zwanziger Jahre geht der in seinen Zwanzigern stehende junge Gebser auf Reisen; erst ins Engadin, dann nach Florenz, um in einem wissenschaftlichen Antiquariat zu arbeiten, danach als Mitarbeiter des Verlegers Kurt Wolff. 1931 verläßt er Deutschland endgültig, nämlich in Richtung Südfrankreich und Spanien. Während des sechsjährigen Spanienaufenthaltes in Torremolinos und Madrid ist er Mitarbeiter des spanischen Unterrichtsministeriums. Als Freund Federico Garcia Lorcas und anderer Lyriker betätigt er sich als Übersetzer spanischer Dichtung. Zusammen mit einem Spanier unternimmt er den Versuch, Hölderlin-Gedichte in die Sprache seines Gastlandes zu übertragen.

Das Buch »Rilke und Spanien« entsteht, als der Bürgerkrieg ausbricht. Ins Tagebuch notiert er im Oktober 1936:

»Abreise aus Madrid; wurde in Valencia von Anarchisten verhaftet,
gefangengesetzt eineinhalb Tage; durch Eingreifen spanischer
Freunde vorm Erschießen bewahrt. Kurz darauf Grenzübertritt
nach Frankreich.«

Und an anderer Stelle die knappe Mitteilung:

»Zwölf Stunden bevor im Herbst 1936 meine Madrider Wohnung
zerbombt wurde, machte ich mich wiederum auf den Weg ins Unge-
wisse.«

Mit dem Überschreiten der französischen Grenze beginnen für
Gebser die »Hungerjahre von Paris«.
An kulturellen Anregungen und gesellschaftlichem Austausch jedoch könnte die Zeit kaum reicher sein. Hierfür nur ein Beispiel:
Jean Gebser gehört jenem Kreis an, der sich an der Place Saint-Ger-
main-des-Prés mit einer gewissen Regelmäßigkeit zusammenfin-
det. Mitglieder dieses Kollegiums von Intellektuellen und Künst-
lern sind unter anderem Paul Eluard, Aragon, André Malraux und
der für Gebsers bewußtseinsgeschichtliche Interpretationen bedeutsame Pablo Picasso. So kann es nicht verwundern, daß in dem
späteren richtungweisenden Werk »Ursprung und Gegenwart« die
Begegnung mit dem spanischen Künstler geschildert ist.

»Als ich im Herbst 1938 Picasso wiedersah ... zeigte er mir die
neuen Ölbilder, die er im Sommer jenes Jahres gemalt hatte. Es war
in seinem Atelier im ›Quartier Latin‹, in dem sein ›Guernica‹ entstanden war und fast den Raum gesprengt hatte. – Unter den neuen
Bildern fesselte mich besonders ein kleines Bild, das die Dächerland-
schaft eines Dorfes, anscheinend von einem Fenster aus gesehen,
darstellte; es war fast flächig gemalt und von keinem zentralen
Lichtpunkt beleuchtet: Das ganze Bild zeigte nichts als eine Stu-
fung fast platter Dächer vielfältigster Färbungen, die zuerst wie eine
bloße Anhäufung von rechteckigen Flächen anmuteten. Ich glaube

zunächst, dieses Bild beschäftige mich vor allem wegen seiner Farb-
fülle, bis mir allmählich klar wurde, was der wirkliche Grund für
mein Interesse war: die räumliche Unfixiertheit der Zeit, die Tatsache, daß nicht der Augenblick auf ihm zur Darstellung gelangte,
sondern die dauernde, ja ewige Gegenwart. Die Schatten, die dort in
den Farbtönen zutage traten, hatten ihren Grund nicht in einem
Sonnenstande, der auf einen bestimmten Augenblick zeiträumlich
exakt fixierbar gewesen wäre ...«

Was war geschehen? Inwiefern hob sich diese Malweise von anderen ab? Gebsers Antwort lautet:

»Picasso hatte diese Landschaft gemalt, indem er es wagte, alle Be-
leuchtungen, alle durch den sich ändernden Sonnenstand ausgelö-
sten zeitlichen Bewegungselemente, die in der Verschiebung der
Farbschatten sichtbar werden, mitzumalen, so lange er selber an
dem Bilde arbeitete: ein Einfangen der auf die Natur bezogenen Gegenwart, wie es, gerade wegen seiner Einfachheit, kühner nicht
denkbar ist.«

Die Begegnung mit diesem Landschaftsgemälde wurde für Gebser
überaus wichtig. Es lieferte ihm einen Beleg für seine Wahrnehmung und Einsicht, die ihn seit Beginn der dreißiger Jahre heimge-
sucht hat. Es ist das Gewahrwerden einer neuen Weltsicht, die aufgrund einer veränderten Bewußtseinsstruktur – zumindest da und
dort – auch für andere Tatsache geworden sein muß. In einem bestimmten künstlerischen Schaffen, offenbar aber nicht nur in ihm,
scheint dieses Faktum zur Manifestation zu drängen. Was Gebser
zunächst an diesem Gemälde Picassos aufgeht, ist folgendes:

»Nicht der raumfixierte, zeiträumliche Augenblick wird auf diesem
einzigartigen Landschaftsbild sichtbar, sondern die in ihrer Ganzheit durchsichtig werdende Gegenwart; die Gegenwart, die in wesentlichen Akzidenzen mit dem übereinstimmt, was wir Ewigkeit
nennen: denn beiden ist gemeinsam, daß sie ungreifbar und unvor-
stellbar sein sollen. Beide aber werden in ihrer Durchsichtigkeit in
diesen Bildern Picassos präsent, evident und damit konkretisiert.«

Die Tragweite dieser Aussage ist kaum zu überschätzen. An die Stelle der von der Perspektive beherrschten Betrachtungsweise ist eine neue getreten, eine aperspektivische und damit eine neue Sicht der Welt. Von ihr heißt es in diesem Bericht weiter:

»Die Aperspektivität, in der sich eine im Entstehen begriffene und daher neue Bewußtseinsstruktur ausdrückt, kann aber in allen ihren Konsequenzen, den negativen wie den positiven, nicht wahrnehmbar gemacht werden, so lange nicht gewisse Begriffe, Haltungen und Denkformen, die bis anhin gültig waren und noch sind, näher betrachtet und geklärt werden.«

Um nun die volle Bedeutung besser zu verstehen, die der Interpret dem kleinen Gemälde Picassos beimißt, ist es von Nutzen, daß man sich mit Gebsers bewußtseinsgeschichtlicher Schau einigermaßen bekannt macht. Doch zuvor noch eine biographische Position:
Man schreibt den 30. August 1939. Der Zweite Weltkrieg steht unmittelbar bevor. Zwei Stunden bevor die französischen Grenzen schließen, erreicht Jean Gebser die neutrale Schweiz. Während nahezu alle Länder Europas vom Krieg überzogen sind, sitzt der Exilant in seinem kleinen Refugium in Locarno-Muralto und beginnt damit, die Erfahrungen und Einsichten niederzuschreiben, die ihm in den vergangenen Jahren zugewachsen sind.
Zuerst entsteht das Manuskript zu dem Buch »Abendländische Wandlung«. Es stellt den Abriß der Ergebnisse moderner Naturforschung dar, wie sie auf den Gebieten der Physik, der Biologie und Psychologie vor allem seit dem Beginn des 20. Jahrhunderts zutage gefördert worden sind, mit Ausblick auf deren Bedeutung für Gegenwart und Zukunft. Thema und Zeitpunkt der Niederschrift sind sicher bemerkenswert, denn während Millionen Menschen diesseits und jenseits der quer durch Europa verlaufenden Fronten die Sieges- wie die Schreckensmeldungen Tag für Tag verfolgen, protokolliert Gebser, in der Mitte seines Lebens stehend, die Resultate eines Wandlungsprozesses, der über die Tagesaktualität weit hinausweist und dem epochale Bedeutung zugesprochen werden kann: Geht es doch um nichts Geringeres als um die völlige Umgestaltung des bisher bekannten materialistisch und mechanistisch betonten

Weltbildes. Es geht um nichts Geringeres als um die Wandlung der geistigen Situation des Abendlandes. Aufzuzeigen sind die Konsequenzen, die sich daraus ergeben. Gebser, der zu dieser Zeit, im Sommer 1942, in erster Ehe eine Schweizerin heiratet und sich für einige Jahre im benachbarten Ascona-Moscia niederläßt, hat somit Gelegenheit, mit den führenden Mitgliedern des Eranos-Kreises um Olga Fröbe-Kapteyn in Verbindung zu treten, an erster Stelle mit C. G. Jung, Karl Kerényi, Adolf Portmann und anderen. Doch jetzt von der biographischen Orientierung zur Sache selbst, die Gebser in »Abendländische Wandlung« sowie in seinen späteren Schriften und Vorträgen behandelt hat. Beginnen wir mit allgemeinen Feststellungen:

»Was heute Wissenschaft genannt wird, ist etwas verhältnismäßig Neues. Die Technik und angewandte Mechanik sind sogar ausgesprochen junge Betätigungsgebiete des menschlichen Geistes. Zwar haben schon die ältesten uns bekannten Völker Sternkunde getrieben, und die Ägypter haben großartige Bauten, wie die Pyramiden, gebaut; die geistige Arbeit aber, die diese Werke ermöglichte, hat nichts, nicht das geringste mit dem zu tun, was heute Wissenschaft genannt wird.«

Als Geburtsjahr des abendländischen Menschen und damit der westlichen Wissenschaft gibt Gebser das Jahr 500 vor Christus an, einen als Annäherungswert gemeinten Zeitpunkt, den Karl Jaspers von seinem Beobachtungsort her bestätigt hat. Daran knüpft sich die Mutmaßung, ob wir heute nicht an einer ähnlichen Wende in der Entwicklung des menschlichen Geistes stehen wie die Griechen in der Mitte des ersten vorchristlichen Jahrtausends. Von da an gerechnet, müssen zwei volle Jahrtausende vergehen, ehe die Menschheit einen weiteren seelisch-geistigen Schwellenübertritt zu vollziehen vermag, nämlich um das Jahr 1500, als die Renaissance und – unter anderem Aspekt – die Reformation zu kulturprägenden Tatsachen werden.

»Bis zur Renaissance hielten sich im Abendlande intuitives und verstandesmäßiges Denken ungefähr die Waage … Die meisten verbinden mit diesem Worte eine Erinnerung an die Kunstgeschichte, an die großen Maler jener Zeit, wie Tizian, Michelangelo, Leonardo da Vinci, um nur die wichtigsten zu nennen.

Gerade der letztere, Leonardo da Vinci, ist aber der Prototyp des europäischen Menschen: ein Universalgeist, der dem wissenschaftlich-verstandesmäßigen Denken zum endgültigen Siege verhalf und damit zum eigentlichen Begründer des europäischen Denkens wurde ... Leonardo erfand, ja wandte als erster bewußt die Perspektive an. Das aber bedeutete, daß die bis dahin mehr lineare Weltvorstellung Tiefe erhielt.

Damit vollzog sich die Entdeckung und Bewußtwerdung des Raumes. Und es eröffnete sich somit zugleich auch eine Tiefensicht in die Unendlichkeit des Raumes, da ja, in letzter Konsequenz, der perspektivische Punkt immer auf ›Unendlich‹ gerichtet ist. Das Denken hatte eine neue Richtung, eine neue Möglichkeit erhalten. Es ist kein Zufall, daß zur gleichen Zeit Kolumbus Amerika entdeckte. Auch dies war eine Entdeckung des Raumes, eine Sprengung der antiken Vorstellung von der ›räumlichen‹ (eigentlich) flächenhaften Beschaffenheit der Welt. Und nach diesen beiden Ereignissen, die kurz vor dem Jahre 1500 stattfanden ..., setzt nun von allen Seiten ein Vorstoß ins Räumliche ein: Der Verstand überwindet den Raum; und was dem Verstande an Tiefe mangelt – vergleicht man ihn mit dem Gefühl und der Intuition – das gleicht sich durch die räumliche Weite, die er nun zu beherrschen lernt, einigermaßen aus.«

Nochmals vergeht ein halbes Jahrtausend, ehe Ereignisse stattfinden können, die den vorausgegangenen an Tragweite ebenbürtig erscheinen. Gefragt, worin das Novum an der Schwelle zum 20. Jahrhundert besteht, antwortet Gebser:

»Das Neue, das Revolutionierende, dasjenige, welches den Grundcharakter aller heutigen wissenschaftlichen Ergebnisse ausmacht, ist nun die Tatsache, daß seit Einstein in die räumliche Weltanschauung die Zeit hereingenommen wurde. Sie wurde zu der berühmten und schwer verständlichen vierten Dimension. Dies war der Anfang.«

Blicken wir mit dem Autor zurück, dann kann man zusammenfassend sagen:

»So wie um das Jahr 1500 der europäische Mensch sein Weltbild durch die Überwindung des Raumbegriffs erweiterte und damit eine ganz neue Epoche einleitete, in demselben Maße begann um das Jahr 1900 zufolge der Überwindung des Zeitbegriffs eine vollständige, tiefgreifende Umwandlung und Umgestaltung innerhalb der abendländischen Kultur, die noch lange nicht abgeschlossen ist, deren Zeugen wir sind und unter deren Folgen wir vorerst alle zu leiden haben.«

Nun läßt es der Verfasser der »Abendländischen Wandlung« nicht mit derlei allgemeinen Feststellungen bewenden. Das Interessante, das Anregende dieses Buches liegt gerade darin, daß es den Leser mit den grundlegenden Erkenntnisdurchbrüchen bekannt macht, wie sie beispielsweise durch Einsteins Relativitätstheorie, durch Max Plancks Quantentheorie, durch Heisenbergs Bestimmung der sogenannten Unbestimmtheitsrelation errungen worden sind. Dabei ist sich Gebser deutlich bewußt, daß mit der bloßen Aufzählung und Kenntnisnahme der hinter diesen Begriffen stehenden Tatsachen noch recht wenig getan ist. Auch er weiß, daß bloßes physikalisches oder ideengeschichtliches Wissen so lange Ballast ist, solange es nicht gelingt, dieses Wissen in lebensfördernde Erkenntnis umzumünzen. Er sagt sich daher:

»Ein Gedanke, von dem wir hören oder den wir lesen und den wir nicht … zu unserem persönlichen Leben in Beziehung bringen können, ist nicht der Mühe wert, gehört oder gelesen worden zu sein. Dieses In-Beziehung-Setzen ist gar kein so leichtes Unterfangen. Die wenigsten Menschen geben sich überhaupt die Mühe, wirklich richtig zu denken.
Das ist eine bekannte Tatsache. Und die wenigen, die wirklich denken, vergessen nur zu oft, daß es gar nicht darauf ankommt, vielerlei Verschiedenes zu denken, sondern einen oder zwei Haupt- oder Grundgedanken möglichst klar zu Ende zu denken. Daß man nie zu einem Ende kommt, ist dabei nicht von Belang,

wenn es auch nur annähernd gelingt, ein Stück des Weges zu überschauen.«

Um eine solche Überschau des Weges ist es Gebser zu tun, zum Beispiel um den Aufweis dessen, was als die Überwindung beziehungsweise Überspringung des alten Zeitbegriffes bezeichnet wird. In »Abendländische Wandlung« heißt es hierzu:

»Heute erkennen wir, daß zeitliche Phänomene auch ›diskontinuierlich‹, nämlich ›sprunghaft‹ – gemäß der Quantentheorie – auftreten können und daß die Zeit sich in den Raum einfügen läßt – in Gestalt der vierten Dimension: sowohl die Auffassung von ihrer Einstrebigkeit, ihrer bloßen Zukunftgerichtetheit, als auch die von ihrer Isoliertheit oder Getrenntsein vom Räumlichen sind überwunden. Der Zeitbegriff ist durch die moderne Physik so erweitert und zugleich auch präzisiert worden, wie es einst, dank der Perspektive, mit dem Raumbegriff geschehen ist. Diese Tatsache hat eine derartige Wandlung unseres Weltbildes mit sich gebracht, daß wir heute fähig sind, den Dualismus Seele-Materie zu überwinden, sie als Einheit zu sehen, von der aus sich ungeahnte Horizonte für die Zukunft eröffnen.«

Dieses hinsichtlich seiner Tragweite bedeutsame Ergebnis auf dem physikalischen Gebiet korrespondiert mit solchen, die auf anderen Erkenntnisbereichen errungen worden sind, etwa auf dem der Biologie und der Tiefenpsychologie. Und selbst in der Kunst hat sich ein vergleichbares Wandlungsgeschehen niedergeschlagen, wie das erwähnte Beispiel Picassos gezeigt hat.
In seine Untersuchungen bezieht Gebser auch Grenzgebiete ein, in erster Linie die Telepathieforschung des Amerikaners J. B. Rhine. Dazu kommt der Nachweis von Gestirns- und Planetenwirkungen, wie sie von der anthroposophischen Forscherin Lilly Kolisko in den zwanziger und dreißiger Jahren erbracht worden sind. Die Anstöße für ihre speziellen Untersuchungen empfing sie durch ihren Lehrer Rudolf Steiner, der in einem seiner naturwissenschaftlichen Vorträge ausführte:

»Solange die Stoffe sich in festem Zustande befinden, sind sie den Kräften der Erde unterworfen. Sobald ein Stoff sich in flüssigem Zustande befindet, wirken die Planetenkräfte in ihm.«

Frau Kolisko machte die Probe aufs Exempel, indem sie in Salzlösungen aufgelöstes Blei in seinen Wirkungen auf Filtrierpapier überwachte. In langen Versuchsreihen gelangte sie stets zu den gleichen Resultaten; es zeigten sich auf dem Papier immer die gleichen charakteristischen Erscheinungen. Plötzlich trat eine Änderung ein. An einem Tag waren nämlich überhaupt keine Bleiwirkungen feststellbar. Das geschah gerade zu dem Zeitpunkt, als der Saturn durch die Sonne verdeckt war. Und zwar hörte die Wirkung progressiv mit der Verdeckung des Saturns durch die Sonne auf und nahm progressiv in dem Maße wieder zu, wie die Sonne den Saturn freigab. Auch für andere Planeten und Metalle wurden Paralleluntersuchungen vorgenommen, die immer das gleiche Resultat aufwiesen. Die den Veröffentlichungen von Frau Kolisko beigegebenen Fotografien veranschaulichen ihre Versuche. Mögen die in diesem Zusammenhang gemachten Experimente noch relativ wenig aussagekräftig sein, in dem größeren wissenschaftsgeschichtlichen Kontext muß ihnen jedoch eine signifikante Rolle zugewiesen werden. Das einzusehen dürfte heute – bald ein halbes Jahrhundert nach Gebsers Recherchen – nicht mehr schwerfallen. Denn die Forschung ist nicht nur auf allen Gebieten zügig, ja stürmisch vorangeschritten, sie hat vor allem jenen Paradigmenwechsel offenkundig gemacht, dessen Ereignis Jean Gebser eine Generation zuvor als einen bewußtseinsgeschichtlichen Tatbestand zu diagnostizieren vermochte. Hierin liegt das Verdienst dessen, der diese bedeutsamen »Zeichen der Zeit« zu deuten begann. Daß seine populärwissenschaftlich angelegte Darstellung die Zustimmung namhafter Fachleute erhielt, unter anderem die des Nobelpreisträgers für Physik, Professor Wolfgang Pauli von der Eidgenössischen Technischen Hochschule in Zürich oder die vom Carl Gustav Jung, der Gebsers Arbeiten viele Jahre hindurch gefördert hat, sei hier zumindest erwähnt.
Was die im Blick auf den Bewußtseinswandel eigens herausgestellte Tiefenpsychologie anlangt, so wird deutlich, daß sich gerade hier

Ausblicke in bislang unerschlossene Dimensionen der Wirklichkeit
zu eröffnen beginnen. In dem Moment sei eine neue Position erreicht, wo man die Vorstellung des »kollektiven Unbewußten« im
Sinne Jungs von den »Krücken wissenschaftlicher Begriffe des 19.
Jahrhunderts« befreit. Gebser gibt zu bedenken:

»Diese neue Position ließe sich dahin definieren, daß sie eine Überwindung des Primats des Intellekts wäre, welche weder einem Rück-
fall in das Magische noch in das Mythische gleichkäme, welche aber
auch kein Stehenbleiben im Philosophischen bedeutete …
Diese neue Position entspräche dann einem Hinaufwachsen in jenes
›Geistige‹, welches keinen Gegensatz zu ›seelisch‹ oder zu ›körperlich‹ darstellt … Jenes Geistige, soweit es eine überwache gedankli-
che Sphäre sein mag, könnte auf eine überraschende Weise eine Annäherung an den Seinsgrund und Ursprung darstellen …«

An diesem Punkt unserer Betrachtung angelangt, bei der es zunächst nur darum gehen konnte, auf den besonderen kulturhistori-
schen Ansatz hinzuweisen, der dem Gebserschen Frühwerk inne-
wohnt, richten wir unseren Blick auf das Eigentliche seiner Ankündigung, auf das immer wieder apostrophierte »neue Bewußtsein«.
Worin besteht es? Wie manifestiert es sich? Welche Bedeutung kann
ihm zugesprochen werden?
Die Rede ist vom »integralen Bewußtsein«. Es erlangen – anders
ausgedrückt: von dieser neuen Bewußtseinsart ergriffen und ge-
wandelt zu werden – hieße, an dem großen Mutationsgeschehen im
Seelisch-Geistigen teilzuhaben, das auf den verschiedenen Erkennt-
nis- und Lebensgebieten seit Jahrhundertbeginn seinen charakteristischen Niederschlag gefunden hat.
Seit der Geburt der modernen Naturwissenschaften wurde der Rationalität, dem Prinzip von Maß, Zahl und Gewicht, eine offenkun-
dige Vorherrschaft eingeräumt. Was dagegen weder durch das Experiment nachgeprüft noch durch eine logische Operation bewiesen
werden konnte, wurde als »irrational« bezeichnet und abgewertet.
Die abfällige Äußerung »… aber das ist doch unwissenschaftlich«
entspricht einem Verdikt.
Nun tritt Jean Gebser in die Fußstapfen derer, die darauf aufmerk-

sam machen, daß die Menschheit eine Reihe von Entwicklungssta-
dien ihres Bewußtseins durchlaufen hat. Man denke, um ein Beispiel zu geben, nur an die dem Werk Rudolf Steiners innewohnenden Aufschlüsse zur Evolution des Bewußtseins. Merkwürdiger-
weise unterläßt es Gebser, diese zeitlich früheren, von der Anthroposophie her erschlossenen Einsichten zu nutzen oder wenigstens
ins Gespräch zu bringen. Auf Unkenntnis kann dieses Verschweigen
nicht beruhen. Eher ist eine verkennende Geringschätzung zu vermuten, wenn er Anthroposophie gelegentlich als einen »synkreti-
stischen Versuch zur Rettung der ›Tradition‹« abqualifiziert ... –
Doch dies sei nur beiläufig angemerkt.

Machte das im Jahre 1943 erstmals veröffentlichte Buch »Abendländische Wandlung« auf die synoptischen Fähigkeiten des in seiner Lebensmitte stehenden Schriftstellers aufmerksam, so trug das nur
wenige Jahre später erschienene Hauptwerk »Ursprung und Gegenwart« dazu bei, Jean Gebser als den Kulturphilosophen auszuwei-
sen, als der er heute in Europa und in Nordamerika anerkannt ist.
Für Gebser ist der Ursprung immer gegenwärtig:

»Er ist kein Anfang, denn aller Anfang ist zeitgebunden. Und die
Gegenwart ist nicht das bloße Jetzt, das Heute oder der Augenblick.
Sie ist nicht ein Zeitteil, sondern eine ganzheitliche Leistung, und
damit auch immer ursprünglich. Wer es vermag, Ursprung und Gegenwart als Ganzheit zu Wirkung und Wirklichkeit zu bringen, sie
zu konkretisieren, der überwindet Anfang und Ende und die bloß
heutige Zeit ...«

Mit diesen Sätzen intoniert Gebser sein Hauptwerk. Einerseits ist
es konzipiert, um die Entfaltung des Bewußtseins als eines einzigartigen, die gesamte Menschheit erfassenden Geschehens zu umrei-
ßen. Andererseits will der Autor von »Ursprung und Gegenwart«
eine Erkenntnishilfe bieten, das heißt: Er will zeigen, inwiefern sich
in dieser Zeit eine neue Weltsicht eröffnet und welche Stufe des Bewußtseins heute erreicht ist beziehungsweise überschritten werden
muß, nämlich über die vorausgegangenen vier Stufen beziehungsweise Bewußtseinsstrukturen hinweg. Konkret heißt das: Hinter
uns liegen die Strukturen des archaischen, des magischen und des

mythischen Bewußtseins. Die vierte Stufe, das mentale Bewußtsein, dauert schon seit Jahrhunderten; es klingt aber mehr und
mehr ab. Es mehren sich die Anzeichen für die Heraufkunft einer
aperspektivischen und integralen Welterfassung, die zu den bekannten drei Dimensionen die noch weitgehend unbekannte, sich jedoch
schon ankündigende vierte Dimension hinzufügt, freilich nicht im
Sinne einer bloßen Addition, sondern so, daß diese neue Dimension
in der Weise einer Transparenz erfahren werden kann. Gebser
spricht hier von der »Diaphanität« – vom griechischen »diaphain-
ein«, wörtlich: durchscheinen. Das Diaphane bezeugt Ganzheit.
Diese diaphane, zugleich integrale Bewußtseinsart löst die vorausgegangene nicht etwa ab, indem sie sie auslöscht. Vielmehr sind ar-
chaisches, magisches, mythisches und mentales Bewußtsein im integralen integriert und damit – im Hegelschen Sinne etwa – »aufge-
hoben«. Nach dieser vorläufigen Information wird es nötig sein,
daß man sich das Gemeinte Schritt für Schritt veranschaulicht. Vorweg ist auch zu klären, was Gebser unter »Bewußtsein« versteht. In
»Ursprung und Gegenwart« bietet er folgende Definition an:

»Bewußtsein ist die Fähigkeit, jene Zusammenhänge zu übersehen,
die uns konstituieren: Es ist ein stets statthabender Akt des Integrie-
rens und Richtens. Wir müssen uns grundsätzlich darüber klar
sein: Bewußtsein erschöpft sich nicht in formalem Wissen, ja selbst
nicht in verarbeitendem Wissen. Es ist weder mit dem Denkprozeß
identisch, noch beschränkt es sich auf das bloße Ich-Bewußtsein.
Seine erhellende Funktion besteht durchaus nicht in bloßer Räumli-
chung und Zeitlichung. Es ist kein bloßes Gegenüber zu den Dingen
und Erscheinungen, sondern beobachtender Zuschauer, aber auch
handelnde Instanz und hat regulative Funktionen.«

Lenken wir unsere Aufmerksamkeit auf die Tatsache der Veränder-
barkeit des Bewußtseins, dann können wir uns an konkreten, für
jeden einsichtigen Alltagserfahrungen orientieren: Zum einen unterscheiden wir Bewußtseinszustände, die sich deutlich voneinander abheben, die Zustände des Wachens, des Tiefschlafs, dazwischen
Zustände eines herabgedämpften Tagesbewußtseins sowie Phasen
des Träumens oder des bildhaften Erlebens. Die Möglichkeiten,

durch Körperhaltung, durch Einnahme von Genußmitteln, Drogen und dergleichen stimulierend oder dämpfend auf das Bewußtsein einzuwirken, können hier außer Betracht bleiben. – Dagegen ist eine andere Erfahrung ihres Analogiewertes wegen interessant. Sie basiert auf Wandlungen des Bewußtseins, die der Mensch im Laufe seiner körperlichen und seelisch-geistigen Entwicklung durchläuft. Vereinfacht ausgedrückt, könnte man sagen: Aus dem Zustand eines ursprungsnahen Schlafzustandes und Träumens erwacht das Kind während der ersten Lebenswochen; die Zeiträume des Schlafens werden nach und nach kürzer. In späteren Lebensabschnitten läßt sich ein Übergang vom bildhaften Erleben zum begrifflichen Denken feststellen. Die Ausreifung eines vollen Ich-Bewußtseins stellt einen wichtigen Höhepunkt im Reifungsgeschehen eines jeden gesunden Menschen dar.

Blickt man von diesem augenscheinlichen Phänomen auf die Geschichte der Menschheitskulturen, dann läßt sich diese Geschichte als ein einziger großer Prozeß der Entfaltung des menschlichen Bewußtseins begreifen: Aus dem geistigen Mutterboden, den Gebser die archaische Grundstruktur nennt, gehen jene erwähnten drei Bewußtseinsstrukturen hervor, um deren Charakterisierung sich Gebser bemüht hat, eben das magische, das mythische und das mentale Bewußtsein, welch letzteres sich in der Gestalt des integralen Bewußtseins einer neuen, der aperspektivischen Weltsicht zu öffnen beginnt.

Von einer »Entwicklung der Menschheit« oder von »Fortschritt« zu sprechen, hält Jean Gebser für antiquiert oder zumindest für einen interpretationsbedürftigen Notbehelf. Er möchte damit dem möglichen Mißverständnis entgegentreten, als sei das zu beschreibende Mutationsgeschehen lediglich von der biologischen oder von der historischen Ebene her zu begreifen. Gebser verweist indes auf die *geistige* Natur der sich ereignenden Bewußtseinsmutationen. Hierzu eine seiner Erläuterungen:

»Der biologischen und der bewußtseinsmäßigen Mutation ist zwar eines gemeinsam: die spontane, gewissermaßen zeitfreie Schöpfung neuer Arten, Fähigkeiten oder Strukturen, die, einmal vollbracht, vererbbar bleiben. Sie unterscheiden sich jedoch in einem

wesentlichen Punkte. Die biologische Mutation führt zur Speziali-
sierung; als solche, als spezialisierende und reduzierende, können
wir sie als Minus-Mutation bezeichnen. Die bewußtseinsmäßige
Mutation dagegen führt zu Überdeterminierung, zu struktureller
Anreicherung, zu Dimensionsgewinnen; als solche, als intensivie-
rende und induzierende, können wir sie als Plus-Mutation bezeichnen.«

Gebser faßt es offenbar als zur Geist-Natur seines Mutationsbe-
griffs gehörig auf, daß die von ihm gemeinten, großenteils auf ver-
gangene Kulturzusammenhänge bezogenen Bewußtseinsstrukturen nicht nur einen »Vergangenheits-Charakter« aufweisen. Vielmehr vertritt er die Anschauung, daß beispielsweise magische oder
mythische Anteile in mehr oder minder latenter oder akuter Form
heute noch in jedem Menschen vorhanden sind. Das leuchtet wohl
ein, wenn man sich vor Augen führt, daß etwa ein sogenannter
»moderner« Zeitgenosse – trotz Aufgeklärtheit und mit wissenschaftlicher Bildung versehen – von abergläubischen Anwandlun-
gen keineswegs frei ist. Mit Gebser zu reden: Der gemäß seiner do-
minant mentalen Bewußtseinsstruktur sich äußernde Mensch kann
nicht leugnen, daß er in älteren Bewußtseinsarten wurzelt. Davon
weiß nicht allein die tiefenpsychologische Analyse, die auf bestimmte archetypische Tatbestände im menschlichen Unbewußten
verweist. Wir wissen, mit welch eruptiver Wucht beispielsweise ein
»erledigt« geglaubter »Blut und Boden«-Mythos Gestalt annehmen kann.
Wir sehen auch, welche fragwürdige Renaissance unter anderem
das Hexen- und Schamanenwesen erlebt. Erstaunlicherweise ereignet sich das parallel zu solchen spirituellen Bestrebungen, deren
Vertreter gar nicht zurückträumen wollen, sondern die den Mutationssprung in das Zeitalter eines neuen Bewußtseins ernsthaft zu
vollziehen beabsichtigen.
Allein schon wegen dieses zeitlichen Nebeneinanders und geistigen
Durcheinanders, in dem sich Vergangenheitsrausch und Zukunfts-
erschlossenheit, Tendenzen der Regression und der Progression
miteinander vermischen, ist eine Klärung der Begriffe dringend geboten, eine Klärung, die freilich nicht allein auf der begrifflichen

Ebene verharrt. Von daher ergibt sich die nach wie vor bestehende Aktualität des Gebserschen Werkes. Bemerkenswert dürfte hierbei sein, daß – ganz im Sinne des Buchtitels –»Ursprung und Gegenwart«, genauer: das Ursprüngliche in der Gegenwart und im Blick auf die Zukunft als integrationsbedürftig erkannt zu werden verdient.

Wenden wir uns nun den einzelnen Schritten der menschlichen Bewußtwerdung zu, dann stellt sich die den Ursprung markierende archaische Struktur, aus heutiger Sicht betrachtet, als ein Stadium dar, in der die Seele noch unerwacht in ihrem eigenen Grund ruht. Von ihr sagt unser Autor:

»Diese erste Struktur ist eine null-dimensionale Struktur … Sie ist dem biblischen paradiesischen Urzustande am nächsten, wenn nicht dieser selbst. Es ist die Zeit, da die Seele noch schläft, und so ist sie die traumlose Zeit und die der gänzlichen Ununterschiedenheit von Mensch und All.«

Aufgrund alter Überlieferung, aufgrund »rückschauender Prophetie« schrieb bereits Dschuang Dsi den Satz nieder: »Die wahrhaften Menschen der früheren Zeiten schliefen traumlos.« Jean Gebser erblickt in dieser Äußerung aus der Mitte des vierten vorchristlichen Jahrhunderts einen »Schlüsselsatz für die archaische Ebene«. Dieser Satz betone auch die »Gegenüberlosigkeit des archaischen Menschen«:

»Traumlosigkeit aber ist Unerwachtheit der Seele, denn der Traum ist eine der Manifestationsformen der Seele. Insofern ist die Frühzeit jene Zeit, da die Seele noch schläft, wobei der Schlaf anfänglich so tief gewesen sein mag, daß die Seele, wenn auch nicht inexistent, so doch – möglicherweise in einer geistigen Vorform – bewußtseinsfern war.«

Die heiligen Schriften der Völker blicken auf jene Zeit vor jeder datierbaren Geschichte zurück. Ihre Seher vermuten dort den Menschen in seiner Urgestalt, den Protoánthropos, den Adam Kadmon etwa, jenseits von Mann und Frau, das heißt androgyn, das Männli-

che wie das Weibliche in sich vereinend. Wenn dann von der nachfolgenden magischen Struktur die Rede ist, muß ein Mutationssprung erfolgt und die ursprüngliche Einheit aufgebrochen sein.
Der Mensch stellt sich in den beiden Geschlechtern dar. Magie, jene
urtümliche Form des Machens oder Bewirkens, setzt bereits eine andere seelische Verfaßtheit voraus, die jedoch von der heute gewohnten Form eines zielvollen geplanten Machens weit entfernt ist:

»In dieser magischen Struktur wird der Mensch aus dem ›Einklang‹,
der Identität mit dem Ganzen, herausgelöst. Damit setzt ein erstes
Bewußtwerden ein, das noch durchaus schlafhaft ist: Der Mensch
ist zum ersten Male nicht mehr nur in der Welt, sondern es beginnt
ein erstes, noch schemenhaftes Gegenübersein. Und damit taucht
keimhaft auch jene Notwendigkeit auf: nicht mehr nur in der Welt
zu sein, sondern die Welt haben zu müssen. Je stärker er sich aus
dem Ganzen, aus der Identität mit ihm herauslöst, in dem Maße
nämlich, wie ein Teil dieser Identität ihm ›bewußt‹ wird, desto mehr
beginnt er ein einzelner zu werden, eine Unität, die in der Welt vorerst noch nicht die Welt als Ganzes zu erkennen vermag … Die magische Welt ist somit auch die Welt des ›pars pro toto‹, indem ›der
Teil für alles‹ stehen kann und steht. Und die Wirklichkeit des magischen Menschen, sein Bezugsgeflecht, diese in der Unität punktar-
tig voneinander geeinzelten Gegenstände, Geschehnisse oder Taten,
die beliebig miteinander vertauscht werden können: eine Welt des
bloßen, aber sinnreichen Zufalls, nämlich eine Welt, wo alles dem
Menschen Zufallende von wirkender Gültigkeit ist, da zu allem und
unter allen ein Bezug besteht: das noch nicht zentrierte Ich ist noch
über die Welt der Erscheinungen zerstreut. Alles, was noch in der
Seele schläft, ist für den magischen Menschen vorerst nur spiegel-
mäßig im Außen wach.«

In den vorgeschichtlichen Felsmalereien und Höhlenzeichnungen
hat diese von Magie erfüllte Lebensart des frühen Menschen ihren
»künstlerischen« Niederschlag gefunden. Unnötig zu sagen, daß
diese Kunst nicht mit den ästhetischen Kategorien der Spätkultur zu
erfassen ist. Was hier als Kunst bezeichnet wird, ist eher Ausdruck
eines bestimmten Könnens, eines magischen Bewirkenwollens.

Gebser bezieht sich in diesem Zusammenhang unter anderem auf die Arbeiten des Afrika-Forschers Leo Frobenius. In seinem Buch »Unbekanntes Afrika« aus dem Jahre 1905 gibt Frobenius Schilderungen, die eine innere Korrespondenz zwischen den Praktiken heutiger Naturvölker und solchen der Vorgeschichte nahelegen. Der Ethnologe beschreibt, wie im Kongo-Urwald Leute des zwerghaften Jägerstammes der Pygmäen – es handelt sich um drei Männer und eine Frau – vor der Antilopenjagd im Morgengrauen eine Antilope in den Sand zeichnen, um sie beim ersten Sonnenstrahl, der auf die Zeichnung fällt, zu »töten«; der erste Pfeilschuß trifft die Zeichnung in den Hals; danach brechen sie zur Jagd auf und kommen mit einer erlegten Antilope zurück. Der tödliche Pfeil traf das Tier exakt an der gleichen Stelle, wo Stunden zuvor der andere Pfeil die Zeichnung traf. Dieser Pfeil nun, da er seine bannende – den Jäger sowohl wie die Antilope bannende – Macht erfüllt hat, wird unter Ritualen, welche die möglichen Folgen des Mordes von den Jägern abwenden sollen, aus der Zeichnung entfernt, worauf dann die Zeichnung selbst ausgelöscht wird. Beide Rituale vollziehen sich, sowohl das des Zeichnens wie das des Auslöschens, unter absolutem Schweigen.

Inwiefern ist es aber berechtigt, eine Verbindungslinie zwischen Sandzeichnungen eines noch heute anzutreffenden Stammes und den Höhlenmalereien vor mehreren tausend Jahren zu ziehen? Gebser bemerkt hierzu:

»Daß diese Sandzeichnung der Pygmäen mit den erwähnten Höhlenzeichnungen in allerengster Verbindung steht, geht aus einem Funde hervor, der in der Höhle von Niaux gemacht wurde. In ihr wurde eine prähistorische, aus dem Quartär stammende Zeichnung entdeckt, die einen von Pfeilen ›getroffenen‹ Büffel darstellt. Hugo Obermaier, der sie kommentiert, verweist auf ihren magischen Charakter, sowie darauf, daß auch in anderen Höhlen ähnliche Zeichnungen entdeckt wurden und daß noch heute an einigen Orten, so in Annam, diese Jagdmagie ausgeübt wird.

Wir dürfen also das von Frobenius beobachtete und geschilderte Jagdritual durchaus als ein, wenn auch sehr spätes, Beispiel für die magische Struktur betrachten …«

Charakteristisch für diese Struktur ist die Ichlosigkeit derer, die die
Tötung ausführen. Im Grunde ist es nicht ihr Pfeil, sondern der
erste Strahl der Sonne, der wie ein Pfeil auf das zu tötende Tier fällt.
Von menschlicher oder gar von individueller Verantwortung oder
Leistung kann somit noch nicht die Rede sein. Zudem ist der einzelne eingebunden in das Kollektiv der zusammenlebenden und zu-
sammenwirkenden Menschen. Diese wiederum partizipieren an
dem großen Ganzen der Einheit von Mensch, Tier und Natur. Ferner besteht eine Art von Raum- und Zeitlosigkeit, in der die Träger
eines solchen magischen Bewußtseins leben. Gebser bemerkt
hierzu:

»Alles magische Geschehen spielt sich, selbst noch heute, in der na-
turhaft-vitalen, ichlosen und raum- wie zeitlosen Sphäre ab. Diese
fordert – von uns Heutigen aus gesehen – eine Preisgabe der Be-
wußtseinsfähigkeit, wie sie beispielsweise in der Trance statthat,
oder wie sie infolge der Infektion durch Massenreaktionen oder
durch Schlagwörter und Ismen ausgelöst wird. Wird uns diese
Sphäre in uns nicht bewußt, so bleibt sie ein immer noch aktivierba-
res Einfallstor für alle magischen Einflüsse.

Dabei ist es gleichgültig, ob diese nun wissentlich von Menschen
ausgehen oder unwissentlich von Dingen ... Und es ist weiter
gleichgültig, ob diese Preisgabe des Bewußtseins von unbewußt-
hintergründigen Vorstellungen ausgelöst wird.

Es handelt sich in solchen Fällen dann um Menschen, Dinge oder
Vorstellungen, die es vermochten, uns zu veranlassen, einen Teil der
ungeordneten und deshalb negativ-schattenhaft gebliebenen psychischen Energie durch Projektion (oder Übertragung) an sie zu binden, und die derart jene Macht über den Teil unseres Ich erhielten,
den wir selber nicht mächtig genug waren, unter unsere eigene
Macht zu stellen.«

Daher erübrigt es sich, des weiteren auszuführen, worin der Wert
der im Laufe der Bewußtseinsgeschichte errungenen Ichhaftigkeit
besteht und welche Gefahr droht, wenn man sich – wie es heute vielfach geschieht – unkontrolliert wirkenden spirituellen Schulungsmethoden und magischen Praktiken hingibt. Doch es wäre noch auf

manch andere Gesichtspunkte hinzuweisen, etwa daß der weiße
Mann seine »Errungenschaften« in der sogenannten Dritten Welt
Menschen aufgenötigt hat, Menschen, die selbst noch aus einem
magischen Bewußtsein heraus gelebt haben, während er mental-ra-
tional bestimmt war beziehungsweise ist. So wurden Kolonisation
und Mission durchgeführt, ohne daß man sich von der erheblichen
bewußtseinsmäßigen Distanz klare Vorstellungen bildete und ent-
sprechende Konsequenzen zog. Die Folgen sind bekannt.
Nun muß auch ein geistiger Mutationssprung erfolgt sein, der das
magische vom nachfolgenden mythischen Bewußtsein abtrennt.
Gemeint ist das Heraustreten des Menschen aus seiner magischen
Naturverbundenheit.
Auch diese Tatsache hat sich in bildhafter Weise niedergeschlagen.
Insofern ist zumindest eine annähernde Datierung des Vorgangs
möglich. Anfang dieses Jahrhunderts grub man in Knossos auf
Kreta ein farbiges Stuckrelief aus, das aus dem Palast des Minos
stammt. Das Relikt dürfte in der ersten Hälfte oder in der Mitte des
zweiten vorchristlichen Jahrtausends entstanden sein. Wir folgen
Gebsers Beschreibung des Reliefs:

»Es bringt das Heraustreten aus der Naturverflochtenheit zweifach
zum Ausdruck: einmal indem es, da es ein Relief ist, den irdischen
Menschen – und nicht eine Gottheit – zur Hälfte aus dem ihn beher-
bergenden Grunde löst und seinen Körper teilweise aus ihm befreit;
dann indem es zur andern Hälfte den Oberkörper vor den ›Himmel‹
stellt … Der Oberkörper ist wie befreit, nur noch seine eigentliche
vegetative Vitalzone, die von der Leibmitte zu den Füßen reicht, ist
in die Natur, in die Lilien, also in eine schon erhellte Natur, bereits
nicht mehr eingeflochten, sondern nur noch von ihr umgeben. Den
selbst noch fast blumenhaften und naturhaft anmutigen Körper
krönt ein über die Erde hinsehendes Haupt, in dessen Augen sich
schon der Himmel spiegeln könnte, und das von keinen Blumen
oder Früchten oder Ranken geschmückt ist, sondern von schwerelo-
sen, luftleichten Federn.«

Aus Griechenland ließen sich ähnliche Belege für den gleichen Vorgang beibringen. Ohne auf Gebsers nähere Begründungen und ver-

tiefende Detailschilderungen weiter einzugehen, läßt sich zur Charakteristik des mythischen Bewußtseins sagen:

»Mythos, das ist ein Schließen von Mund und Augen; und da es damit ein schweigendes Nach-Innen-Sehen und ein Nach-Innen-Hören ist, ist es ein Ansichtigwerden der Seele, die gesehen, dargestellt, die gehört, hörbar gemacht werden kann. Und Mythos ist (andererseits) ... die Aussage, der Bericht ... Was das eine Mal stummes Bild war, ist das andere Mal tönendes Wort. Das Innen-Erschaute und gleichsam Erträumte findet seine polare Entsprechung und Bewußtwerdung in der dichterisch gestalteten Aussage.«

Das dem griechischen Wort »Mythos« zugehörige Verbum lautet »mythéesthai« und bedeutet soviel wie »reden, sprechen, sagen«. Seine Wurzel »mu« meint »laut werden, tönen«. Die im Kulturzusammenhang des griechischen Mythos auftretende Muse ist Verkörperung des Inspirierenden, Kündenden. Im Vergleich der bisher besprochenen Bewußtseinsverfassungen gelangt Gebser zu folgendem Ergebnis:

»War die archaische Struktur der Ausdruck der nulldimensionalen Identität und der ursprünglichen Ganzheit, war die magische der Ausdruck der eindimensionalen Unität und naturverwobenen Einheit, so ist die mythische Struktur Ausdruck der zweidimensionalen Polarität. – Führte die archaische Struktur durch den Verlust der Ganzheit zur Einheit der magischen Struktur und war damit ein erstes dämmerhaft zunehmendes Bewußtwerden des Menschen vorgegeben, so brachte die magische Struktur durch den in ihr sich abspielenden Befreiungskampf gegen die Natur eine Herauslösung aus der Natur und damit die Bewußtwerdung der Außenwelt. Die mythische Struktur nun führt zu einer Bewußtwerdung der Seele, also der Innenwelt. Ihr Symbol ist der Kreis ... Er umfaßt alles Polare und bindet es ausgleichend ineinander, so wie im ewigen Kreislauf das Jahr über seine polaren Erscheinungsformen von Sommer und Winter in sich zurückkehrt; so wie der Sonne Lauf über Mittag und Mitternacht, Licht und Dunkelheit umschließend, in sich zurückkehrt; so wie die Bahn der Planeten in Auf- und Nieder-

gang, sichtbare und unsichtbare Wege umfassend, in sich zurückkehrt.«

Im Fortgang seiner Geschichte der Bewußtwerdung und Bewußt-
seinsreifung des Menschen gelangt Gebser nunmehr zu der mentalen Struktur, also zu jener Bewußtseinsart, die unser Denken und
Handeln in der Gegenwart beherrscht – man darf hinzufügen: seit
zweieinhalb Jahrtausenden. Knüpfen wir an eingangs Gesagtes
nochmals an:

»Um 500 vor Christus vollzog sich in Griechenland, was seit etwa
1250 nach Christus durch den europäischen Menschen nachgeholt
wurde, wobei aber für ihn die Absprungsbasis durch drei große Lei-
stungen, die alle den perspektivischen Ansatzpunkt bereits enthiel-
ten, verbreitert war, nämlich durch die griechische Wissenslehre
(das heißt die griechische Philosophie), die jüdische Heilslehre und
die römische Rechts- und Staatslehre.«

Überall setzt sich – zweifellos mit unterschiedlicher Intensität und
Färbung – das rationale Element durch. Auf den Gesichtspunkt des
perspektivischen Sehens wurde ebenfalls schon hingewiesen. Gebser bemerkt hierzu:

»Schon in der scholastischen Aussage über den Menschen, die auf
Aristoteles zurückgeht, ist der Mensch ein ›animal rationale‹, ein
verstandbegabtes Tier. Denn in dem Worte ›ratio‹, das sowohl ›rechnen‹ wie ›berechnen‹ im Sinne von Denken und Verstand bedeutet,
ist das Hauptcharakteristikum der perspektivischen Welt enthalten:
die Gerichtetheit, die Perspektivität und damit auch die sektorie-
rende Teilung.«

Wieder ließe sich eine Reihe von Merkmalen aufführen, an denen
diese rational-mentale Struktur abzulesen ist, sei es in der Kunst,
speziell in der Darstellung des Menschen, dessen Antlitz den erfol-
genden Aufwachprozeß abbildet, sei es auf den verschiedenen anderen Ebenen menschlichen Sinnens, Planens und Gestaltens, nicht
zuletzt dort, wo die Rationalität in den Dienst der Vernichtung, ja in

den Dienst der Selbstzerstörung eingesetzt wird. Als folgenschwer erweist sich die aufsteigende Dominanz des ordnenden, richtenden männlichen Prinzips, sei es im alten Israel, sei es im vorchristlichen Griechenland. Auf eine knappe Formel gebracht:

»Mit Moses und mit Lykurg tritt das Patriarchat in Erscheinung; das Matriarchat, die bergende Welt der schützenden Dunkelheit, wird abgelöst durch das Ausgesetztsein in der Wachheit: Von nun an muß der Mensch sich selber richten. Und hierin liegt die fast übermenschliche Größe des Zeitalters, das mit der Mutation in die mentale Struktur um etwa 500 vor Christus in Griechenland Wirklichkeit wird.«

Es gibt mancherlei Signaturen dieser neuen Wirklichkeit. In der griechischen Plastik gehört dazu das Erwachen des Körpergefühls als Voraussetzung für die spätere Bewußtwerdung des Raumes. Das einstige rätselhafte, bisweilen »archaisch« genannte Lächeln, das noch fern von Schmerz und Freude ist, nimmt differente Züge an: »Dieses Erwachen des menschlichen Antlitzes ... ist vielleicht einer der erschütterndsten Vorgänge, zumal er sich schweigend vollzieht: Schritt um Schritt und Schmerz um Schmerz läßt sich an ihm die Bewußtwerdung ablesen, dieses Zu-sich-selber-Erwachen des Menschen. Nur an ein solches Antlitz konnte sich, zu Beginn des 6. Jahrhunderts, ein Thales von Milet wenden, der letzte der sieben Weisen der Frühzeit Griechenlands und der erste der ionischen Naturphilosophen, um jene Inschrift am Tempel des Apollon in Delphi anbringen zu lassen, die noch heute nichts an Gültigkeit verloren hat. An diesem Tempel des Sonnengottes, an dieser raumwerdenden Gliederung singender Säulen und Steine steht das lapidare ›Gnōthi seautón‹, das ›Erkenne dich selbst‹.«

Gebser macht an dieser Stelle darauf aufmerksam, daß es mit diesen bedeutsamen Worten am Sonnentempel noch eine besondere Bewandtnis habe:

»Seit Urzeiten schrieb man, der Schrift die Richtung entweder von oben nach unten gebend, wie teilweise noch heute in China, oder von rechts nach links, wie noch heute unter anderem im Islam. Jener Aufruf zur Bewußtwerdung aber, jenes ›Erkenne dich‹ ist von links nach rechts geschrieben. Bindet die erste Schreibweise gewissermaßen Himmel und Erde, wendet die zweite den lebendigen Bezug immer von neuem der linken, unbewußten Seite zu, die auch die Vergangenheit enthält, so vollzieht sich hier, im Schutze des wachen Gottes, zum ersten Male jene Bewegung, die dem Sinngehalt ihrer Worte gemäß eine Bewegung in die Bewußtwerdung ist.«

Die Erde, ja der Kosmos ist meßbar geworden. Die Gerichtetheit dieser mentalen Bewußtseinsart führt zur Erschließung des Raums. Logischerweise läßt sich das Dreieck als Signatur des Mentalen verwenden. Der der mythischen Struktur zuzuordnende Kreis dagegen ist strenggenommen nicht meßbar. Man muß sich der nicht begrenzbaren Zahl Pi bedienen. Nun ist diese Phase des mentalen Bewußtseins noch nicht beendet, ihr Ende ist auch gar nicht abzusehen, da kündigt sich ein neues Bewußtsein an, das – wie gesagt – nicht mehr nur durch Gerichtetheit und durch die perspektivische Betrachtung bestimmt ist. Die neue integrale Bewußtseinsart nimmt vielmehr *a*perspektivische Züge an. Darunter versteht Gebser nichts Geringeres als einen »Strukturwandel des europäischen Geistes«, das heißt einen Strukturwandel derer, die heute noch weitgehend durch die mental-rationale Denkungsart beherrscht sind. Aperspektivisch sei die neuartige Sicht der Welt, indem diese sowohl über das uns geläufige perspektivische wie das unperspektivische Sehen hinausreicht. Wohl werde das Perspektivische weiterhin seine Gültigkeit behalten, aber es verliert seinen Ausschließlichkeitscharakter:

»Um auch diesen Sachverhalt noch kurz deutlich zu machen, sei erwähnt, daß die ›unperspektivische Welt‹ jene der frühesten griechischen Vasenmalerei und der späteren europäischen Goldgrundmalerei war. Sie wurde in der Renaissance von der perspektivischen Sehweise abgelöst, wobei die Perspektive das technische Mittel war, den Raum, den endgültig erst die Renaissance entdeckte, den dreidimensionalen Raum zu realisieren. Die ›Perspektivkunst‹, als welche sie damals jubelnd begrüßt und benannt wurde, dürfen wir heute

als eines der plastischsten und am stärksten in die Augen springen-
den Merkmale des dreidimensionalen Zeitalters werten. Seitdem
dieses nun allmählich durch das vierdimensionale Zeitalter abgelöst
wurde, setzte auch eine Abwendung von der dreidimensionalen Perspektive ein. Diese Abwendung kommt bildmäßig erstmals bei Cé-
zanne zum Ausdruck, ohne daß seine Gestaltungen deshalb unper-
spektivisch wären. In ihnen drückt sich eine Befreiung vom perspektivischen Sehen aus. So betrachtet können wir unsere heutige
Weltsicht als aperspektivisch bezeichnen.«

Was sich in einer zeitlich und umfangmäßig engbegrenzten Darstellung wie eine bloße Vermutung oder wie eine spekulative Behauptung ausnimmt, das gewinnt in Gebsers weitausgreifenden Darstel-
lungen an Evidenz und an Plausibilität. Schon in der eingangs vor-
gestellten Schrift »Abendländische Wandlung« zeigte er, inwiefern
sich seit Jahrhundertbeginn auf den verschiedenen Erkenntnisge-
bieten grundlegende Wende-Prozesse angebahnt haben. In dem
Werk »Ursprung und Gegenwart« ist unserem Thema breiter Raum
gewidmet für eine aspektereiche Veranschaulichung der einzelnen
Bewußtseinsmutationen, insbesondere auch für den Erweis und die
Anwendung des Erkannten auf die einzelnen Sektoren menschlichen Denkens und Gestaltens, etwa auf dem Gebiet der Psychologie, Philosophie, der Natur- und Sozialwissenschaften, mit Ausblik-
ken auf die Künste: Musik, Architektur, Malerei und Dichtung.
Gebser spricht hierbei von »Manifestationen der aperspektivischen
Welt«. Er hat diese sich seit geraumer Zeit anbahnende neue Ein-
stellungs- und Bewußtseinsart nicht allein in seinem mehrfach zitierten Hauptwerk vorgeführt und anhand einer Fülle von Beispielen veranschaulicht. Er hat das Anfang der dreißiger Jahre erstmals
Entworfene, das in den vierziger und fünfziger Jahren literarisch
Gestaltete auch in vielen kleineren Arbeiten, Vorträgen und Einzel-
schriften zur Darstellung gebracht und zur Diskussion gestellt. Die
Gedankenskizze, die sich aufgrund dieser Äußerungen entwerfen
läßt, um den Übergang von der mentalen zur aperspektivisch orientierten und somit integralen Struktur anzudeuten, besagt demnach
folgendes:
Mit den Grundsäulen mentalen Denkens verlieren an ausschließli-

cher Gültigkeit die Geometrie des Euklid, die aristotelische Logik, die alte Atomlehre. Entsprechendes gilt für die klassische Physik wie für den kartesischen Satz »Cogito ergo sum – ich denke, folglich bin ich«. Das Integrale, als ein Mutationssprung verstanden, hebt das Mentale in der Weise auf, daß es die Erlebnis- und Erkenntnismöglichkeiten der genannten früheren Bewußtseinsformen nicht etwa auslöscht oder verdrängt, sondern das Integrale überhöht, umfaßt – es integriert sie. Es bedarf somit keiner Regression und keiner gegenwartsflüchtigen Rückwendung in alte, atavistische Seelenmöglichkeiten, wie sie heute auf dem Markt der Pseudo-Esoterik angeboten werden, jene Seelenmöglichkeiten, denen ein reduziertes Bewußtsein zugrunde lag. Vielmehr geht es darum, das geistige Erbe des »Ursprungs« ins volle Licht der »Gegenwart« zu stellen und damit das in der Phase des Mentalen errungene Ichbewußtsein zu bejahen. Der Biologe Joachim Illies, der in vieler Hinsicht an Jean Gebser anschließt, hat das einmal so ausgedrückt:

»In der integralen Struktur des Bewußtseins wird schließlich deutlich, daß das Mentale, das Rationale, nicht die letzte mögliche Antwort war, sondern daß Mythos und rationale Entmythologisierung zu integrieren sind in einer umfassenden Einsicht, in der die Götter wieder so lebendig sind wie die Struktur des Geistes, die sie sichtbar machte, und in der wir uns wieder zur Wirklichkeit der Wahrheiten der mythischen Stufe bekennen können, ohne die Klarheit der Ratio aufzugeben.«

Mit dieser Zielsetzung steht Gebser nicht allein. Wir sind – Graf Dürckheim bestätigt es in der Festschrift für Gebser –, wir sind auf dem Wege zur Transparenz. Wesenhaftes, das Wesen läßt die Wirklichkeit transparent erscheinen. Mensch und Welt werden durchlässig für das Geistige. Daher lautet einer der Schlüsselsätze unseres Autors:

»Das Durchscheinende, das Diaphane oder die Transparenz, ist die Erscheinungsform des Geistigen.«

Es muß sich nicht abseits des konkreten Lebens manifestieren, sondern mitten in ihm. Deshalb läßt Gebser seine Überlegungen über die Manifestationen der aperspektivischen Welt in das tägliche Leben als dem Ereignisort des integralen Bewußtseins einmünden. In einer seiner späten Arbeiten aus den siebziger Jahren hat er praktische Beispiele gegeben, die zeigen, wie das Überschreiten des mental-rationalen Bewußtseins gefördert werden könne:

»Anstelle der Hektik tritt die Stille und das Schweigenkönnen; anstelle des ausschließlichen Zweck- und Zieldenkens tritt die Absichtslosigkeit;
anstelle des Machtstrebens tritt Hingabe und echte Liebesfähigkeit;
anstelle des quantitativen Leerlaufes tritt das qualitative geistige Geschehen;
anstelle der Manipulation tritt das geduldige Gewährenlassen der fügenden Kräfte;
anstelle des mechanistischen Ordnens, der Organisation tritt das ›In-der-Ordnung-sein‹;
anstelle der Vorurteile tritt der Verzicht auf Werturteile, also statt Kurzschluß unsentimentale Toleranz;
anstelle dualistischer Gegensätze tritt die Transparenz;
anstelle der Handlung tritt die Haltung;
anstelle des homo faber tritt der homo integer (der integrierte Mensch);
anstelle des gespaltenen Menschen tritt der ganze Mensch;
anstelle der Leere der begrenzten Welt tritt die offene Weite der offenen Welt.«

Und an anderer Stelle:

»Wem es im Alltag gelingt, das Ganze über sein Ich zu stellen – ein Ich, das er deshalb noch lange nicht verlieren muß! –, wer aus Ich-Freiheit heraus zu handeln vermag, dem wird die Welt und selbst der Alltag durchsichtig. Dann rücken sich die allgemeinen Umweltgegebenheiten von selbst zurecht; sie strukturieren sich neu.«

Bei alledem gibt sich Gebser keinen Illusionen hin. Er ist sich der Nicht-Machbarkeit des neuen Bewußtseins ebenso bewußt wie ihrer Bedrohtheit durch Mißachtung wie durch Mißdeutung. Um so mehr setzt er auf den Mut und auf die Gnade als Inbegriff des Unverfügbaren, das sich religiös, aber auch von einer philosophischen Esoterik her näher bestimmen ließe.

So sind es in erster Linie ermutigende, impulsierende Kräfte, die von dem Werk Jean Gebsers ausgegangen sind und – wie man beobachten kann – in zunehmendem Maße ausgehen. Ein Diagnostiker des Bewußtseins wird unversehens zu einem geistigen Weg-Geleiter. Oder um es mit Herbert Kessler zu sagen, der sich im Zusammenhang der Humboldt-Gesellschaft seit langem um Gebser bemüht:

»Gegen den Kulturhistoriker und auch gegen den Kulturphilosophen mögen triftige Einwände laut werden, als Schöpfer einer philosophischen Esoterik gehört Jean Gebser dagegen zur Weltklasse. Er ist der Esoteriker der modernen Wissenschaften und der Künste, insbesondere der Naturwissenschaften. Er ist der Esoteriker, der die Gegenwärtigkeit des Ursprungs bewahrheitet. Was einst Paracelsus, hat in ganz neuartiger Weise Jean Gebser in einer gewaltigen Konzeption unternommen: die Manifestation des Geistigen in Natur, Welt und Mensch aufzuspüren, den Ursprung in seiner Gegenwärtigkeit wahrzunehmen.«

Karlfried Graf Dürckheim

Auf der Suche nach dem inneren Weg

as heißt es heute, nach einem inneren Weg zu suchen? Es gehört offensichtlich zur geistigen Signatur der Gegenwart, daß die herkömmlichen religiös-weltanschaulichen Gruppierungen an Attraktivität eingebüßt haben. Traditionelle Lehraussagen und Verhaltensregeln stoßen ebenso auf Ablehnung und Skepsis wie die Autoritäten, die sie zur Norm erheben. Das bekommt insbesondere das konfessionelle Christentum zu verspüren. Beklagt wird das vielerorts stagnierende kirchliche Leben. Der Kirchenbesuch geht schon lange zurück. Dafür mehren sich die Kirchenaustritte, wenngleich mit unterschiedlicher Intensität, was die Konfession und die Region anlangt. Dieser nicht mehr zu leugnenden Abwanderungsbewegung steht eine Zunahme an religiös-spirituellem Interesse gegenüber. Dabei gibt man dem Terminus »Spiritualität« den Vorzug vor »Religiosität«, um heutige geistig-geistliche Bedürfnisse gegenüber Frömmigkeitsstrukturen von einst abzuheben.

Vor dem Hintergrund dieser und ähnlicher Zeiterscheinungen stehen all jene Angebote, die vor noch nicht allzu langer Zeit als kuriose Randerscheinungen des geistigen Lebens abgetan wurden. Ihre Vertreter galten als elitäre Außenseiter. War ihr Anliegen religiös ausgerichtet, nannte man sie abwertend »Sektierer«. Sie verfielen einem allgemeinen Verdikt, und sei es dem des Nichtbeachtetwerdens.

Dabei hatten nicht wenige aus innerer, schicksalhafter Nötigung einen Pfad betreten, der sie ins vermeintliche Abseits drängte. Und erst von dem Zeitpunkt an, als ihre Suche nach einem inneren Weg den Bedürfnissen vieler entsprach, konnten sie und ihr Tun mit Beachtung und mit einer sachgemäßeren Beurteilung rechnen.

Einer von ihnen war Karlfried Graf Dürckheim. Die von ihm geübte spirituelle Praxis ist unter dem Namen »Initiatische Therapie« bekannt geworden. Seit einigen Jahrzehnten gehört Graf Dürckheim zu den Meditationslehrern und Therapeuten mit überregionaler Ausstrahlung. Von seiner gemeinsam mit der Psychologin Maria Hippius im Schwarzwald begründeten »Existential-psychologischen Bildungs- und Begegnungsstätte« aus hat er Europa bereist. Das begann am Anfang der fünfziger Jahre. Dürckheims meist auf Vorträge zurückgehende Bücher haben weite Verbreitung gefunden. Ungezählte suchende Menschen aus nahezu allen Alters- und Berufsgruppen fühlten sich durch ihn angesprochen, und zwar ungeachtet ihrer bisherigen weltanschaulichen beziehungsweise religiösen Einstellung. Auffälligerweise fanden sich immer wieder Theologen und Ordensleute bei ihm in dem Schwarzwalddorf Todtmoos-Rütte ein, um mit der Praxis der Meditation vertraut gemacht zu werden. Viele bezeugen, bei Graf Dürckheim das gefunden zu haben, was sie als Christen, ja selbst als Ordensleute, entbehren mußten.

Es handelte sich somit um nichts Geringeres als um eine Wiederbelebung ihres geistlichen Lebens, obwohl – oder gerade weil – Dürckheims »Initiatische Therapie« sich derlei spezielle Ziele gar nicht setzt. Sie ist eher darauf ausgerichtet, daß der in seinem alltäglichen Ich, seinem »Welt-Ich« verhaftete Mensch wieder zur Begegnung mit seinem wahren Selbst finde. Dürckheim spricht vom »überraumzeitlichen Wesen«. In seinem Bemühen, zur Erfahrung dieser Dimension der Wirklichkeit anzuleiten, führt er einmal aus:

»Zu den traditionellen Formen der Therapie kommt heute eine neue hinzu: die Initiatische Therapie. Bei ihr handelt es sich um etwas völlig anderes. Auch hier geht es um ein Heilen. Aber der Therapeut ist hier nicht der, der gesund macht, das heißt: wieder leistungsfähig, sondern er ist Therapeut im ursprünglichen Sinn des Wortes: der Begleiter auf dem Weg zum Heil. Das Wort ›Heil‹ hat hier seinen tiefen, im Grunde religiösen Sinn. Es gilt, den Menschen aus seiner Heillosigkeit herauszuführen zu seinem Heil. Die Heillosigkeit, um die es sich hier handelt, ist die Grundsituation des Menschen: ›heillos‹, weil in seinem Ich – dem Ego – befangen, verloren an die Welt, getrennt von seinem überweltlichen Wesen, gefangen in seiner raumzeitlichen Bedingtheit, angewiesen auf seinen rationalen Verstand und abgesondert von jener Wirklichkeit, die alle Verstandeskräfte überschreitet und überraumzeitlicher Natur ist.«

Karlfried Graf Dürckheim, im Jahre 1896 in München geboren, 1988 in Todtmoos-Rütte gestorben, entstammt einem alten pfälzisch-bayerischen Adelsgeschlecht. Er wuchs teils im oberbayerischen Steingaden, teils auf Schloß Bassenheim bei Koblenz auf, wo die Eltern vor dem wirtschaftlichen Zusammenbruch reich begütert waren. Als ältester Sohn verzichtete der Kriegsfreiwillige des Ersten Weltkriegs darauf, die Nachfolge seines Vaters auf dem Rittergut Steingaden anzutreten. Er studierte Philosophie und Psychologie. Nach seiner Habilitation in Leipzig übernahm er für wenige Jahre eine Professur, unter anderem an der Hochschule für Lehrerbildung in Kiel. Der Frontoffizier, der aus seiner betont deutschnationalen Einstellung keinen Hehl machte, konnte zunächst nicht ahnen, daß Hitlers Machtübernahme das Ende seiner Karriere als Hochschullehrer und Staatsbeamter bedeuten sollte. Aufgrund der NS-Rassegesetze galt er als »jüdisch versippt«. Dennoch bot sich Graf Dürckheim die Möglichkeit an, eine mehrjährige kulturdiplomatische Tätigkeit zu erfüllen. Einige Jahre unterstand er dem damaligen Reichsaußenminister Joachim von Ribbentrop. In diesem Zusammenhang kam es zu Dürckheims achtjährigem Aufenthalt in Japan, teils vor, teils während des Zweiten Weltkriegs. Hier lernte er die fernöstliche Spiritualität, insbesondere den Zen-Buddhismus in seinen verschiedenen kulturellen Ausprägungen, kennen.

Erst in der letzten Zeit seines Japan-Studiums bekam das Leben und spätere Schaffen Dürckheims einen völlig neuen Inhalt und seine besondere Ausrichtung. Doch diese relativ späte, um das fünfzigste Lebensjahr erfolgte Lebenswende ist viel früher grundgelegt. Seine Wegsuche wurde schon in jungen Jahren auf ein bestimmtes Ziel gelenkt. Das kam so:

Der von den Fronten des Ersten Weltkriegs heimgekehrte etwa dreiundzwanzigjährige, aus der Armee entlassene Offizier lernte in München seine erste Lebensgefährtin Enja von Hattingberg kennen. Wie zufällig wurde er durch sie mit Lao-tses berühmtem »Tao-te-king« bekannt. In ihm findet sich der elfte Spruch mit den Versen:

»Dreißig Speichen treffen die Nabe,
aber das Leere zwischen ihnen
erwirkt das Wesen des Rades;
aus Ton entstehen Töpfe,
aber das Leere in ihnen
wirkt das Wesen des Topfes;
Mauern mit Fenstern und Türen bilden das Haus,
aber das Leere in ihnen erwirkt das Wesen des Hauses.
– Grundsätzlich: Das Stoffliche birgt Nutzbarkeit;
das Unstoffliche wirkt Wesenheit.«

Dürckheim bekennt von sich:

»Und da geschah es: Beim Hören des elften Spruchs schlug der Blitz
in mich ein. Der Vorhang zerriß, und ich war erwacht. Ich hatte ES
erfahren. Alles war und war doch nicht, war diese Welt und zugleich
durchscheinend auf eine andere. Auch ich selbst war, und war zugleich nicht. War erfüllt, verzaubert, ›jenseitig‹ und doch ganz hier,
glücklich und wie ohne Gefühl, ganz fern und zugleich tief in den
Dingen drin.
Ich hatte es erfahren, vernehmlich wie einen Donnerschlag, licht-
klar wie einen Sonnentag; und das, was war, gänzlich unfaßbar. Das
Leben ging weiter, das alte Leben, und doch war es das alte nicht
mehr. Schmerzliches Warten auf mehr ›Sein‹, auf Erfüllung tief-
empfundener Verheißung. Zugleich unendlicher Kraftgewinn und
die Sehnsucht zur Verpflichtung – auf was hin?«

Von einem Transparent-, einem Durchscheinendwerden der Wirklichkeit ist also die Rede. Ganz ähnlich wie bei dem auf anderen
Wegen gehenden Jean Gebser, der vom »Diaphanen« und von Transparenz spricht, um das spontan Erlebte zu bezeichnen. In der Geistesgeschichte finden sich hierzu eindrucksvolle Zeugnisse. Man
denke nur an solche Transparenzerfahrungen bei Jakob Böhme oder
an die Diaphanie bei Sri Aurobindo. Die Gemeinsamkeit des Erlebens besteht trotz gradueller Unterschiede darin, daß auch Dürckheims Widerfahrnis nicht mit einem unkontrollierten »High«-Sein
verwechselt werden kann. Keine rauschhafte, das Bewußtsein

dämpfende Entrückung fand statt, kein Weggeschwemmtwerden ins Irrationale, kein Weltverlust. Gleichzeitig aber wurde offensichtlich der mental-rationale Erkenntnisraum durchstoßen. Oder muß man zutreffender sagen: Dieser Durchbruch erfolgte gleichsam von der anderen Seite her?

Wie ordnete nun Graf Dürckheim sein Erlebnis ein? In welchen Zusammenhang rückte er dieses Zerreißen des Vorhangs, der die Sinneswahrnehmung und das »Über«-Sinnliche trennt oder doch zu trennen scheint? In seiner Aufsatzsammlung »Erlebnis und Wandlung« heißt es hierzu:

»Ich hatte das erlebt, wovon alle Zeiten künden: von Menschen, die irgendwann einmal eine Erfahrung hatten, die wie ein Blitz einschlug und sie ein für allemal dem Stromkreis des eigentlichen Lebens anschloß, besser gesagt: ihn bewußt machte, nicht nur als Quelle eines großen Glücks, sondern auch des Leidens, das der Mensch empfindet, wenn dieser Stromkreis dann immer wieder unterbrochen wird. Aber zugleich enthält diese Erfahrung den unbedingten Auftrag zum inneren Weg.«

Dieser Auftrag hat – so muß vorwegnehmend gesagt werden – zwei Seiten: Zum einen geht es darum, einen solchen inneren Weg selbst zu gehen, ganz gleich, welche individuelle Gestalt er haben mag; zum anderen ist damit die Verpflichtung verbunden, anderen Weg-Suchern gegebenenfalls behilflich zu sein. Von diesem Auftrag, anderen ein Begleiter oder gar ein »Meister« auf dem inneren Weg zu sein, konnte bei dem Dreiundzwanzig- oder Vierundzwanzigjährigen noch lange nicht die Rede sein. Auch Erleuchtungen machen eine solide Ausbildung nicht überflüssig. Gerade Erleuchtungen machen langwierige Reifungsprozesse nötig. Sie haben mit Initiation zu tun; sie setzen ein »initium«, einen Anfang für weitere Stadien der inneren Entwicklung. Aber nachdem eine solche Anfangserfahrung gemacht worden ist, besteht die Möglichkeit, gleichgerichtete Lebenszeugnisse und Erkenntnisfrüchte anderer als das zu entschlüsseln, was sie ihrem innersten Wesen nach sind, auch was sie für einen Menschen sein können, der am Anfang seines individuellen Seelenwegs steht. Dürckheim sagt daher von sich:

»In der verwandelten Verfassung war ich nun auf alles, was aus der geistigen Welt auf mich zukam, auf einen bestimmten Pol gestimmt, und es war kein Wunder, daß in dieser Zeit Meister Eckhart bei mir einschlug. Ich kam von seinen Traktaten und Predigten nicht mehr los und vernahm ihren Gehalt wie ein vielfältiges Echo auf den großen Glockenton, der in mir erklungen war. Bis heute noch genügen mir einige Sätze von Meister Eckhart, um immer wieder von dem großen Strom durchrieselt zu werden.«

Eben diesen Ton, wenngleich auf anderer Höhe und mit anderer Intensität, meinte er von da an in Texten von Rilke oder bei Friedrich Nietzsche zu vernehmen. Vor allem das Bekanntwerden mit Schriften aus der Welt des Buddhismus zeigte ihm die Fülle, Vielfalt und Tiefe solcher Zeugnisse großer Erfahrung, die Kundige des inneren Wegs hinterlassen haben.

Auch in seinen Gesprächen mit dem französischen Theologen Alphonse Goettmann brachte Dürckheim zum Ausdruck, wie wichtig ihm Meister Eckhart geworden ist:

»Der Zustand der Seinsnähe, der mich von da an nicht mehr losließ, veranlaßte mich, in allem, was mir begegnete, etwas Bestimmtes zu suchen. So war es nicht verwunderlich, daß es Meister Eckhart war, der mich im Innersten traf … Ich erkannte in Eckhart meinen Meister, den Meister. Man kann sich meinem Meister nur nähern, wenn man das Denken in Begriffen ausschaltet.«

Hier dürfte ein Einspruch angebracht sein, denn wer Eckharts freilich nur wenig bekanntes lateinisches Werk berücksichtigt, der begegnet in ihm dem »Meister«, das heißt dem Magister der scholastischen Philosophie, der durchaus meisterhaft die Instrumente des begrifflichen Denkens zu handhaben weiß. Aber Dürckheim tut gut, darauf hinzuweisen, daß er nicht im wissenschaftlichen Sinn ein Eckhart-Fachmann sei.

Ihm kommt es auf etwas anderes an, wenn er die Predigten des großen Dominikaners wieder und wieder auf sich wirken läßt, so daß er sagen muß:

»Welch ein Hauch geht von allem aus, was er sagt! Diese unglaubliche Einfachheit, mit der er von Gott spricht, die Beispiele, die er gibt, die Probleme, die er aufwirft! Es liegt eine eigenartige Atmosphäre des Essentiellen, des Wirklichen im Schweigen des Überweltlichen in seinen Gedanken, hörbar nur für jene, die die Ohren haben zu hören.«

Wer heute von den Stadien eines inneren Weges spricht, darf nicht den Eindruck erwecken, als vollziehe er sich in den Regionen einer weltabgehobenen Innerlichkeit. Als solle man sich aus den Verpflichtungen und Verwicklungen des Alltags ein für allemal zurückziehen, etwa um das Leben eines Einsiedlers oder eines Asketen zu führen. Dem ist nicht so, auch wenn sich Dürckheim oft eines Vokabulars bedient, das auf Initiation und Mysterium, auf Exerzitium und Wesenswandlung bezogen ist, auf das Erleben eines Numinosen, Überweltlichen, das den Menschen plötzlich ergreifen kann. So etwa, wenn man fragt, was mit »Weg« gemeint sei.

»Der initiatische Weg ist die von einer Seinserfahrung ausgehende Schritt um Schritt fortschreitende Einweihung, Einweisung und Einschmelzung in die gesetzliche Folge der Stufen, in der der Mensch aus der Oberflächenexistenz seines natürlichen Bewußtseins vordringt in die Tiefen jenes Bewußtseins, in denen sein Wesen, das heißt das in ihm lebendige überweltliche Sein als Erlebnis und Wirkkraft aufgehen kann.
An der Schwelle dieses Weges steht eine Erfahrung, die ›Umkehr‹ bedeutet, radikale Wendung, Umorientierung vom Grund her. Von da ab geht es letztlich gar nicht um den Menschen, sondern um das göttliche Sein, das heißt darum, daß dieses Stufe um Stufe ins Innesein treten kann und den Menschen fortschreitend ... verwandelt ... Am Anfang des Weges steht das initiatische Erlebnis ...«

Bei Dürckheim war es jener Spruch aus Lao-tses »Tao-te-king«.

»... das initiatische Erlebnis, meist eine blitzartige, alles verwandelnde Erleuchtung. Es ist, als zerrisse ein großer Nebel, und

schlagartig geht ein neues Zentrum, eine neue Mitte auf und mit
ihr ein neuer Sinn, die Verheißung einer anderen Fülle, Ordnung
und Ganzheit.«

In diesem Zusammenhang ist auch von drei Faktoren die Rede, die
die Besonderheit des hier gemeinten Wegs ausmachen:

»Der erste (Faktor) ist das Erlebnis, darin das Licht des Seins im
Dunkel des Daseins aufleuchtet. Das zweite ist die Einsicht in das
Verhältnis von Welt-Ich und Wesen, in den Unterschied zwischen
der Verfassung, die den Seinsgrund verstellt und der rechten Verfas-
sung, die den Menschen dem Leben erschließt ... Der dritte ist die
Übung, das Exerzitium, das die falsche, mit der Vorherrschaft des
Welt-Ichs zusammenhängende Verfassung abbaut und die wesens-
gemäße Verfassung aufbaut.«

So gesehen ist der Weg zu dieser nach und nach herzustellenden
Verfassung ein Weg der Verwandlung des ganzen Menschen, das
heißt des Menschen in seiner Einheit von Leib, Seele und Geist.
Hierfür kann und soll einiges geschehen, eben die Übung, sei es nun
die Meditation oder seien es Exerzitien, die auch den Leib in das Ver-
wandlungsgeschehen einbeziehen. Doch bevor auch diese Methodik charakterisiert werden kann, ist nochmals auf Dürckheims Wegsuche einzugehen.
War es denn eine »Suche«? Hat sich bei ihm nicht das Eigentliche,
das Entscheidende wie von selbst ergeben? – Vieles spricht dafür,
vor allem wenn man die kritischen dreißiger Jahre anschaut, in
denen der Kieler Professor seine Hochschultätigkeit aufgibt und
sich von den braunen Machthabern für kulturdiplomatische Aufgaben verpflichten läßt – immerhin für eine Reihe von Jahren.
Wohl war ihm einst ein Licht aufgegangen, als er den Spruch des altchinesischen Weisen hörte, aber die Entscheidung darüber, tiefer in
die fernöstliche Spiritualität einzutauchen, traf nicht Graf Dürckheim aufgrund jener Erleuchtung. Diese Entscheidung leiteten andere ein. Hierzu Dürckheims Bericht:

»Meinen Aufenthalt in Japan verdanke ich dem Umstand, daß ich im Jahre 1936 als ›politisch untragbar‹ aus meiner damaligen Stelle als freier Mitarbeiter in der England-Abteilung des Büros Ribbentrop entlassen und mit einem Forschungsauftrag nach Ostasien geschickt wurde. Das Thema lautete ›Erforschung der geistigen Grundlage der japanischen Erziehung‹.«

Vom Beschreiten eines inneren Wegs kann zu diesem Zeitpunkt noch nicht die Rede sein. Im Sommer 1938 ist die weltpolitische Lage angespannt. Eben hat Hitler Österreich dem deutschen Reich einverleibt. Was wird sein nächster Gewaltakt sein? Die sogenannte Sudetenkrise erweckt bei vielen schon jetzt die Befürchtung eines nahe bevorstehenden Kriegs. Und eben in diesem Zeitpunkt wird Graf Dürckheim zu seiner speziellen Auslandsmission nach Japan entsandt. Im Überschwang der nationalen Begeisterung, die den Grafen seit langem erfüllt, meint Dürckheim seinem Volk und den Berliner Auftraggebern, dem Reichsaußenminister von Ribbentrop und dem Erziehungsminister Bernhard Rust, ein nützlicher Repräsentant des »neuen Deutschland« zu sein. Ein Blick ins Tagebuch vom 7. Juni 1938, dem Antrittsdatum der ersten Japanreise:

»Um 7.39 Uhr verläßt der Zug mit dem Sonderwagen des Norddeutschen Lloyd Bremen. Die letzte Etappe zu Land. Herrliche Sonne. Der Ginster blüht. Blühender Ginster war immer ein gutes Zeichen in meinem Leben. Tausend Gedanken, Bilder, gehen durch meinen Kopf, aus der Vergangenheit und Phantasie der Zukunft. Ein Vertreter vom Norddeutschen Lloyd erscheint und teilt mir mit, daß mir eine große Kabine zur Verfügung steht. Das ist gut zu wissen.«

Dürckheim begibt sich an Bord der »Potsdam«. Durch die Straße von Gibraltar und den Suezkanal geht die Reise nach Hongkong und Schanghai, das zu diesem Zeitpunkt bereits im japanischen Einflußgebiet liegt. Mitte Juli ist Tokio erreicht, wo Graf Dürckheim bereits von Kollegen erwartet wird. Es sind Mitglieder des NS-Lehrerbundes sowie Angehörige der Auslandsorganisation der NSDAP. Keine Frage, es ist von vornherein klargestellt, unter welchen Vorzeichen dieser und auch sein nachfolgender Japan-Aufenthalt stehen sollten.

Und wenn es auch zutrifft, daß die Existenz einer jüdischen Großmutter eine Karriere als Hochschulprofessor aufgrund der »Nürn-
berger Gesetze« unmöglich machte, so ließ doch Dürckheim an seiner uneingeschränkten Loyalität zum NS-Staat keinen Zweifel aufkommen. Seine Erfolge als bisheriger Mitarbeiter im Büro Ribbentrop veranlaßten ihn zu einer Denkschrift, in der er die Notwendigkeit einer besonderen Erziehung der Auslandsdeutschen »im Rahmen der nationalsozialistischen Gesamterziehung« herausstellte.
Wörtlich heißt es in diesem Dokument:

»Aufgrund dieser (meiner) Erfahrung gewann ich die Überzeugung,
daß Deutschland in der Gesamtheit der nach Millionen zählenden
Volksgenossen aus dem Reich, die jährlich mit Ausländern in Be-
rührung kommen, ein Instrument besäße, das außerordentliche
Dienste im Kampf um seine Weltstellung leisten könnte, wenn diese
Volksgenossen für die besonderen Aufgaben, die ihnen jeglicher
Verkehr mit Ausländern tatsächlich stellt, auch nur einigermaßen
vorbereitet und einheitlich erzogen wären.«

Diese wenigen Äußerungen mögen Beleg genug sein für Graf
Dürckheims vordergründige Motivationen, die seine beiden Japan-
Reisen bestimmten.
Und wie seine Biographie zeigt, wird es ihm nicht schwergefallen
sein, im fernöstlichen Inselreich ganz im Sinne seiner Vorgesetzten
zu wirken. Der Dreierpakt zwischen Hitler-Deutschland, Italien
und dem damals ebenfalls mächtig expandierenden Japan Kaiser Hi-
rohitos bot dazu die außenpolitische Grundlage.
Aber im Hintergrund gab es für den tatsächlichen oder vermeint-
lichen Propagandisten des Dritten Reiches noch eine ganz andere
Tendenz, nämlich Dürckheims zunehmendes Interesse an der
fernöstlichen Religiosität und Geistigkeit. Dazu gehörte in erster
Linie der Zen-Buddhismus, später immer stärker Zen als eine
transreligiöse, das Allgemeinmenschliche betonende Einstellung
der spirituellen Übung und der Selbstdisziplinierung. Darauf war
Graf Dürckheim in der bezeichneten Weise vorbereitet, wenn er
schreibt:

»Den Zugang zum Zen erleichterte mir meine Vertrautheit mit Meister Eckhart. Was lehrt Zen? Jeder ist in seiner ursprünglichen Natur Buddha. Das ursprüngliche ›Antlitz‹ ist durch die festliegenden gegenständlichen Ordnungen des an der Welt haftenden Ichs verstellt. Voraussetzung für die Reifung, deren Frucht der zu seiner Buddha-Natur hin befreite Mensch ist, ist daher das Sterben des Ichs und die Erfahrung des Wesens.«

Auch wenn Dürckheim mehrfach von »Buddha« und von der Erlangung der sogenannten »Buddha-Natur« spricht, so ist bereits an dieser Stelle darauf aufmerksam zu machen, um was es ihm letztlich ging, nämlich nicht etwa um eine Einführung in die buddhistische Spiritualität. Zu keinem Zeitpunkt ging es ihm darum, die fernöstliche Geistigkeit oder Religiosität in den Westen zu verpflanzen. Vielmehr meinte er stets die Vorbereitung auf eine spezielle Erfahrung, die zum Menschsein des Menschen gehört und die er zugänglich machen wollte. Dazu dient die Übung, ein vorbereitendes meditatives Exerzitium. Von ihm sagt er:

»Die Übung hat also einen doppelten Sinn: den Menschen bereit zu machen für die Möglichkeit einer Seinserfahrung und die Verwandlung zu einem immer zuverlässigeren Zeugen des in der Erfahrung dem Menschen aufgegangenen Seins. Denn Erleuchtung gibt noch keinen Erleuchteten! – Je länger ich in diese Erfahrung und Exerzitienweisheit des Buddhismus eindrang, desto klarer wurde mir, daß hier ein Verständnis des Menschen und seiner Möglichkeit vorlag, das Allgemeingültiges enthielt und zum Bewußtsein brachte. Es war eine Sicht, die im Hinblick auf Freisein und Heilmachen des Menschen, über Gesundheit, Leistungskraft und Gesellschaftstreue hinaus den Menschen in seinem Wesensgrund erfaßte, dessen Erfahrung und Integration auch die Voraussetzung für die Entwicklung zum wahren Selbst sind.«

So plötzlich und so unvermittelt einst der junge Münchener Student von dem Erleuchtungserlebnis überrascht worden sein mochte, der Fortgang der inneren Entwicklung gestaltete sich als ein überaus langwieriger innerseelischer Reifungsprozeß. Nach außen hin trat Professor Karlfried Graf Dürckheim in den dreißiger und vierziger Jahren als ein Kulturdiplomat des Dritten Reiches in Erscheinung. Als dieser war nicht allein er selbst von ausgesprochen völkischen Idealen fasziniert; er setzte sein persönliches Charisma ein, auch andere dafür zu begeistern, zunächst in Südafrika, dann in England, schließlich in Japan. Gleichzeitig vollzog sich aber in ihm ein untergründiger, ihm kaum bewußter Wandlungsvorgang, dessen einzelne Stadien sich zumindest für die sechs oder sieben Jahre seines zweiten Japan-Aufenthaltes rekonstruieren lassen. Zunächst Dürckheims allgemeine Feststellung:

»Aus eigener Anschauung lernte ich eine Vielfalt der Zen-Exerzitien kennen. Selbst übte ich außer der Meditation (das heißt Za-Zen) vor allem das Bogenschießen und das Malen. Es ist überraschend für uns, wie vom Zen-Standpunkt her die verschiedenen Künste ein und denselben Sinn haben, ob es um Bogenschießen geht oder Tanzen, Singen oder Karate, Blumenstecken oder Aikido, Teezeremonie oder Speerstoßen, Puppenspiel oder Judo und so weiter.
Strenggenommen und im Zen-Geist geübt, sind es nur verschiedene Wege, auf denen es immer wieder um dasselbe geht: durchzustoßen zur Buddha-Natur, zum ›Wesen‹. Zu diesem Ende ist eine in langer Übung gewonnene Technik schließlich so zu meistern, daß – weil wir die Leistung nicht mehr selbst zu ›machen‹ brauchen – eine Tiefenkraft in Aktion treten kann, die die Leistung ganz ohne unser Zutun vollbringt.«

Was nun den Wandlungsprozeß betrifft, in den Dürckheim im Laufe der Jahre hineingenommen wurde, so war zunächst nicht abzusehen, zu welchen Resultaten er führen würde. Eine ausgedehnte Reise- und Vortragstätigkeit, die sich über nahezu alle Landesteile und viele Großstädte erstreckte, nahm ihn voll in Anspruch. In den Briefen an die Eltern und Geschwister in Deutschland ist viel davon die Rede. Aber bald mischt sich in die Erzählungen von seinen alltäglichen Erlebnissen etwas von den geistigen Besonderheiten des Landes und von seinen persönlichen Interessen. Eine Notiz im Tagebuch, Ende 1940 niedergeschrieben, lautet so:

»Ich werde jetzt, soviel ich irgendwie Zeit erübrigen kann, besonders die gerade hier lebende Seite des Buddhismus studieren. Wir
haben ja in Europa einen völlig irrigen Begriff von Buddhismus ...
als einer passiven, den Menschen von der Wirklichkeit in die Meditation abziehenden Lehre. – Gestern bekam ich plötzlich einen
Gruß von meiner alten Teefreundin aus Kioto, jener Zen-Priesterin,
bei der ich die ersten Weihen der Tee-Zeremonie erhielt.«

Wie man sieht, verbindet Dürckheim zu dieser Zeit »Meditation«
noch mit dem Gedanken bloßer Passivität. Aber er ist dabei, seine
europäischen Vorurteile zu revidieren, die er und seinesgleichen
dem Buddhismus gegenüber haben. Und schon beginnen sich die
Fäden für eine intensivere Beschäftigung mit dem Zen-Buddhismus
zu knüpfen. Der erwähnten Tee-Zeremonie konnte er ein Jahr zuvor
anläßlich seines ersten Japan-Aufenthalts beiwohnen.
Inzwischen hat er einen jüngeren japanischen Professor kennengelernt. Dieser besucht ihn alsbald, und er erzählt ihm von seinem
Meister. Bei ihm habe er die Kunst des Bogenschießens und des kal-
ligraphischen Schreibens geübt. Gewiß werde der Meister auch den
deutschen Professor als Schüler annehmen. Der Vielbeschäftigte
akzeptiert das Angebot als einen Wink des Schicksals. Im Tagebuch
sind die ersten Begegnungen mit dem Zen-Meister festgehalten:

»Und so besuchte ich eines Morgens um acht Uhr diesen Meister in
seinem Hotel; wirklich eine wunderbare Gestalt. Es ist etwas Fabel-
haftes um diese Menschen!
Ich war in der Frühe zwei Stunden bei ihm, und so groß ist die ordnende Wirkung, die von diesem Mann ausging, daß ich mich am
Abend nach einem reichlich bewegten Tag noch hinsetzte und eine
ganze Abhandlung schrieb ... Nach einigen Tagen kam er dann zu
mir, ebenfalls in der Frühe, (der) einzigen Zeit, die ich noch frei
hatte ... Diese ersten Gespräche sind natürlich immer eher tastend.
Das Übersetzen von Satz zu Satz erschwert auch die Unterhaltung,
doch sind solche Begegnungen sehr lohnend.«

Noch ist es der Reiz des Exotischen und der persönliche Eindruck
von einem ihm außergewöhnlich erscheinenden Menschen, was ihn

fasziniert. Verfolgt man aber Dürckheims Aufzeichnungen weiter, dann ist ein merklicher Übergang festzustellen, ein Übergang von der Erfüllung seiner amtlichen kulturdiplomatischen Verpflichtungen zum Wesentlichen hin, das ihn immer stärker beschäftigt. Natürlich kommt eine Verminderung oder gar Aufgabe seiner bisherigen beruflichen Tätigkeit nicht in Frage. Die Privilegien, die Dürckheim mitten im Zweiten Weltkrieg durch den japanischen Staat und die deutsche Botschaft in Tokio genießt, verlangen eine entsprechende Gegenleistung. Aber eben diese Freizügigkeit in der Gestaltung seiner Arbeit erlaubt ihm, das Geforderte mit dem Wünschenswerten geschickt zu verbinden.

Januar 1941: Graf Dürckheim lebt mittlerweile ein volles Jahr in Japan. Und da kommt er darauf, daß man in der Begegnung mit dem Japanertum drei Schichten unterscheiden müsse: Die erste Schicht umfaßt den Alltagsjapaner, der seiner Arbeit und seinen Geschäften nachgeht; die zweite meint das traditionelle Japanertum, das sich im Shinto, im Kaiserkult, in der Erfüllung seiner besonderen religiösen Gepflogenheiten ausdrückt. Schließlich sei da noch eine dritte Schicht, die Dürckheim vorerst nur andeutend zu umschreiben vermag. Im Brief an die Verwandten heißt es hierzu wörtlich:

»(Diese dritte Schicht liegt dort), wo ein Wesen sich selbst wirklich vollendet, da verwirklicht es in seiner Weise das Göttliche. Und das ist es auch, was uns dieser Selbstvollendung gegenüber berührt. Am direktesten wird das natürlich dem Menschen gegenüber fühlbar.«

Überlegungen wie diese hindern den Tagebuch- und Briefschreiber aber zu diesem Zeitpunkt noch nicht, die innere Distanz zum Nationalsozialismus und zu seiner eigenen nationalistisch getönten Kulturauffassung deutlich werden zu lassen. Noch existieren für Graf Dürckheim beide »Welten« nebeneinander. Ihm scheinen sie miteinander in Einklang zu bringen zu sein, die völkischen Ideale und die spirituellen Interessen.

Noch scheint er nicht zu ahnen, daß er sich würde entscheiden müssen, wenn der innere Weg konsequent weitergeführt werden soll. Was ihm vom Zen-Buddhismus her zukommt, wird eher als ein Zugewinn oder gar als eine Verbrämung eines äußeren Status betrachtet. Immerhin ist unter dem 11. Februar 1941 eine bedeutsame Feststellung getroffen.

»Inzwischen habe ich mir mein Leben um eine wichtige Sache bereichert, indem ich nämlich angefangen habe, Bogen zu schießen – in meinem ›gewaltigen Park‹ von zweieinhalb Metern (Entfernung) auf ein großes Strohbündel.«

Graf Dürckheim erinnert sich, einmal einen Zeitschriftenartikel seines Erlanger Kollegen Eugen Herrigel über die ritterliche Kunst des Bogenschießens gelesen zu haben. Insofern war er zumindest mit dem Gedanken vertraut, der dieser speziellen Übung des Zen zugrunde liegt. Und weil Dürckheims Bogenmeister in derselben Meistertradition stand wie Herrigel, war dies ein für ihn zusätzliches Motiv, auch in diese Disziplin eingeführt zu werden. Im Brief heißt es daher:

»Das war natürlich, was mich veranlaßte, die Sache anzufangen. Ich weiß, daß ich auf diese Weise Dinge über Japan lerne und auch für mich profitiere, die man nirgends aus Büchern oder auf andere Weise erfahren kann.«

Noch scheint es dem Briefschreiber in erster Linie um Information »über« den japanischen Zen-Buddhismus zu gehen. Oder sind diese Zeilen mehr auf die Leser in der Heimat berechnet, die sich kaum eine angemessene Vorstellung von dieser eigenartigen Kunst bilden können? Immerhin geht es bei dieser Art des Bogenschießens nicht um die übliche sportliche Leistung, sondern um eine Auseinandersetzung des Schützen mit sich selbst. Erst hier zeigt sich das Wesen dieser Kunst, die qualitativ mehr meint als ein technisches Können. Wer es nur darauf abgesehen hat, der verfehlt das Eigentliche, das einen inneren Weg charakterisiert. Manches hiervon deutet sich in den späteren Briefen an. Dürckheim drückt das so aus:

»Viel Ruhekräfte gibt das Bogenschießen. Montag früh war der Meister wieder da und kommt auch morgen vormittag wieder. Das sind immer sehr lange philosophische Gespräche über das, was unserer Zeit not tut und was es mit dem Bogenschießen auf sich hat. Dann wird höchstens zwanzig Minuten (lang geübt), das heißt, es werden sechs bis acht Pfeile geschossen ... Ganz seltsame Sache, ganz etwas anderes, als man sich in Deutschland darunter vorstellen kann. Darüber werde ich später mal was veröffentlichen.«

Graf Dürckheim hat Wort gehalten, jedenfalls was Zen im allgemeinen betrifft. Zuvor aber mußte er sich von seinem Meister sagen lassen, daß für Zen dasselbe gilt wie für jeden ernstgenommenen spirituellen Weg. Das heißt, eine solche Übung läßt sich nicht auf einen Lebensausschnitt begrenzen, etwa auf die relativ kurzen Zeiten der betreffenden Exerzitien, handle es sich um das Bogenschießen, um die Meditation oder um eine andere Praktik. Nach und nach müssen alle Lebensvollzüge von der ordnenden Kraft der Übung erfaßt werden. Der Alltag wird so zum Feld der Übung. In seinem Buch »Der Alltag als Übung« hat Graf Dürckheim dieser Einsicht und Forderung Ausdruck gegeben:

»Was auch immer wir tun, wir tun es in einer bestimmten Haltung. Das, was wir tun, gehört der Welt. Im Wie bekundet der Mensch sich in seiner Haltung. Diese Haltung kann recht sein oder auch nicht: im Einklang mit dem inneren Gesetz oder ihm widersprechend; der rechten Form des Menschen gemäß oder ihr entgegengesetzt; durchlässig für das Wesen oder ihm verstellt. Denn, was ist die rechte Form? Es ist diejenige, in der der Mensch transparent ist für das Sein. Transparent (sein) heißt: fähig (sein), es zu erleben und es in der Welt offenbaren.«

Wenn der Alltag mit seinen Verpflichtungen und Forderungen das Feld bezeichnet, auf dem sich das »innen« Errungene Mal um Mal bewähren muß, dann ist damit zum Ausdruck gebracht, daß der innere Weg über die bloße Innerlichkeit hinausführt, denn:

»Wo das innere Werk gelingt, kann und hat der Mensch nichts anderes und mehr als vorher, aber er ist anders und mehr geworden. Er ist ein anderer geworden. So steht dem weithin sichtbaren Werk der

Welt gegenüber – vielleicht niemandem sichtbar – der nach innen hin verwandelte Mensch. Aber beides hängt eng miteinander zusammen. Das wirklich gültige Werk der Welt setzt menschliche Reife voraus und die zur Reife führende Verwandlung des Menschen die Mühe um das in der Welt aufgegebene Werk. – So schließen sich innerer Weg und äußeres Werk nicht aus, sondern sie bedingen einander. Und da wir von früh bis nachts gefordert sind, sowohl von unserem inneren Wesen wie von der uns bedrohenden und in unsere Verantwortung gegebenen Welt, ist das Feld eines nie endenden Bemühens, beide Seiten miteinander zu versöhnen: der Alltag.«

Doch bleiben wir noch einen Moment dort, eben in Japan, wo Dürckheim in der Gestalt des Bogenschießens einen Zugang zu Zen fand und damit zu einem ganzheitlichen Erfassen der Wirklichkeit: Es bedurfte eines Zeitraums von etwa drei Jahren, bis er die Technik des »zielfreien« Schießens mit dem Bogen einigermaßen erlernt hatte. Mehr als vier Jahrzehnte später, als der etwa Siebenundachtzigjährige dem Zweiten Deutschen Fernsehen ein ausführliches Interview gewährte, kam Graf Dürckheim auf diesen für ihn wichtigen Augenblick zu sprechen:

»Ich weiß noch, wie ich einmal in Anwesenheit des Meisters schoß und der Pfeil von selber wegging; ›ich‹ hatte nicht geschossen. ›Es‹ hatte geschossen! Der Meister hat das gesehen, nahm mir den Bogen aus der Hand und mich in seinen Arm – was ja sehr selten ist in Japan! – und sagte: ›Das war's!‹ Er lud mich zu sich nach Hause zum Tee. – So hat mir das Bogenschießen unendlich viel gebracht. Denn die Beherrschung einer solchen traditionellen japanischen Technik hat ja den Sinn, nicht eine vollendete Leistung in sportlicher Hinsicht, sondern sie bedeutet: einen Schritt vorantun auf dem inneren Weg.«

Für diesen Lebensabschnitt ist zu ergänzen, daß es Graf Dürckheim gegen Ende seines Japan-Aufenthalts gelang, »Satori«, das Ziel des Zen-Wegs, als das zu begreifen, was es ursprünglich meint, nämlich eine Stufe der Erleuchtung und einer Erhellung der Wirklichkeit.

Damit war nach einem weitausholenden Umweg der Punkt einer Kehre erreicht. Hatte der Abgesandte des deutschen Erziehungsministers anfangs gedacht, zwischen der deutschen und der japanischen Mentalität Ähnlichkeiten feststellen zu können, so wurde er mehr und mehr einer spannungsvollen Gegensätzlichkeit gewahr. Und hatte er zuerst geglaubt, in der Stärkung der nationalen Kräfte ein Ideal sehen zu müssen, so konnte er diese Anschauung gegen Mitte der vierziger Jahre, das heißt kurz vor Kriegsende, nicht länger aufrechterhalten. So ist es kein Zufall, wenn in seinen Papieren das Wort vom »übervölkischen Satori« auftaucht. Damit ist endlich der »geistige Durchbruch zur letzten Wirklichkeit« erreicht –

»– wobei aber das suchende Subjekt dieses Durchbruchs nicht der einzelne, sondern ein im einzelnen zum Bewußtsein kommendes größeres Selbst ist«.

Dieses größere Selbst und die mit ihm verbundene Schicksalsführung pflegten den auf dem inneren Weg Befindlichen nicht etwa von weiteren Prüfungen zu verschonen. Zu Dürckheims nächsten Wegstationen gehörte eine fast eineinhalbjährige Gefangenschaft. Er hatte sie in dem von der amerikanischen Besatzungsmacht geführten Sugamo-Gefängnis in Tokio zu absolvieren.
Die erhalten gebliebenen Briefe, die das Familienarchiv aufbewahrt, sind widersprüchlicher Natur. Da heißt es einmal von der Haftzeit:

»(Diese Gefangenschaft ist eine Schicksalsfügung), die mir durch Gott bestimmt ist, und eine Chance, spirituell nach innen und vorwärtszukommen. Im Grunde meiner Seele, wage ich zu sagen, herrscht große Stille. Je länger es dauert, desto mehr weiß ich, daß nichts in meinem innersten Selbst mich berühren kann …«

Aber kaum sind diese Zeilen niedergeschrieben, muß sich der der Agitationstätigkeit für Hitler-Deutschland bezichtigte Häftling eingestehen:

»Je länger ich hier bin, verspüre ich eine zunehmende Depression, und zwar eine sehr ernste. Es ist nicht die gewöhnliche Niedergeschlagenheit, die kommt und geht. Meine liegt tiefer ... Trotz meiner spirituellen Einstellung, auf die ich mich zurückziehe, so oft ich kann, bin ich doch auch ein normaler Mensch und kann das nicht viel länger aushalten. Und ich bin überhaupt nicht sicher der Reaktion am Tag, wenn ich draußen bin.«

Von seinem Biographen Jahrzehnte später gefragt, wie er rückblikkend jene Zeit im Sugamo-Gefängnis einschätze, antwortete der knapp Neunzigjährige:

»Das war für mich dennoch eine sehr fruchtbare Zeit. Die ersten Wochen hatte ich fast jede Nacht einen Traum, darunter solche Träume, die Elemente meiner zukünftigen Arbeit vorausnahmen. In der Zelle umgab mich eine große Stille. Ich konnte für mich arbeiten. So begann ich einen Roman zu schreiben. Meine Zellennachbarn warteten immer schon auf die Fortsetzung. Wertvoll war diese Zeit der Gefangenschaft für mich eben deshalb, weil ich das Exerzitium des Za-Zen hatte und stundenlang stillsitzen konnte.«

Somit unterliegt es keinem Zweifel: Die Jahre in Japan stellten für Graf Dürckheim und für sein späteres Schaffen als Meditationslehrer und als Lebensberater einen Schulungsweg besonderer Art dar. Seine Begegnung mit Zen und auch seine Übernahme verschiedener Elemente aus der fernöstlichen Geisteskultur ließen jedoch Mißverständnisse aufkommen. Dazu kommt noch die Tatsache, daß er buddhistische Mönche und japanische Zen-Meister in sein Zentrum zur Pflege der Initiatischen Therapie nach Todtmoos-Rütte einlud. Auf diese Weise erweckte er den Eindruck, er gehöre als Lehrer, als Therapeut und als Schriftsteller in die Schar derer, die nach dem Zweiten Weltkrieg die asiatische Spiritualität und Lebensart in den Westen verpflanzt haben. Diesem Mißverständnis ist Graf Dürckheim in seinen Publikationen immer wieder entgegengetreten. So etwa in einem seiner zahlreichen Frankfurter Vorträge:

»Was ich hier tue, ist nicht etwa eine Vermittlung des Zen-Buddhismus, sondern das, worauf ich hinführen möchte, ist etwas allgemein Menschliches, das Anklänge hat an Praktiken, die im Osten

gebräuchlicher und selbstverständlicher sind als bei uns. Alles Östliche, das uns angeht, ist nie etwas der Sache nach nur Östliches,
sondern ist ein allgemein Menschliches, das der Osten durch die
Jahrtausende gepflegt und nie ganz verloren hat.«

Schon C. G. Jung, dem Dürckheim in tiefenpsychologischer Hinsicht verpflichtet ist, hat einerseits auf die Unumgänglichkeit der
westöstlichen Begegnung hingewiesen, weil sie dem Prozeß der Individuation der Menschheit entspreche. Diese Begegnung stelle
eine wichtige Gegenwarts- und Zukunftsaufgabe der Kulturen dar.
Andererseits aber gehe es nicht an, irgendwelche exotischen Praktiken nachzuahmen. In einem Münchner Vortrag aus dem Jahr 1930
sagte Jung zum Beispiel:

»Dem geistigen Europa ist mit einer bloßen Sensation oder einem
neuen Nervenkitzel nicht geholfen. Wir müssen vielmehr lernen zu
erwerben, um zu besitzen. Was der Osten uns zu geben hat, soll uns
bloß Hilfe sein bei einer Arbeit, die wir noch zu tun haben.
Was nützt uns die Weisheit der Upanishaden, was die Einsichten des
chinesischen Yoga, wenn wir unsere eigenen Fundamente wie über-
lebte Irrtümer verlassen und uns wie heimatlose Seeräuber an fremden Küsten diebisch niederlassen.«

Höchste Zeit sei es daher, daß der Europäer, der westlich erzogene
Mensch, seiner geistigen Wegelosigkeit bewußt werde, um sie zu
überwinden, das heißt: um sein wahres Selbst zu finden, was
Dürckheim den »Durchbruch zum Wesen« nennt. Es gelte, einen
Zugang zum Sein zu gewinnen, das sich in jedem Menschen in individuell verschiedener Weise verkörpert. Er meint damit weder das
Produkt bloßer Spekulation noch den Gegenstand eines frommen
Glaubens, sondern eine Möglichkeit des Innewerdens, also eines Erlebens auf dem inneren Weg. Sollte diese Möglichkeit nur deshalb
allein im Fernöstlichen verwurzelt sein, weil Dürckheim sie dort in
eindrücklicher Weise bezeugt fand? Dem widerspricht er energisch:

»Ich finde es geradezu beschämend, wenn Menschen sagen: Seins-
erfahrungen, wie der Dürckheim sie bringt, sind ein Import aus

dem Osten. – (Nein:) Seinserfahrung hat überall in der Welt, wenn auch in verschiedenen Worten, im Grunde all dessen gelegen, was als religiöses Leben gewachsen ist und sich entfaltet, wenn man mit dem Wort ›Sein‹ das göttliche Sein versteht.

Das zu erfahren, steht am Anfang aller Besinnung auf das Wesen ... Es geht um jene Erfahrung, die den Menschen wirklich etwas fühlen, etwas erleben lassen kann, das paradox zu seinem gewöhnlichen Welt-Ich und seiner Sicht des Lebens steht und ihn plötzlich eine ganz andere Kraft, Ordnung, Einheit fühlen läßt als alles, was er in der Welt sucht. Das ist offenbar viel größer, mächtiger, tiefer, reicher, umfassender als alles, was er sonst erleben kann.«

Damit ist noch einmal von anderer Seite her das Überregionale, das die Hemisphären des Geistes Verbindende hervorgehoben, auf das seine Initiatische Therapie hinzielt. West und Ost verhalten sich demnach zueinander wie die Pole der einen Wirklichkeit, die letztlich keine Aufspaltung duldet. C. G. Jung sprach in diesem Zusammenhang von der Integration sowohl des Unbewußten als auch des Weiblichen in die Ganzheit eines zu vervollständigenden Bildes von Mensch und Welt. Diesen Gedanken aufgreifend, bemerkt Graf Dürckheim:

»So vollendet sich das irdische Leben im Menschen hin auf eine Verwirklichung der Ganzheit des menschlichen Seins, wobei in allen Zeiten der Akzent mehr auf der einen oder der anderen Seite des Menschlichen ruhen mag. Aber der Akzent, der im östlichen Menschen woanders liegt als im westlichen, ist ein Akzent, der in jedem von uns mehr auf der einen oder auf der anderen Seite liegt. Zu jedem Menschen gehört das Weibliche sowohl wie auch das Männliche. Es gibt nicht nur den Mann oder die Frau – im Westen wie im Osten –, sondern es gibt auch das Männliche in der Frau und das Weibliche im Mann. Um ein ganzer Mann zu werden, muß man ein ganzer Mensch sein, also auch die andere Seite in sich entwickeln. Um eine ganze Frau zu werden, muß man ein ganzer Mensch sein, also auch die andere Seite in sich entwickeln, ohne dabei aufzuhören, ein Mann oder eine Frau zu sein.«

Und nun, die westöstliche Polarität und Ergänzungsbedürftigkeit
andeutend, fügt der Vortragende hinzu:

»Im westlichen Geist herrscht mehr das Männliche vor, im östlichen mehr das Weibliche.«

Bereits in seinem ersten nach der Rückkehr aus Asien veröffentlichten Buch »Japan und die Kultur der Stille« begann Dürckheim, sich
mit dieser Thematik zu beschäftigen, indem er das sogenannte
»Östliche« als »Kontrapunkt im Ganzen unseres Werdens« deutete.
Nun ist abschließend noch auf einen weiteren besonderen Aspekt
aufmerksam zu machen, der seinen Weg der Selbstwerdung aus-
zeichnet. Es ist eine im Laufe der Jahre bei ihm sich langsam verstär-
kende Tendenz zu einem vertieften Christus-Verständnis hin.
Anders ausgedrückt: Karlfried Graf Dürckheims spiritueller Weg,
den er selbst geführt wurde und den er anderen gewiesen hat, läßt
sich als ein innerer Weg zu Christus verstehen. Was ist damit gemeint? Er drückt es so aus:

»Neben die Religion des Glaubens an einen transzendenten Gott
tritt heute die auf Erfahrung des Göttlichen begründete, im Exerzitium zu entwickelnde und in einer befreienden Verwandlung gip-
felnde Religiosität des inneren Weges. Neben den Glauben an eine
Erlösung, die wir niemals selbst bewirken können, tritt das Wissen
um die Möglichkeit eines Erwachens zu einem uns innewohnenden,
ja im Kern selbst ausmachenden göttlichen Sein, darin wir von jeher
›erlöst‹ sind – dem gegenüber wir aber in unserem menschlich-all-
zumenschlichen Bewußtsein verstellt sind. Aber es gibt – die für
den Westen neue Erkenntnis – die Möglichkeit, sich dessen planmäßig inne zu werden. Diese Religiosität ist nichts anderes als das Aus-
schreiten des in unserem Wesen eingeborenen Weges zur Person,
der … in zuchtvoller Übung uns aus der Nacht des natürlichen Bewußtseins hinführt zum Erwachen im Licht eines höheren Bewußtseins.«

Nun darf aber zweierlei nicht übersehen werden: Bereits das Urchri-
stentum kannte den inneren Weg zu Christus. Wer ihn beschritt,

der machte eine esoterische, das heißt eine innere Erfahrung durch. Sein ganzes Leben erfuhr eine Umkehr, die »Metánoia«. Andererseits erlebte sich der auf diesem Wege Gewandelte als Teilhaber an einer neuen Schöpfung. Zu den wichtigsten neutestamentlichen Belegen gehören die Briefe des Apostels Paulus, insbesondere sein Brief an die Galater.

Mit anderen Worten: Es hat immer diesen mystischen Innenweg gegeben. Immer gab es ein solches esoterisches Christentum, das gegebenenfalls ohne die Vermittlung eines kirchlichen Amtsträgers auskommen konnte: Der Geist weht, wo er will! Der spirituell Ergriffene, der Gereifte, wird geistunmittelbar.

Heute mehren sich augenscheinlich die Fälle, in denen Zeitgenossen durch individuelle Schicksalsführung zu dieser Geistunmittelbarkeit gelangen. Es sind Menschen, die auf besondere Erfahrungen hinweisen können, auf den »Durchbruch zum Wesen«, wie sich Dürckheim ausdrückt. Unabhängig von Priestern, Predigern oder Meistern haben sie den Anruf des »inneren Meisters« vernommen. Auf diese Weise kann ein neues Christus-Verständnis erwachsen. Es ist ein »In-Christus-Sein«, das durch keine äußere Kirchenmitgliedschaft ersetzt werden könnte oder müßte.

Neben C. G. Jung gehört Graf Dürckheim zu denen, die diesen Vorgang aus der Sicht des Psychotherapeuten wahrgenommen und diagnostiziert haben. Bereits in den fünfziger Jahren schrieb Dürckheim:

»Wir stehen heute an der Grenze einer Entwicklung des abendländischen Geistes, für den es gewissermaßen typisch ist, diejenige Sicht und Erfahrungsschicht mehr oder weniger zu verdrängen, die sich im Überschreiten der Grenzen des natürlichen Bewußtseins als transzendentale Sicht übernatürlicher Erfahrung auftun. Wir sprechen von der Sicht der Esoterik.«

Hier tut eine klare Unterscheidung not. Denn es ist jene Esoterik, die dem gegenständlichen Denken nicht etwa eine weltflüchtige oder geheimnistuerische Innerlichkeit entgegensetzen will. Sie will vielmehr die Sicht für eine Dimension der Wirklichkeit frei machen, durch die mit dem Sinn für Tiefe und Transparenz Ganzheit in den

Blick kommt. In geistiger Verwandtschaft zu Dürckheim sprach der
Kulturphilosoph Jean Gebser vom »Überstieg des mentalen Bewußtseins ins integrale«. Und dieser Überstieg drückt sich insbesondere in einer qualitativen Erweiterung des religiösen Bewußtseins aus. Den kirchlichen Glaubenshütern gibt Dürckheim einmal
zu bedenken:

»Je mehr sich die Vertreter des Glaubens aber allein auf Offenbarung berufen und sich der Erfahrbarkeit der Transzendenz verschlie-
ßen, um so mehr verstärken sie die Position der glaubensfremd-
den ... Rationalisten. Hier vollzieht sich heute eine Wandlung ...
Weder die Psychologen und Psychotherapeuten alten Schlages,
noch die in ihrer Tradition stehenden Priester können so ohne weiteres dem stürmischen Verlangen genügen, das heute aus der Not
einer Jugend aufbricht, die dem ›Glauben‹ entfremdet ist, aber nach
Transzendenz verlangt. Mit unabweisbarer Gewalt drängt in unseren Tagen die überweltliche Wirklichkeit in das Bewußtsein des
Menschen und will wahrgenommen werden im lebendigen Erleben
wie im verantwortlichen Handeln.«

Doch das ausgesprochen christliche Element ist damit noch nicht artikuliert. Sieht man sich Dürckheims Werk einmal daraufhin an,
dann zeigt sich, daß er hierfür erst nach und nach reifen mußte.
Seine ersten Bücher scheinen einer religiösen Festlegung auszuwei-
chen. Da ist wohl die Rede vom »Ruf nach dem Sein«, von der Sehnsucht nach dem »großen Einklang« oder vom »Durchbruch zum
Wesen«. Der Autor gibt gelegentlich den Grund für eine klare Be-
nennung der von ihm beschriebenen Transzendenzerfahrung an. Er
warnt zum Beispiel vor einer vorschnellen, selbstgerechten Inan-
spruchnahme einer »letzten Wahrheit«. Nicht jeder, der auf sein religiöses Bekenntnis oder auf seinen angestammten Glauben pocht,
schöpfe aus konkreter Erfahrung. Wie steht es nun mit dem, der
einen solchen Glauben nicht mehr hat? Graf Dürckheim antwortet:

»Dem bleibt nur der Weg, den die eigene Erfahrung ihm weist. Es
kann dieser Weg wohl gebahnt und gefestigt werden durch Menschen, die reicher an Erfahrungen und weiter sind als er selbst und

zu denen er Vertrauen gefaßt hat. Aber den Weg finden und ihn gehen, muß jeder selbst.«

Diese Erfahrung wie der ihr entsprechende Weg aber sind überkonfessioneller Natur. Man sollte ihn nicht vorschnell mit einem bestimmten religiösen Etikett versehen.

»Trotzdem darf man sie – die zugrunde liegende große Erfahrung – eine religiöse Erfahrung nennen. In ihr erfährt der Mensch etwas, das auf dem Hintergrund all seines sonstigen Welterlebens einen überweltlichen Charakter hat, und zwar als numinose Qualität eines mit Erschütterung erlebten und ›geschmeckten‹ Gehaltes wie als eine Kraft, die erlösend, schöpferisch und verpflichtend zugleich den Menschen über sein natürliches Dasein hinaushebt und an das in seinem Wesen präsente übernatürliche Sein anschließt.«

Wenn hier einmal von Erschütterung die Rede ist, dann ist nicht allein an ein starkes Ergriffensein gedacht, das ein spirituelles Erleben begleiten kann.
Es gehört gerade zur Charakteristik des Initiatischen Wegs, daß die Widerwärtigkeiten des menschlichen Lebens bewußt einbezogen sind: Altern, Leiden und Tod; mit einem Wort: das Kreuz. Denn:

»Je unannehmbarer eine Situation oder ein Leiden für den natürlichen Menschen erscheint, um so näher ist die Möglichkeit einer initiatischen Erfahrung, vorausgesetzt, daß er die Grundregel des hier Geforderten akzeptiert: das Unannehmbare annehmen. Dann ist eine Chance gegeben, einen Schritt voran, eine Stufe höher zu kommen ... In der Einstellung zum Leiden, in der Bereitschaft, es zu durchleiden um der Befreiung des Wesens willen, wird der Mensch zum Bundesgenossen des göttlichen Seins.«

Eines Tages – es war in den sechziger Jahren – zögerte Graf Dürckheim nicht länger, dieses erfahrbare, überweltliche Sein als ein göttliches Du nicht nur anzunehmen, sondern auch personal anzusprechen. Weiterhin benutzte er zwar seine bisherige Terminologie, indem er beispielsweise den inneren Weg als den »Weg zur Mitte«

bezeichnete. Und auch der »innere Meister« als die jedem Menschen Führung und Geleit gewährende Instanz erhielt seinen unver-
wechselbaren Namen.
Wann also ist der Mensch in seiner Mitte? Die Antwort lautet:

»Der Mensch ist dort in seiner Mitte, wo er sich in Einheit mit Christus weiß und aus ihm heraus lebt und in diese Mitte immer wieder
gerufen wird durch die Stimme des Meisters in uns, der Christus
heißt, wobei Christus hier nicht nur für ›das Wesen aller Dinge‹,
nicht nur für die jedem eingeborene Werdeformel aus dem Wesen
heraus steht, sondern für jene überweltliche Instanz ... Nur insofern der Mensch als immer in der Welt Seiender nie voll mit seinem
Wesen eins ist, ist er in seiner Erfahrung eins mit ihm nur in der Begegnung. In der Begegnung aber erscheint ihm, wofern er sich
selbst im leidvollen Kreuzpunkt von Himmel und Erde als Person
erfährt, Christus, nicht als Prinzip, sondern als göttliches Du.«

Von da an konnte Graf Dürckheim den Christus als den »ewigen
Meister« bezeugen, und zwar als den, den der Glaube – ihn ergrei-
fend, von ihm ergriffen – Mal um Mal erfährt. Und in eben diesem
Zusammenhang wird deutlich, wie sehr er all denen in Geschichte
und Gegenwart verbunden ist, die den inneren Weg gehen, es sei im
Osten oder im Westen, in der christlichen oder in der außerchristli-
chen Tradition. Ausdrücklich bezog sich Dürckheim auf die »reli-
giöse Erfahrungsweisheit des Urchristentums«. Von der hohen
Einschätzung der Mystik eines Meister Eckhart war schon die
Rede.

»Es ist aber ein Unterschied zwischen dem reinen Mystiker und dem
initiatischen Menschen. Das Leben des Mystikers ist ein immer er-
neutes Ergriffensein vom Göttlichen in transzendenten Erlebnissen, während der initiatische Mensch planmäßig an einer Verfassung des ganzen Menschen arbeitet, die nicht nur die Bedingungen
für solche Erlebnisse vermehrt, sondern über das Erleben hinaus die
Verankerung des Erlebten in einer haltbaren Struktur der Person in
den Vordergrund stellt.«

So hoch das Element der Erfahrung eingeschätzt werden mag, einer Verabsolutierung tritt Dürckheim energisch entgegen. Alles innen Erfahrene muß sich im Leben bewähren. So gilt einmal mehr, daß der innere Weg und das äußere Werk miteinander korrespondieren. Sie verhalten sich zueinander wie die personale Reifung des einzelnen zur Weltgestaltung und zur Verantwortung für alles Daseiende. Von daher ergibt sich ein doppelter Auftrag:

»Die Welt verlangt vom Menschen, daß er sich in ihr leistungskräftig durchsetze und einordne, daß er sich in ihr zuverlässig und gestaltungsmächtig im Dienste der Gemeinschaft und überdauernder Werte bewähre. Das in unserem Wesen gegenwärtige Sein verlangt unter Umständen, jedem Anspruch der Welt zu widersprechen und sich gegebenenfalls gegen die Gemeinschaft zu entscheiden …
Die Verankerung im Wesen ist (dabei) kein Widerspruch zu den Forderungen der Welt, sondern gerade die Voraussetzung, ihnen in der rechten, das heißt dem Wesen gemäßen Weise zu genügen. Erst aus der Fühlung mit dem Wesen in uns kann die Welt selbst in ihrem Wesen wahrgenommen werden.«

Einen inneren Weg gehen, wie ihn Karlfried Graf Dürckheim gegangen ist, wie er ihn in Anleitung und Beispiel gezeigt hat, bedeutet jedenfalls keinen Rückzug auf das selbstverschlossene Ich. Sosehr der einzelne gefordert ist, wo er sich zur spirituellen Übung in Aktion und Meditation entscheidet, stets ist er an das mitmenschliche Du gewiesen. Denn:

»Wer im Zeichen des Weges lebt, zieht unweigerlich andere an, die den Weg suchen; denn seine Weise, auf, was es auch sei, zu reagieren, im Gespräch auf diesen einzugehen, auf andere nicht, und auf seine Weise zu fragen, richtet die Aufmerksamkeit des anderen unwillkürlich auf das, worauf es im Grunde auch ihm ankommt, dessen er sich aber erst bewußt wird. Schnell erfährt sich der eine in der Gefolgschaft des anderen, und Wegsuchende werden bald zu Weggenossen.«

Literaturhinweise

Zu den in diesem Band behandelten Gestalten liegen weitere Buchveröffentlichungen von Gerhard Wehr vor:

Friedrich Nietzsche als Tiefenpsychologe – Eine Auswahl psychologischer Texte des Philosophen. Oberwil/Schweiz 1987.

Martin Buber in Selbstzeugnissen und Bilddokumenten. Reinbek 1968.

Rudolf Steiner – Leben, Erkenntnis, Kulturimpuls. 2. erw. Aufl. München 1987.

Der innere Weg – Anthroposophische Erkenntnis und meditative Praxis. Reinbek 1983.

C. G. Jung und Rudolf Steiner – Konfrontation und Synopse. Zürich 1972.

Rudolf Steiner – Erkenne dich im Strome der Welt (Texte zum Nachdenken). Freiburg.

Der Christus ist der Geist der Erde – Christusimpuls und Menschenbild in der Anthroposophie und Waldorfpädagogik. Basel 1989.

Der pädagogische Impuls Rudolf Steiners – Theorie und Praxis der Waldorfpädagogik. Frankfurt.

Carl Gustav Jung-Leben, Werk, Wirkung. München 1985.

C. G. Jung in Selbstzeugnissen und Bilddokumenten. Reinbek 1969.

Heilige Hochzeit – Symbol und Erfahrung menschlicher Reifung. München 1986.

Karlfried Graf Dürckheim – Ein Leben im Zeichen der Wandlung. München 1988.

Karlfried Graf Dürckheim – Das Tor zum Geheimen öffnen (Texte zum Nachdenken). Freiburg.

Im Pattloch Verlag Augsburg erschienen bereits:

Philosophie – Auf der Suche nach dem Sinn (u. a. Hildegard von Bingen, Meister Eckhart, Paracelsus, Jakob Böhme, Angelus Silesius, Franz von Baader, Novalis). Augsburg 1989.

Tiefenpsychologie und Christentum – C. G. Jung – »Gott und die Seele will ich erkennen. Augsburg 1990.